游艇系列

游艇经营管理

龚海燕　刘建明　主编
蔡厚平　主审

HEUP 哈爾濱工程大學出版社

内容简介

本书主要由创办游艇经营企业、营销管理、前厅管理、船务部管理、安全管理、人力资源管理、财务管理7个项目共16项任务组成。着重围绕游艇经营所涉及的游艇经营常识及运营工作所涉及的工作进行展开，涉及的部门主要有营销部、前厅部、船务部、安全部、人力资源部及财务部。

本书适用对象是高职高专游艇专业或相关专业初级人员，也可作为游艇经营管理企业的初级培训教材。

图书在版编目(CIP)数据

游艇经营管理/龚海燕，刘建明主编. —哈尔滨：哈尔滨工程大学出版社，2017.3(2026.1 重印)
ISBN 978-7-5661-1469-3

Ⅰ. ①游… Ⅱ. ①龚… ②刘… Ⅲ. ①游艇-俱乐部-经营管理 Ⅳ. ①F719.5

中国版本图书馆 CIP 数据核字(2017)第037214号

选题策划 史大伟
责任编辑 薛 力
封面设计 博鑫设计

出版发行 哈尔滨工程大学出版社
社 址 哈尔滨市南岗区南通大街145号
邮政编码 150001
电 话 0451-82519989
经 销 新华书店
印 刷 哈尔滨市海德利商务印刷有限公司
开 本 787mm×1 092mm 1/16
印 张 13.75
字 数 349千字
版 次 2017年3月第1版
印 次 2026年1月第2次印刷
定 价 30.00元
http://www.hrbeupress.com
E-mail:heupress@hrbeu.edu.cn

前　言

本书是面向高职高专游艇专业的教材，是在参照游艇管理行业的相关法律法规的基础上，结合国内外游艇管理主要典型企业的管理经验编写而成，能够紧密贴合各游艇管理企业的运营管理需要。游艇行业在国内属于朝阳行业，所以游艇管理在国内属于新兴行业，有很多方面有待完善和发展。

本书主要分为创办游艇经营企业、游艇市场营销管理、前厅管理、游艇船务部管理、安全管理、人力资源管理、财务管理7个项目共16个任务。每一任务均提出相应的学习目标，对该任务进行任务解析，在此基础上进行任务实施，在实施时内容主要分为两块：相关知识、相关训练，在建立任务所需的基本知识之后，以相关训练的方式完成某一具体任务。每一任务后均有任务小结、拓展提高。

本书的特点：一是国内游艇运营管理发展不够成熟，本书中销售管理、前厅管理、人力资源管理、财务管理等方面知识是将国内已经发展成熟的管理经验与游艇管理相结合而得的，其他方面则完全根据游艇调研资料整理而成；二是本书中每个任务的相关知识都尽量简洁和可执行，便于读者掌握，再结合任务实施进行训练，可使从事游艇管理人员所需的基本职业素质得到充分的锻炼。

本书项目一、二、七由南通航运职业技术学院刘建明编写，项目三由天津海运职业学院葛涛编写，项目四由南通航运职业技术学院刘建明与浙江交通职业技术学院张海伟共同完成，项目五由南通航运职业技术学院龚海燕编写，项目六由南通航运职业技术学院杨海燕编写，南通航运职业技术学院的蔡厚平副教授在百忙中审阅了全书并提出了宝贵的修改意见。

由于时间仓促和学识、水平及经验有限，书中难免存在错误和取舍不当之处，希望专家和读者批评指正。

编　者

2016年11月

目　　录

项目一　创办游艇经营企业

任务一　认知游艇产业

【学习目标】

1. 掌握游艇定义、类型。
2. 了解游艇产业链概念、特点及游艇产业世界发展情况。
3. 熟悉国内游艇产业发展现状。
4. 了解国内游艇产业发展的利弊因素。

【任务解析】

在游艇产业中,企业经营者对这一行业需要有足够的认识,才能使自己的发展定位更加明确;游艇从业人员具有这方面的认识才能更好地确定自身职业规划。因此,对游艇产业具有足够的认知是非常有意义的,本任务中将这一问题从游艇认知、游艇产业链认知和国内游艇产业现状认知三个方面的认知进行阐述。游艇认知主要围绕什么是游艇,游艇有哪些种类进行阐述;游艇产业链主要从游艇产业链的概念、特点、现状与发展趋势等方面进行阐述;国内游艇产业主要从国内游艇市场现状、发展条件、阻碍因素和发展趋势进行阐述;最后以上海为例讨论该地区游艇产业发展状况作为任务训练,强化读者对这一行业的认知。

【任务实施】

一、相关知识

随着中国城市化迅速发展和人们生活水平日益提高,陆地上的设施已经不再仅仅是大家娱乐休闲关注的焦点,2008 年北京奥运会项目皮划艇、赛艇和帆船以及近年来比较热的青岛国际帆船赛和豪华游轮使得水上旅游或运动、娱乐场所开始进入人们的视野。

近几年在我国沿海发达城市、著名旅游观光城市及游艇业较发达城市如三亚、上海、深圳、厦门和广州等地举办的游艇展览会影响越来越大,很多投资者开始关注这个行业。此外,中国已经是世界第二大经济体和第二大奢侈品消费国,珠三角、长三角和环渤海地区人均 GDP 已达 8 000 美元以上,强大的消费潜力使得在未来几年将引发上千亿元的游艇经济商机,未来几年游艇需求量也将大大增加。

游艇产业中的投资者和经营者,对于游艇产业必须有非常清楚的认识,方能做到知己知彼,百战不殆,不能继续走粗放型的发展道路,盲目投入。下面将对游艇、游艇产业和国内外游艇发展做简要介绍。

(一)游艇认知

1. 游艇定义

对于游艇定义,每个国家或者行业都有不同的定义。加拿大航运条例规定,游艇是指仅用于个人娱乐而非商业目的船艇。新西兰有关法律规定,游艇是指仅用于船东娱乐或作为船东住所的,且不被用于出租或取得报酬的船舶。香港商船(游艇)规例规定,游艇是指符合以下条件的小轮、私人游艇、充气式船只、中式帆船、西式帆船或其他船只,已装备或者载有引擎,或设计为可装设或载有引擎,借以使该船只能靠机械设备推进;纯为游乐而拥有或使用的;并非为收取租金或报酬而出租(根据租船协议和租购协议的条款租出者除外)。

中国交通运输部在对加拿大、新西兰、香港特别行政区等国家或者地区的游艇定义进行了研究,并在2009年1月1日起施行的《游艇安全管理规定》中确定了游艇主要范围:公民、法人或者其他组织所有并使用,从事非营业性游览观光、休闲娱乐、业余水上体育运动等活动的具备机械推进动力装置的船舶;如果船舶为出于休闲娱乐目的而组建的俱乐部所有,仅被用于俱乐部成员、成员家属的游览观光、休闲娱乐、业余水上体育运动,并且除了俱乐部,船舶使用者不得通过船舶的使用获得任何其他费用,该船舶也属于游艇。乘员定额12人以上的游艇,按照客船进行安全监督管理。

中国船级社(CCS)在2012年6月1日颁布的《游艇入级与建造规范》中的游艇主要是指从事非营业性游览观光、休闲娱乐等活动的船舶,包括以整船租赁形式从事前述活动的船舶。其适用范围为设计水线长小于90 m以下和非营业性(包括整船租赁)。

中华人民共和国海事局《船舶与海上设施法定检验规则——游艇法定检验暂行规定(2013)》中界定的适应范围包括:中国籍的艇长为4~5 m以下的游艇(包括帆艇),但不包括充气式游艇;艇长为5 m以下游艇、体育运动艇及艇长为24 m及以上但小于90 m的机动游艇,但不包括帆艇及体育运动艇。对乘员超过12人的游艇,应满足中国海事局对客船的法定检验技术要求。

从中国船级社相关入级规范和中国海事局管理规定可以看出,国内对于游艇的界定的范围主要从自身的适用性考虑,界定了游艇的边界范围。那么一般意义上,什么是游艇呢?根据维基百科定义:游艇是一种休闲取向的水上交通工具,多数用于私人娱乐及体育运动等,有风帆或动力推进等类型。在发达国家,游艇像轿车一样多为私人拥有,而在发展中国家,游艇多作为公园、旅游景点的经营项目供人们消费,少量也作为港监、公安、边防的工作手段。游艇是一种娱乐工具这一本质特征,使它区别于作为运输工具的高速船和旅游客船。游艇将会像汽车一样,成为进入家庭的下一代耐用消费品。

2. 游艇类型

现代的游艇种类很多,可以从游艇品质、大小、功能、材质、结构、动力类型等很多方面来分,下面将简要介绍游艇类型。

(1)按品质分类

游艇按品质分类可以分为高档豪华游艇、家庭型豪华游艇、中档普通游艇及廉价游艇四种类型。

- 高档豪华游艇:艇长35 m以上,艇上装备最现代化的通信和导航等系统,舱室内配有高级材料如柚木、皮革、高档家具、现代化的电气设备等设施,不仅供休闲,而且是从事商务及社交活动的理想场所,同时也是显示经济实力的王牌。价格数百万至上千万美元不等。消费者主要是贵族、巨商。如图1-1所示为沙特阿拉伯某贵族拥有的超级豪华游艇。
- 家族型豪华游艇:尺度一般为13.5 m以上,结构与制造工艺精度高,选用名牌设备设施,单价在30万美元以上。

图 1－1 “阿尔－萨拉马”号(AL SALAMAH)

● 中档普通游艇:尺度一般为 9～13.5 m,单艇售价在 5 万～20 万美元,这种游艇品质适中,消费市场广阔。

● 廉价游艇:尺度在 9 m 以下,单艇售价在 5 万美元以下,这种游艇销售量最大。

(2)按游艇大小分类

国际标准游艇的规格是以英尺(1 英尺 =0.304 8 m)作为计量单位,从尺寸大小上分为三种:36 英尺(或 10.5 m)以下为小型游艇、36～60 英尺(或 10.5～18 m)为中型游艇、60 英尺(或 18 m)以上为大型豪华游艇。大型豪华游艇在尺度上分 35～40 m、41～44 m、45～49 m、50～54 m 和 55～60 m 五个等级。

游艇的长度大多为 32～35 英尺(10～11 m)之间,以至 100 英尺(34 m)以上的可以称为巨型游艇(Mega Yacht),而超过 200 英尺(70 m)的也称为超级游艇(Super Yacht)。

(3)按功能分类

按功能分类,游艇可分为运动型、休闲型和商务型等类型。

● 运动型游艇:例如赛艇、摩托快艇等,此类游艇都为小型游艇,一般设计时以速度作为卖点,而且价格较低,所以在年轻人中间非常有市场。

● 休闲型游艇:例如钓鱼艇,此类游艇大多为家庭购买,作为家庭度假所用。一般以 30 英尺到 45 英尺的游艇为主,设计时也是考虑到家庭使用的方便性,装潢时也以烘托家庭氛围为卖点,市场上游艇的种类也是以此类为主。

● 商务型游艇:这类游艇一般都是大尺寸的游艇,里面装潢豪华,也可以说是豪华游艇,一般被用于大型企业集团法人、企业家购买,大多被用于商务会议、公司聚会、小型 PARTY 等。

(4)按材质分类

游艇按材质分类可分为有木质艇、玻璃钢艇、凯芙拉纤维增强的复合材料艇、铝质艇和钢质艇。

当前,玻璃钢艇占绝大比例,赛艇、帆艇、豪华艇使用凯芙拉增强材料的较多;铝质艇在舷外挂机艇和大型豪华游艇中占一定比例;钢质艇在35 m以上远洋大型豪华游艇中占比例较多。

(5)按艇上结构分类

游艇按艇上结构可分为小型敞开艇、半舱棚游艇、住舱游艇等类型。

小型敞开艇具有狭窄甲板,可乘坐1~6人,备有桨和桨叉,或用舷外挂机推进,长度在1.8~5 m。

半舱棚游艇有一个后部敞开的固定小舱棚,可在船上住宿,舷外挂机或船内机驱动,长度在4.3~8.5 m,如图1-2所示。

图1-2 JEANNEAU Leader 8 巡航艇

住舱游艇具有全封闭住舱,艇型较大,按艇主需要可配置各种档次的设备设施,如厨房、卧具、酒吧、盥洗室,采用船内机为动力,长度在5.5 m以上,如图1-3所示。

图1-3 Meridian 441 Sedan 游艇

(6)按动力类型分类

游艇按动力类型可分为无动力艇、帆艇、机动艇三种类型。

帆艇又分为无辅助动力帆艇和辅助动力帆艇,一般设计有足够面积的帆装备作为推进用,艇长5.8~38 m,如图1-4所示。

图1-4 超级帆艇 Queen of Andaman

机动艇的发动机,按安装类型,可分为舷内机、舷内外机、舷外挂机和喷射引擎等类型。舷内机发动机安装在船体内侧。舷内外机发动机安装在船体内侧,推进器安装在船体外侧。舷外挂机发动机未永久固定装置于船上,需随时拆卸移置于岸上。供推进用的机器,由于体积小、功率大、转速高而广泛应用于高速艇、渔船及工作船。喷射引擎,将水吸入引擎,加速向后方喷射以获得动力,不需要舵,只要改变喷射方向即可改变船只的行进方向。

机动艇的发动机,按使用燃料可分为汽油发动机和柴油发电机。汽油发动机较柴油发动机体积小、质量小、噪音低、易检修;相对比较容易发动,因为汽油的热效低,热效能转化为动能的行程短,动能转化为速度容易发挥,加速敏捷也易于操控,适合推动船身及载重较小的小船。柴油机的使用寿命相对较长而且操作费用相对较少,柴油的热效率高,热效能转化为动能的行程长,动能发挥及加速反应较慢,但动能转化和加大扭力的能力强,比较适合推动重型船身及载重较大的船。

(7)按中国海关对游艇的分类

中国海关出口商品分类对"船舶及浮动结构体"以首两位"89"数字来编码,共有8901~8908八个品目50种,船艇归在8903,但不包括客船、救生艇和筏,主要有四个小类:

89031000:娱乐或运动用充气快艇、充气划艇及轻舟;

89039100:帆船,不论是否装有辅助发动机;

89039200:汽艇,装有舷外发动机的除外;

89039900:未列明的娱乐或运动用船舶、划艇及轻舟。

(二)游艇产业链认知

1. 游艇产业链概念

根据产业经济理论,某一产业中的核心产品与其他经济领域之间存在交易的关联性,该产业的发展就通过核心产品的构成与相关的互补产品发生频繁的交易关系,从而影响到其他许多产业的发展,这些产业的发展命运与"核心产品"息息相关,因而形成一条长长的产业链,尤其是当该核心产品的市场消费以及形成较大的市场需求规模时,处于这条产业链上的所有相关产业或部门就会彼此之间结成强有力的一种依赖关系,从而形成共生共荣的局面。

游艇是一种附加值极高的产品，不仅会对大量上游产业形式拉动，如游艇制造工业等，在游艇产业发展达到一定规模后，发展会对下游服务产生积极的推动，能吸收到更多的外来投资，游艇产业链的终端便成为最大的“奶酪”，如游艇码头、游艇运输、游艇维修、旅游、房地产、会展、金融、保险服务、游艇专业保养等一大批相关行业。游艇产业的兴起，带动上下游一大批相关产业，逐步形成完整的“游艇研发与设计——游艇制造与配套——游艇销售——俱乐部休闲旅游——游艇维护保养——游艇支持辅助”产业链。

游艇产业以游艇作为支柱，也就是以游艇为游艇产业的核心产品。相关的发动机、零配件、拖车、附件、安全设备以及与之相配套的服务和管理则构成游艇的互补品，它们是游艇消费的伴生物。

可以这么说，游艇的消费首先决定了游艇产业的生存，因为没有游艇的消费，游艇产业就没有存在的基础和前提条件。因此，为游艇消费娱乐提供经营服务的行业——游艇俱乐部，游艇码头等，就是游艇经济的核心业务内容；而游艇设计与制造工业以及由提供发动机、零配件、拖车、附件、安全设备、附属消费品生产的产业则成为其配套产业。因此，游艇产业链围绕游艇的设计、制造、销售、消费等流程，游艇产业链可分为上游产业、下游产业和配套产业三个部分，具体产业构成和相关经济功能见表 1 -1。

表 1 -1 游艇产业链构成及相关功能

产业链		游艇产业链构成	经济功能
上游产业	设计	研发：游艇设计、游艇技术研究	技术
	制造	制造工业：原材料工业；游艇制造工业；游艇装配工业	生产
	配套	配套业：专业发动机、发电机、专业仪器仪表、导航设备、螺旋桨、帆具、涂料、安全设备、卫生洁具、电器设备、控制装置等游艇附件	配套
	销售	游艇销售服务：总代理、游艇销售公司、游艇展商、游艇杂志、游艇网站、二手游艇经营	经营
	消费服务	游艇消费服务：游艇俱乐部、游艇驾驶、水上运动培训、游艇代管、保养维护、游艇租赁、游艇器材等	核心业务
	支持	基础服务：游艇码头、仓储保管、游艇转运、安全服务、报关检验服务、资产评估、特种保险、航道服务、信息服务、水域资源、文化传播（赛事、论坛、会展）、产业政策	支持服务
	辅助	辅助产业：水上运动装备、体育用品器材、钓饵钓具供应	互补产品

2. 游艇产业特点

(1)对经济的综合带动能力强

游艇产业具有劳动密集、资金密集的特点,是一种多方得利的产业,对经济发展有极为强大的拉动作用。国外有关研究报告显示,在游艇上每投资 1 美元,就可以带来6.5~10美元的经济效应。游艇生产可以带动新型材料、涂料、电子仪器、仪表、动力、推进系统等几十个配套工业的发展。游艇消费可以带动游艇码头、游艇运输、游艇维修、燃料加注、水上娱乐和餐饮服务等一大批服务产业的发展。有研究报告显示,一艘大型游艇的拥有者可能每年在维修及保养方面花掉的费用相当于游艇本身价格的10%。其中包括停泊费用、船员工资、支付给船厂和经销商的费用、购买船用物品和燃料费用、缴纳保险费等,其联动效应还涉及宾馆、商店、饭店、酒吧、旅游景点和旅行社等。

游艇产业的发展,无论是建造游艇和辅助设施,还是兴建、管理水上活动中心还将创造大量的就业机会。据估计,制造一艘 40 英尺左右的游艇可以提供 10 人一年的工作量,售出一艘价值 20 万美元的游艇平均可以解决 5 个人的长期就业。美国迈阿密大学商学院教授弗格森也指出,在游艇上每投入 4 万美元就能创造一个就业岗位。

(2)直接推动海洋产业的发展

游艇产业已经成为海洋经济产业的一环,游艇的生产属于船舶工业、海洋第二产业的一部分,而游艇配套服务则属于第三产业。因此,游艇产业的发展,在一定程度上,使人们关注海洋,普及海洋意识和海洋知识。就消费者而言,游艇旅游业的发展,还可以改变其消费结构,丰富其旅游消费形式,更好地满足人们日益增长的精神文化方面的需求。

游艇娱乐是一种亲水文化,是人们亲近自然、驾驭自然的一种生动反映。它是人们为了满足自己精神文化需要而实施的一种高级消费,是一种休闲娱乐的生活方式,其最大的收获是精神的愉悦、身心的放松和美好的体验。游艇旅游的消费形式多样化,可以购买私家游艇也可以租赁消费。娱乐形式多样化,可以开展潜水、巡游、滑水、垂钓、冲浪等旅游项目,满足不同消费群体的精神需求。

(3)促进船舶制造业产业调整

游艇产业具有技术密集型、知识密集型、文化密集型等特点,同时游艇也是一种高附加值、高技术、高效益产品。游艇设计严密、技术要求高、造型要求时尚美观;游艇制作维修精细度高,手工要素占生产周期的比例很大;生产具有品种多、数量小等特点,属典型的单件小批量生产;选用的材料、设备、配件考究,加工件精良等特点。游艇产业的发展要求制造商具备先进的研发能力、设计能力、生产能力,有能力自主开发生产新商品适应甚至引领游艇市场。因此游艇产业的发展可以促进船舶制造业从粗放型、低层次重复制造向着精致化、高附加值化创新型发展道路前进。

(4)游艇产业价值效益集中在设计和服务环节

随着全球化的不断发展和工艺技术的不断完善,游艇产业的高附加值区,慢慢地由原先的游艇制造部分向设计和服务等关联产业部分移动。尤其是高端的游艇购买者,并不会过重考虑游艇价格,他们更在意的是游艇的设计、工艺和品位方面以及游艇配套产业发展是否成熟。

3. 世界游艇产业发展现状与趋势

(1)世界游艇经济

游艇产业将是一个令人兴奋的、充满美好前景的市场。据统计,世界游艇年消费额高达400亿美元，与万吨轮船市场相当。如果加上相关的维修、管理、娱乐等费用，全球每年的游艇经济收入超过500亿美元。全球发达国家平均每171人拥有一条私人游艇，挪威、新西兰等国家人均拥有游艇的比例高达8:1，美国14:1，就连内陆国家瑞士也达到每69人拥有一艘。

历年的统计数据表明，游艇工业在国际上有着巨大的市场份额。仅游艇（单指休闲用游艇）一项，从20世纪80年代开始，国际市场每年的销售额都在200亿美元左右，而最近几年均保持在250亿美元左右。另外，游艇配件/水上运动器材的年销售额约150亿美元。近年外销游艇的主要市场还将继续以欧美与日本等国家（或地区）为主。从未来发展来看，游艇业发展的潜在市场空间非常巨大。

（2）世界各国游艇产业概况

从全球游艇市场总体看，美国、意大利、法国和英国等欧美国家主导着市场。美国每年建造休闲游艇20 000艘左右，居世界第一位，法国和英国分居第二、三位，年产量分别为7 900艘和3 300艘。全球游艇三大出口国分别是法国、英国和德国，年均出口量分别为4 300艘、2 100艘和1 900艘。

①美国

美国游艇的建造量和消费量均居世界首位。美国的游艇消费概念很广，游艇的种类主要有帆船、个人小艇、舷外挂机艇、船内装机舷外驱动艇、船内装机小汽艇和船内装机豪华艇等，价格从几千美元、几万美元直至数千万美元不等。

美国游艇协会有700多家、14 000多个游艇码头、其游艇制造业主要集中在西海岸，佛罗里达州是世界上最大的游艇市场和娱乐中心，每年都举办国际性游艇展览，其游艇的原材料、设计、建造工艺和质量控制等方面均处于领先地位。

②法国

法国游艇业中以帆船制造和帆船消费为主。法国游艇租赁公司出现后，高档游艇的需求迅速增长，目前法国已成为世界上规模较大的帆船和气垫船制造国和出口国，其中，中国已成为法国船用配套企业产品的重要进口国。

③意大利

意大利的游艇工业发达，其玻璃钢游艇在原材料、设计、工艺和制造设备等方面均处于世界领先地位。意大利最早将凯芙拉纤维（kevlar）用于建造游艇艇体，一艘15.5 m长的摩托艇“M274”，由于采用了凯芙拉纤维，比纯玻璃钢艇体轻40%，航速高达47海里/小时（1海里=1.852千米）。

意大利拥有8 000 km海岸线和许多著名岛屿，在大陆北部还有很多湖泊，具有很好的水域条件。意大利约有84万个游艇泊位，其中大约有8%注册的是娱乐艇，50%注册的是小舢板、独木舟、橡皮艇等。意大利的动力艇多于帆船。

④英国

英国也是世界上游艇制造业比较发达的国家，它最早制定了游艇的设计和建造规范，英国劳氏船级社于1978年就率先颁布了《游艇和小艇入级规范和规则》。

英国在玻璃钢ACM游艇的设计和建造方面颇具实力，特别是在采用碳纤维和凯芙拉纤维研制的ACM游艇则更有优势。经研究认为，在碳纤维中混杂kevlar纤维制造的ACM艇体效果明显，可提高航速20%，节约燃料费33%。

(3)世界游艇市场发展趋势

20 世纪 80 年代以来,欧美等西方先进工业化国家海上休闲游艇活动盛行,已开始影响临近西太平洋一带的诸多岛屿国家和经济较发达的国家(或地区),如日本、中国香港、菲律宾、马来西亚、印尼、澳大利亚、新西兰等,使用游艇风气日渐兴盛。

未来相当长一段时间世界造船工业可望面临稳定的发展态势,由于世界经济增长、供求格局的调整和大量旧船需要更新,总体上新船的需求将保持在较高的水平上。从游艇行业来看,游艇市场正方兴未艾,目前全球整个游艇工业(含艇、机、拖车)市场容量已超过 400 亿美元,形成了以美国、欧洲和日本为三大中心的市场格局;从产品结构来看,价格昂贵的船内装机艇、较大尺寸的帆艇、大马力发动机、大载重吨能力游艇拖车等市场需求正日渐旺盛。美国仍将保持其游艇生产和消费大国的地位;日本、中国大陆和中国台湾地区以及马来西亚等东南亚国家或地区将成为亚洲游艇制造业的中心;西欧则在豪华、高档游艇生产上仍具有优势。由于游艇生产上的高工艺性和消费上的奢侈性,豪华和超豪华游艇的生产和消费仍将集中在欧、美等发达国家,而中、低档游艇的生产和消费将在发展中国家展开,且消费量也将逐年增加。

(三)国内游艇产业现状认知

1. 国内游艇消费市场现状

20 世纪 90 年代前由于消费水平较低,我国游艇消费类型主要是一些公用、商业型游艇,后来为适应旅游发展的需要,还出现一些用于旅游观光和交通的公用型艇,随着高端旅游市场的不断扩大,才逐渐出现一些私人游艇,但是主要是一些价格较低的摩托艇,豪华意义上的游艇销售量非常少。

总体而言,我国游艇产业还处于起步阶段,存在着产品质量、生产工艺、市场营销、行业管理等问题,但随着改革开放带来经济的繁荣,人们生活水平日益提高,我国游艇行业的前景还是十分诱人的,商机十分巨大。中国经济的繁荣发展,使得未来国内市场游艇消费也将十分可观。目前国内游艇消费具有以下特点。

(1)游艇消费区域相对集中

游艇消费市场主要分布在珠三角、长三角及渤海湾等经济发达的临海区域。截至 2012 年,拥有私人游艇人数:长三角约为 500 ~ 600 人,大连近 200 人,广东 100 多人,一年的销售数量在 80 ~ 100 艘。2008 年奥运会和 2010 年世博会等大型国际性活动很大程度上推动了游艇产业的大发展。仅以上海为例,预计游艇艘数将从 2010 年近 1 000 艘发展到 2020 年将达到 10 000 艘。届时,游艇、游艇基础设施、配套设施总投资约为 60 亿元人民币,游艇年消费额将达到 3 亿元人民币,创造的就业岗位可望达到 5 000 ~ 8 000 个,辐射整个华东区域。同样在外商云集、富豪扎堆的中国华南、华东地区,游艇消费市场也日趋成熟。

(2)游艇消费将成消费热点

据媒体报道,中国的奢侈品消费市场已达 20 亿美元,并正在以 20% 的年增长额不断增长。中国社会经济结构和消费能力,已为游艇作为豪宅、名车后的消费做好了准备。目前订购游艇的客户有一部分是以企业的名义购买,主要用于商务活动,游艇是很多世界性公司商贸社交活动的重要场所。在香港,在太平山上拥有一套豪华别墅并不能说明你是富豪,富豪的标志应是拥有豪华的游艇。香港富人们谈生意,除了离不开饭桌外,还离不开游艇,因为在游艇上的商务谈判成功概率更高。此外,海事等部门的公务艇数量也逐年增加。随着生活水平的提高,人们的交通概念和消费模式也发生着巨大的变化,游艇消费正成为我国继汽车消费热潮后即将兴起的另 个消费热点，走入人们的日常休闲生活。

(3)游艇展会展风采

随着游艇业的发展，游艇展览会也是应接不暇地出现，如国际上比较出名的莫斯科国际船舶及游艇展、意大利热那亚国际游艇展、巴黎国际航海展，国内的有北京国际游艇及码头展览会、海峡两岸游艇展览会、中国(上海)国际游艇展、中国(厦门)国际游艇帆船展览会、大连国际游艇展览会、珠海游艇展览会以及中国(香港)黄金海岸游艇会国际游艇展览会等。目前，我国已创办了11个有关游艇的专业网站和7本专业杂志，正在迅速地把游艇文化、户外有氧运动、健身娱乐，观光旅游运动和生活方式推向全国。

游艇展览会及相关文化产品不仅能促进地区游艇企业的展示，更能促进产品信息市场的衔接和联系，游艇会展实际上是游艇产业链上不可替代的重要组成部分。消费者喜欢游艇展，是因为游艇展上既可比货又可比价，加之气氛远比独自去经销商那里的压力小得多。不少新游艇常常是在会展上首次推出的，对游艇行业的人来说，游艇会展是不可多得的了解游艇动态的好时机。对潜在的消费者来说，这样集游艇市场之大全的展览，可以免去光顾不同游艇经销商的周折。事实上有不少游艇是在展会上成交的，游艇展的游艇四周常常可见顾客与经销商围坐在小桌旁，办理游艇买卖合同及贷款事宜。

2. 中国游艇产业发展有利条件

(1)中国发展游艇产业发展的基础条件

我国位于西北太平洋沿岸，大陆海岸线18 000多千米长，加上岛屿岸线14 000千米，海岸线总长居世界第四，大陆架面积130万平方千米，位居世界第五，200海里水域面积200万~300万平方千米，居世界第十，这些都是世界性优势资源。我国沿海深水岸线400多千米，宜建中级以上泊位的港址160多处，其中深水港址62处。因此，作为一个海岸线漫长、湖泊遍布、岛屿林立、江河纵横的国家，开发水上交通、水上休闲活动和观光旅游项目，已成为水网发达地区的重要经济活动。更重要的是，游艇作为一个新兴的产业经济，一种全新的生活方式，对内需的拉动潜力惊人。

(2)中国游艇产业发展的政策环境

根据国家发展与改革委员会、商务部于2004年11月30日颁布的《外商投资产业指导目录》共公布了“鼓励外商投资产业目录”中与游艇产业有关的款项是“三、制造业——(十八)交通运输设备制造业——16. 船舶中高速柴油机、辅机、无线通信、导航设备及配件设计与制造;17. 玻璃钢渔船、游艇制造”。

2009年12月1日，国务院下发了《关于加快发展旅游业的意见》，首次提出把旅游业培育成国民经济的战略性支柱产业，把旅游业作为信心产业和新的经济增长点加以培育、重点扶持，明确了到2015年，旅游业增加值占全国GDP的比重提高到4.5%，占服务业增加值的比重达到12%，其中特别强调要大力发展游艇旅游业，这昭示着游艇制造业发展的春天已经来临。国务院首次提出:要培育新的旅游消费热点，支持有条件的地区发展邮轮、游艇等新兴旅游业;把邮轮、游艇等旅游装备制造业纳入国家鼓励关产业目录;积极支持利用荒滩、边缘海滩等发展旅游项目。中国交通运输协会游轮游艇分会(CCYIA)相关领导最近几年接近采访曾表示，国家有关部委近期出台了促进邮轮发展的若干政策和措施，正在积极征求发展游艇的有关建议，2009年12月初国务院发展旅游业意见的正式出台，更是给我国邮轮、游艇两大处于起步阶段的新兴产业带来了更大的发展机遇和契机，对促进我国邮轮、游艇产业的新一轮发展具有极其重要的意义。

3. 目前中国游艇产业发展所受到的阻碍

(1)游艇文化尚未深入中国人的生活

大多数消费者提到“游艇”首先想到是“奢侈”二字，是水上游乐用的高级消费品。其实，在国际上游艇普遍用于私人消费，而且游艇、帆船等水上运动并不是只有富人才能玩得起的游戏和显阔的资本，而是一种积极的、时尚的生活方式，不仅适合亿万富豪，同样适合城市中产阶级。以法国为例，豪华游艇只占18%，中产阶级消费的游艇占18%，绝大部分游艇是一般收入的普通家庭拥有并消费的。在国内，一般人认为，相对于房子、汽车，游艇只不过是富人显示身份地位的玩具，是富人们的专属用品；认为大多数人购买游艇的心理是为了攀比，为了显示自己的能力，显示自己的身份和地位。目前游艇文化的欠缺使得游艇消费远离了大部分群众，国内游艇产业的发展需要游艇文化的充分发展。

(2)售后维护保养成本高、配套服务不齐全

游艇跟轿车一样是需要维护保养的，而作为高档消费品的游艇，后续的维护保养费用也相当高。以50英尺①(约15.24 m)游艇为例，仅仅泊位费每年高达十几万元，其他的还有日常的维护保养费用和雇佣船员的费用等。

此外，在游艇的玩法上，其配套服务也是游艇消费者考虑的因素之一。游艇怎么玩？到哪儿玩？许多游艇购买者对游艇一无所知，有了游艇都不知道怎么玩，去哪里玩，这是由于中国人缺乏海洋文化的浸染，而目前国内的游艇培训机构、游艇俱乐部等相关配套设施又不够完善所导致的。特别是国内岛屿旅游休闲开发不足，为游艇配套的海岛休闲更是少之又少，船主驾驶游艇出海只能简单地沿海观光，无法在外海岛屿停靠，仅停留于走马观花、吹吹海风，使得游艇的使用乐趣大大降低，也导致一部分潜在买家打消了购买游艇的想法。

(3)游艇法规不健全

游艇产业对我国来说还是一个新兴的产业，对应的一些法律法规尚未完善。这也严重影响到游艇消费市场的健康发展。尽管《游艇安全管理规定》在2009年1月1日已经生效实施，实际执行中各地海事部门颁发的游艇驾照仍不能跨区域航行。此外，我国航道管理严格，游艇航行不仅需要获得许可在专用水域内航行，还要通报海事、航务或港监等部门，手续烦琐、监管严格。

(4)游艇过重的税收也将相当一部分有消费倾向的购买者挡在了游艇市场之外。目前国内销售的主要是大中型游艇，以进口游艇为主，这些境外游艇税收累加高达43%，而其他发达国家一般不会超过20%。假设一艘游艇价值一千万元，43%税率就意味着要多负担430万，站在消费者的角度几乎是无法接受的。

(5)专业人才匮乏

目前，国内各大高校开办系统性的专业性的游艇专业非常少。专业人才的匮乏是制约游艇制造商的天然瓶颈。虽然经过国家有关部门的积极探讨，中国船舶工业行业协会与上海产业实习基地共同开展了创建中国游艇实训基地项目的研究，但很多国内游艇企业仍需从海外购买游艇设计或者聘请海外专业人士来解决这个问题。

3. 我国游艇产业发展趋势

(1)产业投资将现风潮

2013年，游艇市场早已不是国外品牌主导的局面，中国企业和国际游艇产业的资本合

① 1英尺=0.3048米。

作才刚刚揭开序幕,这一趋势在2014年进一步强化。游艇经济的成长性越来越多地受到社会各个层面的肯定,加上几起重量级并购行动产生明显的“示范效应”,中国企业通过海外并购进入游艇产业或将出现风潮,它们也将撑起国际游艇产业的大旗。

同时,国外游艇产业会更多地将目光汇聚在中国市场,不仅做出品牌本土化的努力,也以更加灵活的资本合作形式联合进行制造、销售、运营等项目的合作。这还将带动民间投资游艇产业的热情,使会籍、泊位等权益的投资属性得到凸显。

(2)跨区航行付诸实施

2013年,粤港澳游艇“自由行”的实施方案一直是行业瞩目的热点。深圳、中山、珠海等多个城市为此做了大量的工作,也得到了广东省及香港、澳门地区的支持。谁能成为首个获准开展游艇“自由行”的城市,一度成为游艇行业关注的焦点。尽管离付诸实施还有一段距离,但这只是时间的问题。

游艇管理政策已经引起了国家相关部委的重视。不久的将来,口岸管理相关部门有可能逐步建立起相应的工作机制,统筹协调对游艇的管理,以避免政出多门、执法矛盾。在规范而宽松的大环境下,中国的游艇有望真正“游”起来。

(3)公共码头泊位大增

公共码头是发展游艇经济绕不开的话题。2013年,不少地区的公共游艇码头项目不再停留于规划之中,已经进入选址和在建阶段。广州黄埔区长洲岛游艇公共停泊场由政府投资建设,首期码头正在建设堤坝,主体结构即将完成。

提供没有门槛的靠泊服务,是游艇码头与其他游艇会的区别。公共码头无须入会费,可为游艇业主提供码头泊位租赁服务,包括岸电、供水、污水处理、生物降解游艇冲洗等,并可开展有偿岸上保养和维护等业务。公共码头的普及,将有利于降低游艇的停泊和使用成本,对于推广游艇水上休闲活动、发展游艇经济起到不可或缺的推动作用。

(4)游艇税费出现松动

在游艇行业的不懈努力下,未来游艇税费可能出现一定的调整。目前,我国对进口游艇征收的税项主要包括进口关税、特别消费税和增值税,各种税费总共约占游艇到岸价格的43%,而对国产游艇也需要征收特别消费税。这不仅给行业的规范管理带来一定困难,也对行业的健康发展产生不利的影响。

虽然目前游艇业界对相关税费调整的建议并没有取得实质的回应,但已经引起了政府层面的重视。调整游艇税费必然是一个复杂的过程,比如首先从征收范围入手,将原有长度大于8 m、小于90 m的无动力艇,以及帆艇和机动艇的标准进行更加具体、明确的分级,按照分档实行不同的征收税率。

(5)节能环保技术要求提高

众所周知豪华游艇对节能的要求并不高,每小时数千元的油费并不稀奇。不过,部分用于旅游、度假及租赁服务的游艇,面对的节能要求将有明显的提高。私人使用的部分游艇,其维护成本可能成为决定是否购买的重要因素。另外,在江河湖泊景区航行,对游艇的排放、噪音也有相应的限制。

契合低碳社会的发展趋势,游艇制造企业必将考虑船主的节能环保要求。游艇的动力选择将呈现多样化的特点,包括采用太阳能和电力推进方式,大量使用降噪材料,安装节油装置等。

(6)展会初现马太效应

在当前展会林立、需求放缓的环境中,游艇会展业的压力相比前几年大了很多,新办一个展会就能赚得盆满钵满已不可能。除了老牌的上海游艇盛会,2007 年以来在深圳、厦门等地区出现了行业内认可度较高的展会。这些展会对展商的重要性不言而喻,因此在未来的影响力将得到提升。

有些地方的游艇展会在已经连续举办多届的情况下,极有可能因收益欠佳而停办。一些市场影响力较小的游艇展会,也面临调整定位和规模的问题。新举办的展会将会突出办展特色,以产业项目投资、融资等吸引游艇行业。

(7)赛事带动帆船运动普及

推动一项运动普及的最好途径是举办有影响力的赛事。在赛事方面,2013 年最值得关注的是"中国杯"帆船赛的巨大成功。在多年的努力下,"中国杯"早已超越普通赛事,成为集体育竞技、商业、文化、艺术、时尚、公益于一体的海洋嘉年华。2013 年前来赛场观看中国杯的观众数量超过 40 000 人次,是历届中国杯观众数量最多的一次。

常年举行的帆船活动将会成为游艇俱乐部的"标配"。招募并组建自己的帆船队出战国内各大赛事,是游艇俱乐部提升人气和影响力的最重要手段。在沿海地区,帆船课程逐步走进课堂,广受青少年喜爱。

(8)度假综合体出现

在部分滨海城市,游艇悄然成为旅游业升级的载体,以游艇为主题的旅游度假综合体将很快出现。游艇企业参与建设旅游休闲度假区,包含很多与游艇相关的休闲服务设施,如防波堤、公众海滩、绿化广场、酒店、高尔夫球场、度假别墅、游艇码头、游艇俱乐部等。这种大型的游艇度假综合体将形成完整的海滨旅游景观体系,可以更好地为游艇消费者提供海上娱乐和高端休闲服务。

游艇产业的发展,离不开人们收入水平的不断提高。其实在国外海岛及滨海城市,经营游艇度假的企业十分常见。比如在维京群岛,游艇及船员服务的租赁具有 40 多年的历史,早已与度假融为一体,是当地很有特色的旅游项目。

(9)海钓活动快速兴起

在海上休闲活动中,海钓是一项极具魅力的休闲活动。目前,全国沿海地区已经形成了大规模的海钓爱好者群体,近海和湖泊地区经常举办各种钓鱼赛事。在地方政府大力发展海洋经济的热潮中,"休闲渔业"也屡被提及。在游艇生活缺少富有中国韵味内容的情况下,海钓无疑是最有推广潜力的一种休闲方式,成为许多年轻人接触游艇的第一选择。

由于海钓市场前景看好,国内游艇制造企业研发了很多设施齐全、功能丰富的游艇,以满足海钓人士对海钓用船更先进、安全、快捷的需求。可以预见,未来会有更多的游艇企业、经营机构将海钓作为一个重要的细分市场,对海钓功能游艇设计、游艇租赁服务起到积极的促进作用。

(10)游艇行业人才职业化

在国内任何一家游艇俱乐部,雇员取得游艇、帆船驾驶资质认定都是从事游艇驾驶的前提条件。在游艇使用、交易、维修等环节,专业操作人员的缺口还比较大。由于全国驾照通用大势所趋,对游艇、帆船驾驶操作人员将呈现不断增长的需求。

针对游艇行业需要大量专业销售和养护服务等人才的情况,游艇经纪人、游艇养护师等专业技能培训和岗位认证适时出现。这为游艇从业人员持证上岗、求职晋升、就业准入提供了必要的条件。游艇俱乐部联合开展的职业经理人培训,为培养经营人才开拓了新的渠道。今后,游艇经济的发展将使游艇行业人才日趋职业化。

二、相关训练

(一)任务布置

任务:简单调查上海市(或你熟悉的城市)游艇产业状况,以下任务任选一项。

(1)简要介绍上海市某一游艇制造企业相关情况。

(2)简要介绍上海市某一游艇销售企业相关情况。

(3)简要介绍上海市某一游艇管理公司相关情况。

(4)简要介绍上海市某一游艇俱乐部相关情况。

(5)简要介绍上海市某一届游艇展相关情况。

分组:建议将整个班级分为五个小组,每个小组完成一项任务。

(二)任务实施

第一步:根据分配的任务,主要通过网络来寻找你认为有意义的信息。下面先以上海红双喜游艇有限公司为例介绍调查情况,然后根据例题完成相关任务。

例:上海红双喜游艇有限公司相关情况。

1. 网络调查渠道

(1)官方主页 http://www.dhsyacht.com;

(2)中国海事服务网 http://www.cnss.com.cn。

2. 公司简要介绍

(1)根据官网

上海红双喜游艇有限公司成立于 2000 年,濒临黄浦江畔,拥有黄浦江岸线长度为 193 m,公司经历了从初创、发展到成熟等各个不同发展阶段,建造完成了 200 余艘豪华游艇,产品远销欧洲、美洲、大洋洲等国家和地区。

(2)根据中国海事服务网

该公司目前为中国著名的动力艇生产企业,从 2008 年开始关注中国内地市场的市场推广与销售工作。

(3)根据企业的产业化落实程度

根据企业的产业化落实程度,我国游艇制造业大致可分为以下四种类型:

第一类:产业化落实程度比较好,已可批量和定制生产各种尺寸的中资游艇制造企业,包括太阳鸟、毅宏、红双喜、厦门瀚盛等。

第二类:已具备定制生产能力的游艇制造企业,包括海星、宝达、珠海江华、青岛海特等。

第三类:主要生产以各类玻璃钢商务艇、观光船等为主的"亚游艇"制造企业,如常玻、珠海江龙、无锡东方等。

第四类:已有成熟的设计制造技术,在国内投资建造的港台或国外独资企业,包括显利、杰腾、宝岛、澳普兰等。

红双喜属于第一类游艇制造业。

第二步:整理所搜集到的材料,完成表 1-2。

表 1－2 调研报告

任务	
1. 网络调查渠道	
2. 简要介绍你所感兴趣的任务内容	

第三步：制作相关 PPT，在班级里组织读者介绍其找到的大家比较感兴趣的内容。

【任务小结】

通过分组调查某地区游艇产业链为任务作引导，调查该地区游艇制造企业、游艇销售企业、游艇管理公司、游艇俱乐部和游艇展会等相关情况，使得读者对于游艇、游艇产业链以及各个游艇企业都有了一定的认知。通过熟练掌握相关信息再进行整理制作 PPT 进行班级讨论，更加加强了学习主动性和积极性，同时也为学习后续任务打下了较好的基础。

【拓展提高】

游艇文化对于游艇产业有着非常重要的意义。试分析国内游艇文化宣传的主要渠道，并对游艇文化的内容进行整理。

任务二 创办游艇经营管理企业

【学习目标】

1. 掌握游艇管理内容及其管理方式。
2. 熟悉游艇俱乐部创办相关法规、条件和程序。
3. 掌握游艇俱乐部主要服务内容和要求。
4. 熟悉游艇俱乐部经营类型和运作模式。

【任务解析】

根据上一项任务,我们知道,在游艇产业链当中核心业务是提供游艇消费服务,游艇消费的发达程度很大程度上决定了这一产业的规模。因此,本次任务主要围绕提供游艇消费的企业类型、如何创办这类企业以及这类企业的经营管理方面进行阐述。提供游艇消费的企业类型部分主要介绍了游艇的管理方式,游艇俱乐部以及其在国内的发展情况。如何创办这类企业部分主要介绍了游艇俱乐部相关法规或规定、创办条件和创办的一般程序。这类企业的经营管理部分主要介绍了我国游艇俱乐部目前主要服务内容、服务要求、俱乐部经营类型、运作方式和俱乐部组织架构。最后以分析舟山凤凰山岛游艇俱乐部项目创办条件为任务,强化读者对创办游艇俱乐部的相关知识的掌握。

【任务实施】

一、相关知识

随着近年来游艇文化的持续发展和普及,中小企业主及更广泛的中产阶级对游艇消费的需求开始快速增长。这使得中国游艇行业发展朝着层次性和结构性转变,未来中国游艇市场上商用豪华游艇的比例将逐步缩小,自用小游艇将成为主旋律,游艇消费市场呈现“去豪华”趋势。

当公司或个人打算购买游艇时,就需要考虑游艇管理方法。游艇管理的内容事项比较多而杂,一般情况下交由游艇管理企业进行管理。游艇管理企业分为哪几种,主要的游艇管理企业如何创办,其经营管理主要内容又是什么,接下来围绕这些问题进行阐述。

(一)游艇管理企业

1. 游艇的停泊、维修和保养

在购买游艇之前,每个人都要先考虑拥有游艇之后怎么样来处置游艇。

游艇的停泊可分为陆上放置和水上停泊两种,两种停泊方式各具特色与优势,可以依据需求进行选择。水上停泊大多位于游艇港或部分环境较好的休闲渔港内的船席泊位;陆地放置则在平地或是艇库(立体艇库)停放,除非有空间给游艇停放,不然所有停船泊位都是要付费的。

在西方国家陆地停放游艇占主流。欧美国家80%的游艇都是停放在陆地上面,特别是7.5 m以下的小型游艇大都是停放在各家各户的院里屋旁。7.5 m长的游艇,西方国家的交通法规是允许由游艇拖车载着合法地行走在陆地的大街小巷的。在美国,中低产阶级人士拥有90%的小游艇,这些游艇绝大部分停放在陆地的停车场、车库、空地、立体艇库,甚至街边路旁。美国有80%的游艇是放在游艇拖车上面的。大部分船主在购买游艇时就连同游艇拖车一起购买,然后拖回家里,停放在房前屋后,或者摆放在附近的停车场里,消费娱乐时就将船用游艇拖车拖到水边放到海里,游玩完毕则再用游艇拖车拖回家里摆放。美国经济发达,城乡没有什么差别,许多中产阶级大都居住在城郊乡村里面,他们房前屋后有的是空地,他们购买的游艇都放在院子里,平时还会花些时间来打理,诸如清洁、维护、升级、换件等,有的家庭还会加建房子来专门安放游艇。在美国,游艇拖车是不可缺少的游艇消费辅助工具。在美国的存量游艇当中,平均10艘游艇就有8~9辆游艇拖车配备,几乎达到每艘游艇配套一辆游艇拖车。

当然,对于那些 80 英尺(约 24.38 m)以上的大型游艇,则很难离开水面停放,但是大型游艇也只是占总量的 2% 左右的存放数字。所有中小型游艇都离不开游艇拖车这个必不可少的水上运动辅助工具。一般来说帆船和大型游艇才是停泊在水边游艇港内,游艇港是设在天然的港湾内,或者建设巨大的人工防波长堤,类似两只抄手臂,把大风大浪阻挡在防波堤外,以保护港湾里的游艇免受常年的风浪拍击。在游艇港湾内,人们在水面铺设有成排浮箱托承的浮码头,浮码头的两侧有深入海底的水泥钢筋桩柱固定住,潮涨潮落都不会影响到游艇的安全。游艇停靠在浮码头的两侧,水、电、油的管线都铺到每一船艇泊位(船席)旁。游艇港内通常有一到两家游艇会会所来管理港内的游艇。游艇停泊期间使用岸电、岸水,如同陆地别墅里的日常生活一样。平时船东在陆地上班,游艇会有专门的船童(Boat Boy)帮船主打理一切,包括泊船、洗船、铲蚝、舱室清洁、地板养护、机件保养、缆桩调整和保安看护等。

选择游艇会(也称游艇俱乐部)入会购置游艇的优点是:船东比较轻松,可以享有贵族般的待遇。游艇出海玩乐以外的杂事一并交由会所打理。船东可以专心工作和出海。会员可以享受会所的全方位的气象、通信、支援和救难等海事贴身服务。游艇会的游艇种类通常是商务和休闲占主流。目前中国大陆因游艇港少,船席泊位有限,所以费率也比陆上高。若是船不大,建议可以选择艇库放置,专业完善的管理与维护,是最经济实惠的选择。如果是小型家用艇,要么需要在家里设立专门的艇库,有游艇拖车或自备汽车运载游艇来往住处与使用地之间。或者支付泊位费和维护费用选择一些渔港停放。家有游艇,即使在陆地停放,也要付出等于养 2 ~ 3 部汽车的费用代价。一般测算,一艘普通家用新艇的养护费、清洁费、水电费和泊位费在 5 万元左右,这还不包括意外情况下的维修费。当然,还有牌照费、航道使用费等。陆地停放游艇,就有游艇的下水、上岸的问题。如果把游艇停在海港内,这一点就不成问题。但是如果船东要把游艇放在岸上,就需要用滑道(斜坡道、曳船道)或是吊车(固定式吊臂)让船下水后,才能出海。滑道主要是利用车辆,将船连同拖船架(游艇拖车)置入水面上,待船浮起后即可驶离;吊车可以在没有斜坡道的水边发挥作用,将船吊起后缓缓放置于水面上。怎么下去就怎么上来,当然船东亦可完全委托艇库管家提供协助。

游艇的加油、补给一般在港内进行,完成例行检查后,即可出海。中国海岸沿线还没有均匀分设海岸加油站,船东要加油只能到陆上的加油站加油。而且目前中国多数的港口仅提供柴油,若是您使用的是汽油引擎,就必须用到加油船。一些渔港内有加油船穿梭往来加油的。当然,您大可将这些恼人的事情也交由船员或艇库管家为您代劳。

游艇的保养维修。游艇好比车子一样,最重要的就是日常维护与定期保养。除了每次回航后须用淡水将外部完全冲洗外,定期清洗淡水循环系统更是不可忽略的动作,这样游艇的外观才能够常保如新。游艇购买后,要熟读该艇的使用指南,养成好的保养习惯。了解自己游艇的艇种特点和机器性能。培养动手能力,复杂的机件与引擎就要交由专业技师来定期保养。另外最重要的就是驾驶人的习惯与观念,以往人们没有定期保养的观念,等到真正出了问题,损坏往往已经非常严重了。小问题的及时处理,可以避免更大的损害和事故。只要依照程序做好日常维护与保养步骤,一艘船甚至可以维持十年以上的寿命。强烈建议船东务必在购买游艇时,确认该公司有原厂认证的技师,才有能力提供各项保养维修的服务。不然沦落成为游艇孤儿,对船东与游艇都将是一大伤害。现代的游艇都由复杂的设备组成,因此专业知识和精细的技术后备支援是必要的。

游艇活动的安全性。根据香港统计，道路上每天发生800件交通事故，而海上仅有1件。所以证明海上活动是非常安全的，主要因为海上活动与气候因素息息相关，只要不在坏天气出海，那么游艇活动可以说比走路还要安全。其实从事任何活动都是相同的道理，要确认人员及装备的妥善性、事前气象信息的搜集还有向家人或朋友告知活动计划。游艇出行，计划很重要。只要能够确实做到上述步骤，再有不要酒后驾船或是危险驾驶，每个船东一定可以拥有愉快的旅程。另外，扎实的训练与经验，亦可使游艇安全多一份保障。所以每个初学者千万不要刚拿到驾照就贸然出海，这跟在汽车驾训班毕业后就马上开车上路一样，比较危险！当然，若能够有资深经验的专业游艇船长指导，相信每个学员一定可以得到更多更务实的航海训练。

2. 游艇的管理方式

结合游艇发达国家的管理经验，游艇的管理可以归结为以下几种方式：

(1)游艇销售公司进行管理。如果游艇销售公司附带游艇管理业务的话，可以直接交给购船时的游艇销售公司来负责。因为大部分游艇销售公司具备专业的维护保养人员，同时他们对游艇的部件比较熟悉，这样游艇的维护和保养可以更为便捷，省心省力。例如上海某游艇销售有限公司，是一家为顾客提供豪华进口游艇销售服务的公司，具备高品质、专业化的船艇销售、维修、售前售后服务的实力，提供的游艇售后服务项目有游艇管理、故障服务——船上诊断和修复、日常维修和保养、定期检查、游艇设备升级和改装、运输吊装、船舶性能测试、零配件供应、船员培训等项目。游艇销售公司有其自身的一些局限性，其主要侧重于游艇本身，而不是游艇消费服务部分，因此其在国内外发展规模均有限。

(2)自行管理。如果游艇购买者有时间或者有专业团队可以进行考虑。游艇管理需要专业而系统的游艇管理知识。游艇管理需要专业的船长和水手来维护清洁，要不然游艇的寿命和效率就会出现很大的问题。目前，游艇市场在国内还属于新兴市场，懂游艇的人非常少，因此，这种游艇管理方式在国内比较少见，尤其对于大中型的游艇更为少见。

(3)游艇俱乐部进行管理。在国外，游艇俱乐部负责了大部分私人游艇管理，现在国内的形势，为了顺应中国游艇业的发展势头，游艇俱乐部也雨后春笋般出现，大多数也可以提供游艇管理服务。同时游艇俱乐部还承担泊位租赁、发展会员、游艇租赁和销售，甚至是与游艇相关的房地产开发和销售。

(4)游艇管理公司进行管理。目前国内出现了一些游艇管理公司，专业为客户提供运输、办证、清洁、维护、保养服务。但是总的来说，现在国内这方面的公司还比较少，应该在不久的将来，游艇管理公司会越来越多，越来越专业。

3. 游艇俱乐部

俱乐部(又称会所；英文名：Club)单从字面上理解就是人们聚集在一起进行娱乐活动的组织团体或者其场所，严格解释是具有某种相同兴趣的人进行社会交际、文化娱乐等活动的团体和场所。游艇俱乐部兴起于18世纪的英国，早期是为达官显贵中的船舶爱好者提供的一个船只停泊、修缮、补给的小船坞。随着工业文明的发展，小船坞的规模不断扩大，逐渐地演变成一个社会上层人士的聚集地。原有的简单功能已经不能满足他们日益增长的娱乐、社交、商务等多方面的需要，于是，一个集餐饮、娱乐、住宿、商务、船只停泊、维修保养、补给、驾驶训练等多功能于一体的游艇俱乐部雏形应运而生。

那究竟什么是游艇俱乐部，具体定义是什么呢？我们可以从中华人民共和国交通运输部2008年第7号令《游艇安全管理规定》中得出结论，在规定里游艇俱乐部指的是为加入游艇俱乐部的会员提供游艇保管及使用服务的依法成立的组织，可见游艇俱乐部的收入主要来源就是加入该俱乐部的会员。此外，根据中华人民共和国海事局《船舶与海上设施法定检验规则——游艇法定检验暂行规定》规定："经初次检验或换证检验并符合本暂行规定适用要求的游艇，船舶检验机构应向其签发或换发游艇适航证书。证书有效期为：(1) 由俱乐部管理的游艇，有效期不超过5年；(2) 由其他方式管理的游艇，有效期不超过2年。"可以看出，游艇的适航证书倾向于颁发给游艇俱乐部管理的游艇。

游艇俱乐部于二战后在西方发达国家蓬勃发展起来。对于成功的商人、政客，利用游艇的聚会，可能促成一单生意或化解矛盾。而对于文化人，游艇的隐秘性，则给予了他们思考的空间。希腊船王奥纳西斯拥有世界上最豪华的游艇，丘吉尔等人都是他的常客。好莱坞名导斯皮尔伯格就常常与好友一起在游艇上进行"脑力大震荡"；新闻先驱普利策把他的游艇"自由号"当成他第二个家，甚至在1912年，他选择在游艇上结束了自己的一生。目前，像挪威、新西兰等国家人均拥有游艇高达8∶1，美国为14∶1，就是内陆国家瑞士其人均游艇也达到69∶1，这些游艇几乎都是在俱乐部中保存的。

综上所述，无论从国内的相关政策还是从国外的游艇管理发展情况来看，游艇的经营管理主要是由游艇俱乐部负责的。所以本文着重讨论游艇俱乐部对游艇的经营管理。

4. 国内游艇俱乐部发展概况

21世纪，中国经济的发展形势令世人瞩目，随着生活品质的不断提高，人们开始追求更高品位、更高质量的生活方式，游艇运动渐为国人所认识。作为一种典型的舶来品，这种新式潮流不仅引起部分高收入人群的关注，也为许多城市发展新型服务性产业带来前所未有的契机。虽然目前国内已经有一些游艇俱乐部在经营，但由于受到消费条件、自然条件和有关法律、法规滞后的制约，国内投资机构对这类新鲜事物所知甚少。有关游艇俱乐部如何成立、如何进行经营管理，仍属一个鲜为人知的领域。

中国内地游艇建造和发展源于20世纪80年代的深圳，如果从游艇制造的角度看，深圳称得上中国最早打造"游艇之城"的城市。不但制造业堪称中国内地游艇建造的源头，深圳游艇俱乐部的发展同样走在全国前列。1998年5月，深圳浪骑游艇会宣布成立，这是中国内地最早投资开发的游艇会项目之一。以游艇制造和游艇俱乐部为基础，深圳已将游艇制造业列为优先发展的行业之一。深圳的目标是做中国游艇制造业的龙头。目前在我国的东莞、珠海、青岛、大连、上海、苏州、南京等地已有几十家上规模的游艇俱乐部。并且全国范围内还有不少游艇俱乐部正在建设、规划或筹建之中。

截至目前，据CCYIA不完全统计，国内有100多家游艇俱乐部，但已经成型、具备游艇俱乐部各项功能的不过10余家。例如大连的星海湾游艇俱乐部、青岛银海游艇俱乐部、青岛国际游艇俱乐部、日照水上运动基地、苏州水星俱乐部、昆山大自然游艇俱乐部、上海莱悦游艇俱乐部、浙江九龙山游艇俱乐部、无锡太湖山水俱乐部、厦门五缘湾游艇俱乐部、深圳浪骑游艇俱乐部、大梅沙游艇俱乐部、深圳湾游艇会、三亚鸿洲游艇会、珠海南国游艇俱乐部、广州南沙游艇俱乐部、海口美源湾游艇俱乐部、天津东疆游艇俱乐部等。

(二)创办游艇俱乐部

1. 游艇俱乐部相关规定

游艇管理企业创办之前，必须熟悉政府关于游艇管理企业的规定，保证投资和经营管理都是合法化的。下面以游艇俱乐部为例，介绍政府部门相关规定和要求。

(1)交通运输部相关规定

中华人民共和国交通运输部2008年7月8日经第8次部务会议通过的,自2009年1月1日起施行的《游艇安全管理规定》中指出“中华人民共和国海事局统一实施全国游艇水上交通安全和防治污染水域环境的监督管理”,具体详细内容见附录一。

在该规定里明确了游艇俱乐部的义务和责任。

①负责游艇日常安全管理和维护保养。

游艇的安全和防污染由游艇所有人负责。游艇所有人应当负责游艇的日常安全管理和维护保养,确保游艇处于良好的安全、技术状态,保证游艇航行、停泊以及游艇上人员的安全。

委托游艇俱乐部保管的游艇,游艇所有人应当与游艇俱乐部签订协议,明确双方在游艇航行、停泊安全以及游艇的日常维护、保养及安全与防污染管理方面的责任。

游艇俱乐部应当按照海事管理机构的规定及其与游艇所有人的约定,承担游艇的安全和防污染责任。

②游艇俱乐部应当具备法人资格,并具备下列安全和防污染能力。

a. 建立游艇安全和防污染管理制度,配备相应的专职管理人员。

b. 具有相应的游艇安全停泊水域,配备保障游艇安全和防治污染的设施,配备水上安全通信设施、设备。

c. 具有为游艇进行日常检修、维护、保养的设施和能力。

d. 具有回收游艇废弃物、残油和垃圾的能力。

e. 具有安全和防污染的措施和应急预案,并具备相应的应急救助能力。

③游艇俱乐部依法注册后,应当报所在地直属海事局或者省级地方海事局备案。

④游艇俱乐部应当对其会员和管理的游艇承担下列安全义务:

a. 对游艇操作人员和乘员开展游艇安全、防治污染环境知识和应急反应的宣传、培训和教育。

b. 督促游艇操作人员和乘员遵守水上交通安全和防治污染管理规定,落实相应的措施。

c. 保障停泊水域或者停泊点的游艇的安全。

d. 核查游艇、游艇操作人员的持证情况,保证出航游艇、游艇操作人员持有相应有效证书。

e. 向游艇提供航行所需的气象、水文情况和海事管理机构发布的航行通(警)告等信息服务。遇有恶劣气候条件等不适合出航的情况或者海事管理机构禁止出航的警示时,应当制止游艇出航并通知已经出航的游艇返航。

f. 掌握游艇的每次出航、返航以及乘员情况,并做好记录备查。

g. 保持与游艇、海事管理机构之间的通信畅通。

h. 按照向海事管理机构备案的应急预案,定期组织内部管理的应急演练和游艇成员参加的应急演习。

⑤其他:

a. 游艇从事营业性运输,应当按照国家有关营运船舶的管理规定,办理船舶检验、登记和船舶营运许可等手续。

b. 游艇应当按照国家的规定,缴纳相应的船舶税费。

c. 乘员定额12人以上的游艇,按照客船进行安全监督管理。

(2)地方政府相关规定

《游艇安全管理规定》里指出“各级海事管理机构依照职责,具体负责辖区内游艇水上交通安全和防治污染水域环境的监督管理”。因此,每个地方海事局对所管辖的游艇俱乐部还有具体的规定。下面以上海海事局为例介绍关于游艇俱乐部的相关规定。

2013年3月1日起施行的《上海海事局游艇安全管理暂行办法》,是对在中华人民共和国上海海事局管辖水域内游艇航行、停泊、作业等活动的安全和防治污染管理适用的规定,该规定是在交通运输部的《游艇安全管理规定》的基础上,对游艇俱乐部做了以下具体规定:

①游艇俱乐部配备至少2名持有游艇操作证或者海船船员适任证书的专职管理人员。

②游艇俱乐部依法注册后,应当在营运前填写《游艇俱乐部备案登记表》(向主管机关备案),并提交以下材料的原件和复印件各一份:

a. 游艇俱乐部营业执照或注册证明。

b. 经办人的身份证明、授权委托书。

c. 游艇专用停泊码头和水域、游艇活动水域的相关批准或认可文件。

d. 与游艇所有人签订的管理协议(委托管理时)。

e. 所管理游艇的清单。

f.《游艇操作证》(所属游艇操作人员)。

g. 游艇俱乐部安全和防污染管理制度,至少包括:

安全与防污染管理组织机构和岗位职责;

游艇停泊和航行安全管理制度;

游艇操作人员安全教育和培训制度;

游艇日常检修、维护和保养计划;

船、岸应急预案和演习计划,应急负责人及通信联络说明;

船上油类、垃圾、生活污水等污染物的收集和处理规定,以及与经主管机关备案的船舶污染物接收单位签订的污染物接收协议;

游艇日常监督检查制度;

游艇供受油安全操作程序;

配备防污染器材、设备和污染物临时储存容器清单;

海事管理机构认为需要的其他安全管理文件。

《游艇俱乐部备案证明书》所记载的事项发生变更的,游艇俱乐部应当在15日内向主管机关提交变更备案申请,否则原备案证明文件自动失效。主管机关收到变更备案申请材料后,于20日内进行核查,符合要求的,予以继续备案,出具《游艇俱乐部备案证明书》。否则不予备案,并书面说明理由。

③游艇俱乐部应当对其会员和管理的游艇承担下列义务:

a. 对游艇操作人员和乘员开展游艇安全、防治污染环境知识和应急反应的宣传、培训和教育,对操作人员的培训时间每人每年不少于20 h。

b. 督促游艇操作人员和乘员遵守水上交通安全和防治污染管理规定,落实相应的措施,并制订开航前安全告知手册,保障乘员熟悉救生、消防等安全知识。

c. 落实岸基值班人员,保障停泊于其俱乐部水域或停泊点的游艇安全。

d. 核查游艇、游艇操作人员的持证情况并建立相应台账，保证游艇、游艇操作人员持有相应有效证书。

e. 向游艇提供航行所需的气象、水文情况和海事管理机构发布的航行通(警)告等信息服务。遇有恶劣气候条件等不适合出航的情况或者海事管理机构发布禁止出航的警示时，应当制止游艇出航并立刻通知已经出航的游艇返航。

f. 掌握游艇每次出航、返航以及乘员情况，并做好记录备查。

g. 应当保持与出航游艇的有效通信联络，全程跟踪游艇动态。保证与海事管理机构之间的通信畅通。

h. 按照向海事管理机构备案的应急预案，定期组织内部管理的应急演练和游艇成员参加的应急演习并做好记录。

i. 发生突发事件时，应当及时启动应急预案，并及时向海事管理机构报告。

j. 妥善安排游艇做好防抗台风等工作。

④主管机关发现游艇或者游艇俱乐部具有下列情形，且未按要求整改的，予以注销备案登记：

a. 未按本办法要求提交变更备案材料或者申请年度备案审验的。

b. 备案变更的材料或年度审验的材料有误或者不符合国家法律、法规和规章要求，经主管机关指出后仍未按要求纠正的。

c. 经监督检查不符合备案情况，或者未有效执行国家和主管机关公布的有关安全和防污染管理制度，经主管机关指出后仍未按要求整改的。

d. 游艇俱乐部内部安全和防污染管理制度形同虚设，经主管机关指出后仍未按要求整改的。

e. 接受主管机关监督检查时，弄虚作假或者拒绝监督管理的。

2. 游艇俱乐部创办条件

(1)区位条件

游艇俱乐部选址方面，要求具有便利的交通条件。一般地说，距离城市中心的车程最好在 1 ~2 h 之内。其坐落地点多在海滨岸线、港湾、湖滨，那些拥有国际航线和进出口岸通道的港口，更方便周围城市的游艇爱好者进出，并吸引他们云集。

例如，大连星海湾国际游艇俱乐部，地处环境优美的大连星海湾商务区西部，交通便利、地理位置优越，距离大连火车站 5 km、大连港 8 km、周水子国际机场 10 km、沈大高速公路入口 12 km。青岛银海国际游艇俱乐部，位于青岛市东部，与麦岛隔海相望，交通便利，距离青岛市政府 4 km、青岛火车站 12 km、青岛港 12 km、青岛国际机场 33 km、最近汽车站 11 km。青岛国际游艇俱乐部位于青岛奥林匹克帆船中心内，背靠浮山，环抱黄海，占地面积45 公顷，是全球为数不多的身处城市 CBD 中央区的帆船游艇港。俱乐部距离青岛市政府不到 3 km、青岛火车站 10 km、青岛港 11 km、青岛国际机场 28 km、最近汽车站 8 km。苏州太湖水星游艇俱乐部位于中国第三大湖——太湖湖畔，离苏州市区仅 20 min 车程，离上海仅 1 h 车程。上海莱悦游艇集团有限公司旗下上海莱悦俱乐部位于上海外滩的中心地段，地理位置得天独厚，拥有 300 多平方米的会所和游艇码头。深圳大梅沙国际水上运动中心、大梅沙湾游艇会坐落于深圳市盐田区大梅沙，距市区 30 min 车程。

(2)环境条件

游艇俱乐部周围的环境要求十分优美，既要求俱乐部内部有幽美的环境，也要求周围的风景绿化、景观配置、休闲氛围达到极佳水准。所以,海湾屏蔽、海面平静度、海潮区域、风力等条件适宜与否是建立游艇俱乐部的重要因素。

例如,大连星海湾国际游艇俱乐部毗邻亚洲最大的广场——星海广场,周边有星海公园、圣亚海洋世界、星海湾海滨浴场、百年城雕、现代博物馆、星海会展中心、世博广场等众多高端旅游文化项目以及“星海国宝”等高档住宅区和“星海假日”等五星级酒店,有着得天独厚的发展游艇业的外部环境。

青岛银海国际游艇俱乐部开辟了银海大世界到崂山、大公岛、灵山岛、薛家岛、琅琊台、黄岛及前海海上旅游航线,同时开通银海大世界 - 浮山湾 - 栈桥 - 中苑码头海上交通航线,丰富青岛海上旅游项目;利用中华人民共和国水准原点资源在银海码头设置“中华人民共和国水准零点景区”,与银海建设的世界上最大的海星(雕塑)、奥运文化展览馆、灯塔、英式彩虹桥、帆船之都观光塔、世界著名航海家大型雕塑群等景点一起,成为青岛继栈桥、五四广场之后又一处高端标志性滨海旅游景点,成为中国第一个以游艇俱乐部为主体的国家 AAAA 级旅游景区,为国内外来游客提供一处海洋科普、文化游览新景区。

(3)水体条件

水缓浪低,水质清澈,上佳的水位条件,在风浪、海浪较大的地方要求筑有防波堤。防波堤内要求港池平静,水域宽阔。

例如,大连星海湾国际游艇俱乐部港区陆域占地面积 7 万平方米,水域面积 8.5 万平方米,平均水深 6 m,建有 396 延长米的 3 个重力式码头。青岛银海国际游艇俱乐部陆域面积 6.7 万平方米,海域面积 8.7 万平方米。青岛国际游艇俱乐部港内水域面积 15.5 万平方米,平均水深 6 ~ 8 m。深圳湾游艇会有 15 万平方米水域,水深 4.5 m,会所面积 1.6 万平方米。

(4)设施条件

基本设施:海上设施包括码头泊位、防波堤(甚至包含邮轮和客班轮停靠码头)、各式游艇、帆船和娱乐船等。游艇泊位基地要求能为出入基地的游艇提供加油、海面救援、办理船舶证照等多方位的服务。陆上设施多为配套服务所用。

配套设施:陆上配套设施包括会所大楼、酒店大楼、酒店别墅、口岸联检楼、干船舱、游艇维修仓、露天游泳池、壁球、室内高尔夫球馆和网球运动场所、船舶驾驶操作培训基地、停车场等。

例如,苏州太湖水星游艇俱乐部,主要设施有 150 多个标准的游艇泊位、水陆加油系统、水电供应系统、游艇排污系统、维修场地、太湖湖畔餐厅、船厂餐厅、帝苑餐厅、水星吧、马克波罗多功能厅、5 间湖畔别墅、3 艘双床房房艇、4 艘豪华房艇、3 艘豪华游艇、3 艘帆船、3 艘摩托艇、雪茄吧、游泳池、冲浪池、桑拿房、健身房、乒乓球、卡拉 OK、棋牌室、图书馆、宾士域厅、希瑞厅、贝莲娜厅等。主要业务有游艇销售、餐饮服务、游艇帆船培训和会员活动等。

3. 游艇俱乐部创办一般程序

(1)开发、建设程序

游艇俱乐部项目从构思产生到项目建设完成,正常营业使用,必须经历一个完整的开发过程。这个过程由多个环节组成,每个部分相互连接,在整个工作链中,各项工作必须遵守客观规律和相关行业规范形成先后顺序,不可任意更改或颠倒先后次序。根据国外游艇行业特点和成功运作经验,结合国内行业实际情况,游艇俱乐部创办过程可分为以下几个阶段:

①前期准备(包括游艇俱乐部项目投资方策略、初步设计方案、投资分析、管理结构组织、运作模式、开工准备、政府审批等)。

②工程建设(包括施工图设计、工程投资预算、资金运作、建设工程安排、施工监控等)。

③开业经营(包括试运营准备、正式运营)。

(2)游艇俱乐部项目投资决策

投资者针对一个新兴的行业,初步接触,可供参考的例子较少。前期需要一个认识、讨论、考察期。最重要的是对市场现状的评估、项目建设地点的选择、近期和远期的效益评估。在决定前应邀请相关水工专家、游艇专业人士参与项目评估,通过初步了解和讨论后,出具《游艇俱乐部项目投资可行性研究报告》或《游艇俱乐部项目投资初步方案报告》,以此作为决策的依据。

(3)项目申请报批

目前国内游艇项目的政策文件、相关规范非常少。各地政府的政策、法规差异性很大,没有统一的标准申报和批复,针对行业所辖范围应向政府以下部门报批:建设局、航道局、海事局、水利局、港务局、消防局、环保局、规划局等相关部门、机构申报项目资料、图纸。批复后应按国家规范设计施工图、工程预算。手续较为烦琐,且每一项审批都要一定的费用。

(4)成立项目管理机构(部门)

政府批复项目后,应组织项目开发管理机构(部门),对项目的各个环节进行具体分工,建立管理制度。

项目管理机构主要负责:

①前期准备工作:委托顾问公司进行市场调研。委托规划设计单位对工程进行勘测、规划、设计。编写项目文件向政府相关部门报批,通过其他方式招商、融资等。

②工程建设安排:确认施工图后选择具备施工能力和实力的施工队伍,在签约前应对施工方做详细考察、了解(资质、业绩、合同履行能力、完成工程效果等),主要以项目经理为首的工程管理部,负责建设准备工作和工程施工期的管理,确保按设计要求和合同要求完成,技术难点应在开工前讨论解决。

③游艇俱乐部经营筹建工作:

办理经营前的手续(营业执照、税务登记等),前期的市场定位、营销策划、培训员工、招聘专业管理人员、制定管理条例。

(5)游艇俱乐部项目策划和市场推广

各项手续批复,项目资金到位后,应及时启动项目策划工作。主要策划内容包括:俱乐部运行模式、会员制的实施细则、市场定位、消费主体定位、营销模式、运作模式、财务估算、分期投资计划、广告定位,有条件可聘请专业管理人员,或委托专业顾问公司提供《游艇俱乐部经营管理策划》。

市场推广主要依靠项目投资方的实力,俱乐部档次、形象。因为游艇消费定位为高级消费群体。传播媒介应考虑档次和广告内容,做到表达清晰。加入俱乐部是品味、身份的象征,举办新闻发布、高雅的聚会、时尚节目等,打造品牌和俱乐部形象。

(6)规划、设计

规划、设计是总体项目的重要组成部分,依次顺序为:选址、场地勘测、初步设计、施工图设计。正式设计前应完成水文资料、地质资料、项目对环境的影响评估工作,大型项目应组织工程、结构、力学、环境、船舶等专家进行集体讨论、分析,水工部分应提供分析数据、设计思路大纲。施工图是工程施工的依据、法律规定未经审批、盖章的施工体图不得使用。设计方必须具有设部发布的设计资质证书、批文。选择具有设计实力和相关设计经验的单位，是确保设计质量的前提，优秀的设计会对项目产生深远影响。

(7)项目资金运作

现今国内游艇项目投资环境中，有很好的项目、科学规划，通过专业操作可较易达到融资目的。在不能单独完成项目投资时，可考虑通过招商、合作、借贷、股份制等多种方式融资，引入其他投资人或银行。信贷资金是建设资金重要的筹措来源，根据项目的每期投入资金缺口，应该积极进行银行融资。不失控制权的基础上，可根据项目资金的安排，把项目主设计为有限责任公司，引入战略投资者，扩大公司资本金。在投资方实力有限的情况下可分批、分期完成项目开发。附属设施如维修部、会所、游艇销售、健身房、酒店等场所可作子项目，进行合作、对外招商。

(8)项目建设和工程施工、验收

项目建设主要由工程管理部门负责。施工前，项目建设单位须组建项目法人代表或明确项目负责人，委任项目经理，建设资金到位后，办理征地、水域使用权的批复工作，确定监理单位和施工单位，办妥开工前一切手续。

在工程施工期间，以项目经理为首和项目法人机构负责协调各方，监督、控制工程进度与质量，保证工程按设计要求和合同要求完成。游艇俱乐部工程主要包括：岸上设施建设、景观建设、水工防波堤建设、定位桩和浮码头建设。建设开工前除了前述的立项、规划、设计、审图、报建等工作外，还包括工程合同签订、材料准备等很多工作。开工后工程质量控制、进度控制、财务控制、监理等具体工作。项目工程结束后，项目法人要组织验收工作。竣工验收标志项目建设阶段结束，是全面考核建设成果、检验设计、施工质量的重要步骤。竣工验收由项目可研批复单位牵头组成验收委员会进行验收（建设局、航道局、海事局、港务局、消防局、环保局、设计单位、施工单位等）。规模大、复杂的工程项目要进行初验，或分阶段验收，然后进行全项目验收。竣工验收通过后，项目才能正式投入使用。国家新港口管理办法对此做了详细说明。因游艇项目投资较大，回报周期长，在实施过程中，投资方应量力而行，在投入经营后应有成熟的管理经验者负责经营。

（三）经营游艇俱乐部

1.我国游艇俱乐部目前主要服务内容

下面为几个国内游艇俱乐部的主要服务项目情况：

大连星海湾游艇俱乐部主要服务项目有游艇靠泊、游艇帆船驾驶培训、承办游艇展会、奢侈品展会、承接品牌商务活动、海上婚礼/婚纱摄影、游艇销售/租赁/维修/保养/代管代驾、相关手续办理、游艇俱乐部管理咨询等。

九龙山将军游艇俱乐部服务项目有游艇休闲、游艇停靠、会员专用码头游艇租赁销售、游艇驾驶培训、游艇维修保养、游艇及设施展示厅，多功能会议厅、旅游度假、运动、商务、帆船赛事及娱乐餐饮服务（健身房，室内游泳池，SPA等）等。

无锡太湖山水国际游艇俱乐部主要服务项目有游艇维修、保养、游艇租赁、高尔夫练习场、滑水、皮划艇、帆船等多项水上运动、游艇婚礼、驾驶培训学校、商务培训、娱乐休闲等。

深圳浪骑游艇会将游艇运动、航海培训、大亚湾旅游观光、大鹏半岛度假休闲、五星级酒店式服务集于一身，并为会员提供包括游艇停泊、租赁、维护保养、游艇俱乐部活动策划和组织等全方位的服务。

深圳大梅沙湾游艇会游艇服务项目有：航海气象服务、游艇保险服务、游艇代理进口服务、游艇代理销售服务、游艇证书年审服务、船员劳务输出服务、船员注册登记服务、船员证件年审服务、新购游艇注册服务、游艇维护保养服务、游艇远航跨区签证服务、游艇出入境申报代理服务、游艇注册抵押过户转迁登记服务。

从以上国内现行典型的游艇俱乐部的发展情况可以看出，游艇俱乐部的业务功能主要包含有：星级酒店功能、休闲度假功能、商务功能、社交功能、娱乐功能、别墅功能、水上生活功能、水上运动培训功能、游艇维修保养功能等，直接跟游艇有关的服务包括游艇销售和租赁、游艇驾驶培训和游艇停泊等服务。下面简单介绍一下这些服务。

(1)游艇销售和租赁

游艇俱乐部首先要有游艇。从广义上来说游艇指的是设计精美、品质上乘的休闲船舶。游艇消费一般要先注册成为某家游艇俱乐部的会员，可以买游艇，也可以从另一方式感受游艇生活。拥有游艇的要通过游艇俱乐部来打理停放，租赁游艇的要从俱乐部租赁。游艇的价格较高，目前国内便宜的游艇大约要在 50 万元，主流的休闲型游艇价格大都在 100 万至 400 万元人民币，艇长一般在 28 英尺到 45 英尺之间；艇长在 45 英尺以上的商务游艇，价格在 500 万人民币以上；超过 80 英尺的豪华游艇至少在 600 万元以上，乃至几千万元甚至上亿。

游艇对于一般人来说是一种奢侈品，但更是一种生活方式。但如果按售价看来，游艇确实只是有钱阶层才可以享受的，对于普通的白领阶层和中产阶层而言，高昂的使用费用让游艇看来很遥远。其实，一般的商务人士，包括企业的白领，不一定拥有一艘游艇，完全可以通过租赁的方式享受游艇的乐趣。以海南为例，游艇租赁价格一般分为国产和进口两类，国产游艇价格较低，一般以 3 小时为计费单位，最低的为 3 500 元每 3 小时，最昂贵的每小时就要 15 000 元，进口游艇价格为 30 000 元/小时左右。如果是几个人一起合租一艘游艇，平摊下来完全可以承受的。

(2)游艇驾驶培训

目前在国内，培训机构一般是由政府指定的民间商业机构，学员需在这些相关的培训点进行培训，并取得由海事部门颁发的《游艇驾驶员证》，方能驾驶游艇。而一般的游艇俱乐部均设有培训点，培训的对象分为会员和非会员两种，如深圳浪骑游艇驾驶(国际)培训中心就是深圳浪骑游艇会的培训点，山东银海游艇驾驶员培训中心也是在青岛的银海游艇俱乐部。也有一部分培训点式纯粹的培训基地。

目前国内的培训经费一般在 1.2 万 ~2 万元之间，之所以培训费用昂贵，主要是因为各种专业设备投入巨大，尤其是需要购置游艇用于实践操作。但参加培训的对象一般是有能力购置或租赁游艇的人士，因此这样培训费用对他们来讲，并不敏感。虽然近年来也不乏职业培训者，但目前代为驾驶的价格一般在 200 ~400 元 / 小时，如此的培训价格也就不觉得贵了。

(3)游艇停泊服务

游艇保管分水面保管和陆上保管。大型游艇基地一般同时具有两种保管方式。小型游艇可利用水上气浮装置或水上组装式浮箱装置将艇托离水面。陆上保管游艇的保管周期较水面保管长，陆上保管形式与规模依据设计船舶种类、船型、艘数等合理确定，通常包括游艇存放场、艇库、艇架。陆上保管设施作业机械采用叉车、行走式起重机、汽车起重机、天车等方式。

2. 游艇俱乐部服务要求

(1)一般要求

①应配备专职游艇管理人员。

②游艇专职管理人员应掌握相应的业务知识和技能,并取得资格证书。

③应建立健全各项规章制度。

④应有游艇安全停泊的专用码头和泊位。

⑤应有为游艇加油、加水、充电等配套设施。

⑥应有回收游艇废弃物、残油和垃圾的相关设施。

⑦应有水上通信设备,并能与出航游艇保持通信畅通。

⑧应有安全防污染设施。

⑨设备设施完好、有效,并与气候条件相适应。

⑩公共卫生间应达到 GB/T 18973(旅游厕所质量等级的划分与评定)中三星级的规定。

(2)环境要求

①会所设计与接待能力相适应,与周边环境相协调。

②生态环境良好,所在海域无污染。

③布局合理,接待服务功能齐备。

④各区域通风良好。

⑤在接待醒目处标注服务项目及价格,公布咨询服务电话。

⑥环境空气质量应符合环境空气质量标准 GB 3095 的规定。

⑦环境噪声应符合城市区域环境噪声标准 GB 3096 的规定。

⑧地表水环境质量应符合地表水环境质量标准 GB 3838 的相关规定。

⑨生活饮用水应符合生活饮用水卫生标准 GB 5749 的规定。

⑩污水排放应符合污水综合排放标准 GB 8978 的规定。

⑪饭馆(餐厅)卫生应符合饭馆(餐厅)卫生标准 GB 16153 的相关规定。

⑫饮食业油烟排放应符合饮食业油烟排放标准 GB 18483 的相关规定。

⑬室内空气质量应符合室内空气质量标准 GB/T18883 的规定。

⑭公共信息图形符号设置应符合 GB/T 15566(图形标志使用原则与要求)和 GB/T 10001.1(标志用公共信息图形符号 第 1 部分通用符号)、GB/T 10001.2(标志用公共信息图形符号 第 2 部分旅游设施与服务符号)的规定。

(3)会所要求

①大堂

a. 布局和功能划分合理。

b. 指示用标志清晰、实用、美观。

c. 应有空调设施,各区域通风良好。

d. 有与本俱乐部相适应的计算机管理系统。

e. 有公共音响转播系统。

f. 设施设备整洁、有效,养护良好。

g. 各种指示和服务用文字应用规范的中、英文表示。

h. 应提供普通话和英语服务。

②前厅

a. 应宽敞明亮,面积与接待能力相适应。

b. 应有与本俱乐部相适应的总服务台。

c. 总服务台应有中、英文标志,24 h 提供服务。

d. 应提供留言服务。

e. 应提供信用卡结算服务。

f. 应提供服务项目介绍、旅游交通地图、旅游景点介绍、交通时刻表、相应报刊等。

g. 管理人员应 24 h 在岗值班。

h. 应在非经营区设客人休息场所。

i. 应代客预订和安排出租汽车服务。

j. 应有无障碍通道,配备轮椅。

③公共区域

a. 应提供停车场服务。

b. 三层以上建筑物应有客用电梯。

c. 应有公用电话,并配备市内电话簿。

d. 各主要区域均应有男女分设的间隔式公共卫生间并设残疾人厕位。

e. 应有商务中心,提供传真、复印、长途电话、上网、打字和电脑出租等服务。

f. 有应急救助室。

g. 有应急供电系统和应急照明设施。

h. 应有闭路电视监控系统。

i. 地面应整洁,24 h 光线充足,无障碍物。

j. 紧急出口标识应清楚醒目,位置合理。

(4)服务要求

①服务人员要求

a. 服务人员应经专业培训合格,持证上岗。

b. 工装应按部门、工种、职务等区分。服装挺括、美观,无污迹、无皱褶。

c. 仪容仪表端庄大方,精神饱满,姿态端正,表情自然。

d. 女性员工应画淡妆,并与工种、服务场所相协调,不得浓妆艳抹。

e. 服务人员与客人会面时应面带微笑,鞠躬问好,侧身礼让。

f. 引导客人行进时,应在客人右前方约 1 m 处,身体略微侧向客人。

g. 言行举止应规范,使用手势动作自然、得体。

h. 遵守国家法律法规,保护客人合法权益,尊重客人风俗习惯。

i. 诚实守信,讲究职业道德,对客人一视同仁。

j. 关注客人需求,及时提供服务。

k. 服务中不用否定、命令、训诫式语言,不得与客人争吵。

l. 服务人员应在响铃三声内接听电话,超过三声要向客人致歉。

m. 接外线电话时先问好,并报俱乐部名称,接转应熟练准确。

②服务质量要求

a. 客人到达时,前台迎宾人员应主动问候客人,及时开门。

b. 对会员客人,应主动引领客人进入会员区域或码头,对非会员客人,应引领客人至接待部。

c. 雨、雪天应提供雨具，并提供雨具保管服务。

d. 接待人员应熟练为客人提供会员、泊位、游艇及配套服务等相关信息。

e. 如会员需上船或出海，应与海事部取得联系，协助会员提供船艇服务。

f. 受理问询应热情、礼貌，按程序办理。

g. 会员客人进入会所后，应为会员提供衣帽服务。

h. 为会员客人提供茶点、咖啡、酒水及香烟，并安排棋牌娱乐。

i. 会员准备用餐时，服务员应主动介绍菜肴品种、特点及价格。

j. 会员商谈，应根据客人要求提供相应会议室。

(5)泊位服务

①调度人员应全天值班，做好船艇出入港记录，并负责通过摄像设备监控整个码头及周边海域情况，如遇险情应及时与海事部门联系。

②接待人员应协助会员进出泊位、出海及靠港，按照标准为船只整理缆绳及上下船设施。

③海事人员应注意码头游艇安全，进出泊位随手关门，及时检查船艇停泊状况。

(6)游艇电池充电服务

①应提供备用电缆或插头服务。

②电缆应连接于离船艇较近的电源。

③充电前后应检查电源连接处，防止漏电。

④应按照电池说明书计算充电时间充电。

(7)游艇加水服务

①应先清洁船艇储水设备，查看有无漏水处，并排放沉积水。

②按照进水口尺寸安装相应水管，并与离船较近的水龙连接。

③充水完毕后密封进水口，再次检查船上有无漏水。

(8)海上加油服务

①客人若需为船艇加油，接待处人员应协助客人办理付款手续。

②海事工作人员应协助客人船艇停靠海上加油站，并负责将油枪递至船上插入油箱。

③应注意避免油枪漏油造成污染，使用吸油纸或抹布保持清洁。

(9)吊车、吊机服务

①海事人员应根据潮汐变化掌握操作吊机时间。

②机械作业时应注意使用胶垫或海绵保护客人船艇。

③机械操作时应保证人员及船艇安全，吊带长度适中，臂下不得站人。

④客人从船艇上岸前应布置好陆地船架。

(10)维修保养服务

①应备齐易耗零部件及工具。

②会员船艇出现故障，俱乐部轮机长应主动协助检查处理。

③应为会员预约修船厂，安排维修时间。

④ 应按照船艇技术要求为会员检查船只，更换机油、齿轮油。

(11)海上搜救服务

①会员船艇在海上发生事故，应在最短时间内报告海事部门、并驾驶快艇实施海上

搜救。

②如船艇出海后失去联系，应立即向主管部门汇报。

③如会员船艇海上发生机械故障，应及时安排拖船实施救援。

(12)餐饮服务

①服务人员应熟练掌握餐饮服务程序及有关要求。

②客人抵达时，引位员应热情礼貌问候。

③客人点菜时，服务员应主动向客人介绍菜品品种、特点。

④菜单、酒水单应清晰简明、明码标价，有中外文对照。

⑤点菜后，服务人员应将所点菜品、饮料等向客人复述确认。

⑥客人就餐时，应及时为客人斟倒酒水、更换用具。

⑦ 服务人员在清桌撤盘时，应轻拿轻放，并不得催促客人。

⑧客人离开时，应主动为客人拿取衣物，并提醒客人不要遗忘物品。

⑨根据客人需求，提供海上配餐服务。

(13)安全要求

①应对所属游艇进行安全检查，确保游艇适航。

②监督游艇所有人、驾驶人员、船员和乘员遵守国家法律、法规。

③应设置警示标志等安全防范设施。

④应配齐消防设施并确保有效。

⑤应配备具备水上安全通信频道的甚高频无线电话，24 h 保持与出航游艇、海事管理机构及地方航运主管部门的通信畅通。

⑥应配备 24 h 值班人员，有相应的防范和紧急救援措施。

⑦应提供游艇航行所需的气象、水文、海况等信息服务。

⑧遇有恶劣气候、海况或海事管理机构禁止出航的通告、警示时，应制止游艇出航。

⑨备有救护用船只。

⑩码头每隔 30 m 配备救生圈和绳索，绳索长度不低于 15 m。

⑪港池入口处应设置 3 kn 限速标志。

⑫游艇不得超过核定乘员出海。

⑬督促游艇操作人员和乘员遵守水上交通安全和防治污染规定。

⑭应掌握游艇的每次出航、返航以及乘员情况并做好记录。

(14)投诉处理

①应设置专门机构受理客人投诉，并公示投诉电话。

②应及时受理各类投诉，认真做好记录，在规定时间内妥善处理并给予答复。

③投诉处理完毕应存档。

(15)监督管理

①应对服务质量进行监督，采取电话回访、现场抽查等方式收集客人意见，并不断加以改进。

②应自觉接受社会和会员(客人)的监督并建立诚信档案。

③应自觉接受市旅游行政部门的监督与管理。

3. 游艇俱乐部经营类型

游艇俱乐部较为普遍的是通过会员制手段吸引会员加入，以维持正常稳定的消费群体。根据自身的定位和服务条件,游艇俱乐部往往有其特定的客户群体。游艇俱乐部根据服务目的可以进行以下分类,见表 1-3。

(1)运动娱乐型游艇俱乐部

此类俱乐部的游艇多为中小型游艇,这类游艇以速度快作为卖点,而且价格较低,主要满足运动娱乐的需要,因此对年轻人很有吸引力。俱乐部的经营以团体包租、按时收费为模式,中国台湾地区许多游艇俱乐部就是这样,通过吸引会员加入组织度假、娱乐休闲服务活动开展业务,提供的活动包括水上训练、游艇驾照培训、结婚周年、Fashion Show、同学餐会、生日 Party、套装旅游、朋友聚会等。

(2)休闲型游艇俱乐部

休闲型游艇俱乐部面向家庭市场,为家庭度假、聚会、垂钓休闲等提供服务。在海域、海岸线条件优越的英国、意大利、法国、美国等欧美国家,这类俱乐部较为普遍。游艇长度一般以 30 英尺到 45 英尺为主,俱乐部以烘托家庭氛围为卖点。由于许多家庭拥有自己的游艇,所以其服务模式以提供配套服务作为主要内容,如泊车服务、代为管理游艇泊位、加油、海面救援、办理船舶证照、游艇翻新和修理等。在香港,许多游艇俱乐部船主兼会员,平时雇用长期的看顾船的水手,或者聘用船长代为驾船并负责平时的维修保养和联络工作,每到假日全家大小呼朋唤友上游艇到外海休闲,选择平静水域停船下锚,放下小艇、摩托艇,或是戏水,或是游玩用餐。

(3)商务型游艇俱乐部

商务型游艇俱乐部主要面向公司法人、高层白领、社会显贵阶层服务,一般提供综合性较强的娱乐休闲设施,包括豪华酒店、会议包租、高尔夫球场、健身、温泉等。绝大多数的豪华游艇俱乐部只对本部会员开放,而要想成为会员,需要先缴纳会费。俱乐部提供专业船长、日常保养、高档餐饮、娱乐等服务。这类游艇一般都是大尺寸的游艇,艇内装潢豪华、设施考究、服务精细,属于豪华档次游艇,一般为中上阶层人士、企业集团董事、富豪购买或租用,满足商务、会议、谈判、高层聚会、小型派对等需要。

表 1-3 各类游艇俱乐部特征一览表

种类\特征	运动娱乐型	休闲型	商务型
服务对象	青年群体、白领、其他	家庭、朋友、情人	公司、企业等高层商务人士
游艇要求	速度性能优良、中小型化、中低档、配备有大功率的发动机、内部设施相对较为简单	中档、内部设施侧重家庭设施特色、家用电器	游艇大、造价高,其内部设施齐备且极其豪华、装潢考究、高级套房、注重在通信设备、会议设备、办公设备上的配套安装,充分体现现代企业办公需要
游艇租用/购买意图	运动、娱乐、休闲	休闲、度假	接待客户、商务谈判、公司高层会议、高层娱乐休闲度假等

表1-3(续)

种类\特征	运动娱乐型	休闲型	商务型
收费标准	一般	一般	高昂
会员制	需要时临时包租多见或会员制	吸收固定会员或包租	固定会员或包租
服务内容	保险、安排节目行程、组织专题活动等	保险、日常代管护理、加油、游艇翻新和修理	提供专业船长、高档餐饮、酒吧、娱乐场所,安排全程服务或自行确定航程、活动
硬件设施	较少外部配套	停车场、修理船坞	休闲、度假等设施综合性强,一应俱全

4. 游艇俱乐部运作模式

(1)4S 店模式

之所以称之为"4S 店模式",是因为这种模式的游艇会一般是由游艇生产企业或者销售代理企业投资兴建和经营的,将游艇会作为一个销售展示和维护客户关系,拓展客户范围的窗口,对投资商来说,最主要的利润来源是游艇的生产和销售。

例如,上海的亚廷游艇俱乐部,是上海瑞泓游艇有限公司投资经营管理,具有游艇 4S 维修服务中心、多个游艇泊位、码头广场、会所园区等配套设施,主营业务是代理销售国外的品牌游艇。再比如希仕会游艇会,是由主营房地产开发的厦门毅宏集团旗下的漳州毅宏游艇工业有限公司投资兴建的,毅宏游艇工业有限公司以 OEM(代工)方式生产意大利游艇,依赖国外进口组件,国内组装生产的方式生产自有游艇品牌"毅宏游艇"Aquitalia(水神游艇)和 Sea-Stella(希仕德徕)游艇。

这种游艇生产企业和游艇销售代理企业投资兴建运营的游艇俱乐部,将获取利润的着眼点放在了游艇的销售上,游艇俱乐部成了一个增强客户黏度的窗口。他们一般会在客户来到游艇会俱乐部,打算购买游艇前,开始提供销售方面的服务,做购买计划书,在购买过程中提供专业服务,做个性化购买方案,和厂家进行沟通,在客户购买后继续为其提供后续服务,树立口碑和品牌,以客户带动游艇销售量。

(2)停车场模式

停车场模式运作的游艇会俱乐部是功能最单纯的,只有停泊维护和基本服务的功能。自然,这种模式的俱乐部利润也是最低的,泊位租金是最主要的利润来源。

之所以产生这类游艇会,一般都是由于历史原因占据了优势泊位资源,泊位往往位于城市中心水路换乘便捷的黄金水道。例如,广州的莱茵游艇会和上海的大都会游艇会,都是国内成立很早的游艇俱乐部,占据了城市中心距离游艇所有者第一居所很近的位置,上海大都会俱乐部的泊位还是 20 世纪 90 年代从上海国际客运中心码头租赁的,泊位具有很强的稀缺性。然而,此类的俱乐部经营和发展并不理想,目前成了游艇客户的"停车场"。

但是这种模式显示了距离城市第一居所距离近的泊位的价值,资源稀缺,就如香港的诸多游艇会,距离富豪居住的地点很近,随着时间的推移,升值明显。

(3)TAXI 模式

这是一种典型的以游艇租用为主的模式,租用的方式在发达国家并不鲜见,这是推动游艇活动向平民化发展的重要推手。在俱乐部办卡,就可以在多个地点租用游艇,享受俱乐部提供的游艇服务,但是自己购买游艇停泊的服务较少提供,因为俱乐部很少自己投资建设泊位,多采用联营合作的方式。

这种模式在产业链上有所延伸,在经营模式上有所创新。具有代表性的俱乐部是上海莱悦游艇俱乐部。最初,莱悦从大都会俱乐部中租用了几个泊位,开始复制澳大利亚"莱悦"模式,也就是游艇的租用服务模式,为客户提供短期的游艇租赁服务,为还没有实力购买游艇的客户提供游艇生活。

TAXI 模式的俱乐部以游艇的租赁收入为主要利润来源,这种模式对规模的依赖很强,如何上规模是重要的课题,只有规模大,才能有效地摊薄成本,吸引更多的客群。

(4)圈层俱乐部模式

这里所谓的圈层俱乐部模式,是国内游艇会俱乐部的主流模式,这类游艇俱乐部主要依赖出售会籍来发展会员,服务不对外开放,会籍价格较高,会员形成了特定的圈层,享受到俱乐部高规格的综合性服务。

这种模式会产生一定的溢价,溢价主要来自于资源的专属性所造就的尊贵感。在俱乐部里,会员专享自然资源,专享俱乐部的个性化服务,专享一个圈层交际的平台,专享一种尊贵身份的标签。另一方面,这种模式也排斥了规模化的中低端消费,临时性的游艇租赁服务和会所消费都非常少。

有的圈层俱乐部强调商务接待功能,会变成专属第一商务会客室,如深圳的大梅沙游艇俱乐部。借助优良资源禀赋,借助多功能厅、海景房、宴会厅等一系列现代大气的配套服务设施,发展了华为等大型公司客户,为其提供举办公司年会、商务接待、新闻发布会等多种商务活动,有效增加了商务客群的消费额度和消费频次,诸多企业商务活动单次消费都在 10 万元以上。实践证明高素质的商务接待服务是很有价值的,大梅沙俱乐部有泊位租赁权的个人会籍价格 5 年间从 38 万上涨到了 100 万,增值幅度较大。

有的圈层俱乐部强调休闲运动功能,会变成专属第一休闲居所,如苏州太湖水星游艇俱乐部。现在的苏州水星游艇会是国内会员最多、泊位使用率最高的游艇会,已经发展有 600 多名会员,这种成功主要是由于其很好地发挥了游艇会满足会员休闲运动娱乐的功能需求,将美国的模式、文化,连同外籍客户一起引入,打造了一个第一休闲会所。太湖水星游艇会是美国宾士域旗下成员,在苏州太湖上开发建设游艇会,最初会籍定价非常低,主要定位于在中国工作的外籍人士。在打造会员专属圈层上,做法可圈可点,很多细节都令外籍会员有宾至如归的感觉,例如中餐厅设计有西式壁炉,设置由会员捐书办起来的外文阅览室,提供独立别墅作为适合特定群体使用的会员酒店等。游艇会也会销售宾士域集团的游艇品牌。

圈层俱乐部模式抓住了国内主流游艇客户的需求,除了游艇活动相关的服务以外,更重要的是借助由游艇会,形成了一个特定的圈层,满足了富豪群体运动、交际、商务、休闲等多种复合功能需求。

(5)后运动场馆模式

一般大规模的运动赛事结束以后,为赛事投资兴建的游艇泊位资源会由企业经营,成立游艇会俱乐部,如深圳七星湾游艇俱乐部和青岛银海国际游艇会,都是在运动会之后改建泊位进行经营成立的俱乐部。这种游艇会俱乐部由于其产生的背景不同，经营具有一定的特色，我们称之为“后运动场馆模式”。

后运动场馆模式经营的俱乐部，一般也是覆盖游艇停泊维护、租赁服务、支持服务、配套消费等中后端游艇产业链，但与圈层俱乐部不同的是，俱乐部经营的核心并不在于构筑特定圈层平台，满足会员多种需求，而是更强调游艇停泊维护，发挥泊位等自然资源的溢价。

这类俱乐部往往都有大规模的泊位资源，例如距离深圳浪骑只有 5 min 车程的深圳七星湾游艇会有 500 多个泊位。这些泊位的建设并不是以市场需求为导向，而是为了运动赛事服务，基建投资成本也不会完全计入俱乐部经营。因此，不可避免地，这些泊位会对市场上的游艇会俱乐部形成一定冲击，稀释泊位的稀缺性。

(6)房地产配套模式

伴随着国内旅游地产开发的热潮，在房地产开发中加入“游艇会”这浓墨重彩的一笔，不失为一个高性价比的房地产综合开发策略。所以市场上为了配合大盘开发而兴建的游艇会俱乐部如雨后春笋般产生。例如广州南沙游艇会、苏州涵园游艇会、三亚鸿洲游艇会、惠州金融街游艇会等，都可以视作房地产配套模式。

将游艇会与房地产开发捆绑，的确会起到综合收益最大化的促进作用。

在拿地环节，游艇会建设由于其高端形象和对高端客群的吸引，备受地方政府的喜爱，可以协助开发商低成本拿地。

在销售环节，由于有游艇会这样的高端配套，业主也会对这个项目刮目相看，会有效实现房产的溢价和增值。

房地产开发和游艇会经营会产生品牌的协同、功能的协同和客户群的协同。游艇会有助于房地产项目品牌的提升、功能的完善和客户群的聚合。

例如苏州涵园，作为一个旅游地产项目，配建有游艇泊位，游艇会和涵园会员的权益共享，游艇会有效地吸引了一些对游艇感兴趣的人成为涵园别墅的业主和涵园的会员。作为涵园会员，不仅可以享有同是太湖上的游艇泊位，还可以入住涵园的别墅酒店，达到旅游度假休闲的目的。

但是不容忽视的问题也同样存在，游艇会的作用主要体现在房地产开发过程中，在房地产销售过程之后，游艇会的运营将作为独立的一块业务存在，能够依赖游艇会经营收回投资成本是比较理想的一种状态。如果不投入一定的资源，没有一定的专业经营能力，维持正常经营都可能会有问题。只能依赖地产集团的持续投入。

例如广州南沙游艇会，广州南沙是霍英东的家乡，而霍氏家族负责南沙 22 平方公里的海滨新城的开发建设，兴建游艇会，可以利用家族的名望，吸引各界人士，提升品牌，也可以为相关高端人士提供游艇方面的服务。但是，目前游艇会会员人数较少，游艇会的经营运作还是要依赖集团的补贴，难以独立生存。

所以，对于实力不强的开发商来说，游艇会后期的经营投入，有可能会是一个比较沉重的负担，这就需要开发商在投资兴建时，把握好游艇会正面协同效应和投入之间的平衡。

5. 组建游艇俱乐部游艇经营管理部门

根据 MBA 智库百科定义，经营管理(Operating and Management) 是指在企业内，为使生产、采购、物流、营业、劳动力、财务等各种业务，能按经营目的顺利地执行、有效地调整而所进行的系列管理、运营之活动。

游艇企业作为公司制组织，为维护游艇企业经营的正常运转、实现企业价值的最大化，需要在其内部进行合理的分工与合作，明确不同层次的岗位以及人员的权利与职责，形成游艇企业内部目标人员、岗位、职责、信息之间的相互协作、相互监督的关系，这就是游艇企业的组织结构。

我国游艇企业组织结构大多是按照客人在游艇企业内的活动类型设立的，按为客人提供服务的形式不同，分为直接为客人提供服务的部门，如前厅部、船务部、餐饮部、商场部、娱乐部；间接为客人提供服务的职能保障部门，如安全部、工程部、保安部、财务部、人事部等。本书主要讨论市场营销部、前厅部、船务部、安全部、人力资源部、财务部这 5 个部门，其组织结构简图见图 1 –5。

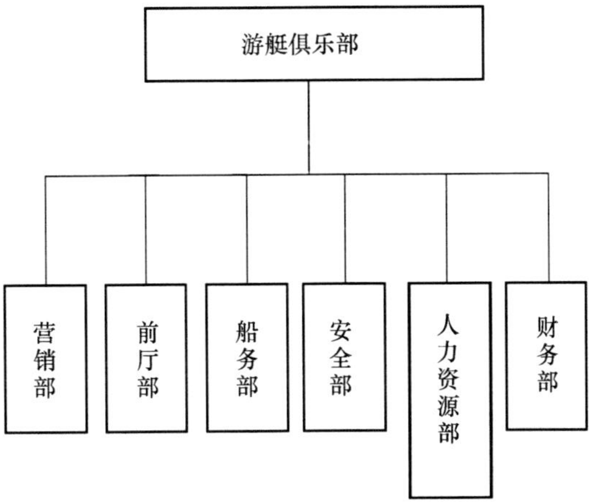

图 1 –5　一般游艇俱乐部组织机构

市场营销部主要任务：搞好游艇市场调查，掌握市场需求，做好市场定位，确定游艇俱乐部经营方针、经营目标和生产结构，最后做好市场销售，引入客户群。

前厅部主要任务：友善接待游艇客户群体，耐心细致为客户群体办理各种游艇服务相关手续，为客户解决各种疑问，精心做好游艇服务前和服务后的相关工作。

船务部主要任务：在游艇俱乐部允许的条件下，最大程度做好游艇服务工作；这个部门服务水平是能否吸引并留住游艇客户群的关键部门，是游艇俱乐部的核心部门之一。

安全部主要任务：制定满足海事部门要求的安全管理制度，并严格执行。安全第一，只有在确保安全的条件下，客户才能放心体验游艇之美，企业才能获得良好的社会形象，才能健康持续的发展。

人力资源部主要任务：在游艇人才市场上挖掘与自身企业相配套的人才，在企业内部做好人才激励方案，把人才留住。游艇俱乐部的发展不仅需要俱乐部设施设备硬实力，更需要人才服务文化的软实力。

财务部主要任务：游艇俱乐部流动资金的时间不均衡性和运作资金需求比较大，使得如何吸引投资资金并运作好自有流动资金显得非常的重要。

本书将围绕这个部门进行阐述，分为营销管理、客服管理、运营管理、安全管理、人力资源管理和财务管理。

二、相关训练

(一)任务布置

任务背景:舟山凤凰山岛游艇俱乐部项目

项目背景及建设条件:舟山市地处长三角经济圈,拥有大、小岛屿1 390个,岸线丰富、海域广阔,自然和人文景观众多,是发展游艇产业的理想区域。游船游艇旅游已列为舟山海洋旅游业发展的重点项目。定海区皇地基岛、凤凰山岛等岛屿组成了天然的避风港湾,凤凰山岛离定海港1.3公里,已开发成集度假、美食、垂钓、会务等多功能休闲旅游岛屿;皇地基岛可建设开发用地达200多亩(非农保地)。

项目准备或进展情况:现已完成项目报批、规划设计方案、岛屿测绘、凤凰岛酒店及其配套设施建设等前期工作。

项目建设规模和内容:规划在皇地基岛建设游艇泊位250个,以及游艇维修保养、加油加水、驾驶员培训中心等配套设施;在皇地基岛与凤凰岛之间建设一座连桥,利用凤凰岛在建的雷迪森假日酒店作为本项目现阶段的会所、住宿餐饮、休闲娱乐等配套设施;另外在附近的长峙岛谢家山建设一个专用码头,配置停车场及相应管理用房。

合作方式和内容:合资、合作

项目中方情况简介:舟山凤凰岛置业发展有限公司成立于2004年,注册资本3 000万元,公司已投入资金1.5亿元,开发了凤凰休闲岛。公司正积极筹划建设凤凰游艇俱乐部。

任务:分析舟山凤凰山岛游艇俱乐部项目创办条件。

(1)调查舟山凤凰山岛俱乐部创办区位条件。

(2)调查舟山凤凰山岛俱乐部创办环境条件。

(3)调查舟山凤凰山岛旅游经济发展状况。

分组:建议整个班级分为三组,每组一项任务,每组设立一个组长来组织协调组员完成这个项目。

(二)任务实施

第一步:根据分配的任务,主要通过网络来寻找你认为有意义的信息。

第二步:整理所搜集到的材料,完成表1-4。

表1-4 调研报告

任务	
1. 网络调查渠道	

2. 简要介绍有关任务内容

第三步：制作相关 PPT，每组推荐一位或多位组员对所安排的任务进行总结。

【任务小结】

通过分组调查舟山凤凰山岛游艇俱乐部创办条件分析为任务作引导，调查该地区区位条件、环境条件和旅游经济发展情况相关信息，使得读者对于游艇俱乐部创办条件有了一定的具体认识。通过组员充分讨论，每个人熟练掌握相关信息再进行整理协助制作 PPT，再在班级里进行讨论，这样可以提高读者的学习主动性和积极性，同时也为学习后续任务打下了较好的基础。

【拓展提高】

完成舟山凤凰山岛游艇俱乐部项目可行性报告。

可行性研究报告简称可研报告，是在制订生产、基建、科研计划的前期，通过全面的调查研究，分析论证某个建设或改造工程、某种科学研究、某项商务活动，切实可行地提出的一种书面材料。可行性研究报告主要是通过对项目的主要内容和配套条件，如市场需求、资源供应、建设规模、工艺路线、设备选型、环境影响、资金筹措、盈利能力等从技术、经济、工程等方面进行调查研究和分析比较，并对项目建成以后可能取得的财务、经济效益及社会影响进行预测，从而提出该项目是否值得投资和如何进行建设的咨询意见，为项目决策提供依据的一种综合性分析方法。可行性研究具有预见性、公正性、可靠性、科学性的特点。一般来说，可行性研究是以市场供需为立足点，以资源投入为限度，以科学方法为手段，以一系列评价指标为结果，它通常处理两方面的问题，一是确定项目在技术上能否实施，二是如何才能取得最佳效益。

下面为游艇俱乐部创建可行性一般研究报告部分大纲。

第一章，研究概述。第一节，研究背景与目标；第二节，研究的内容；第三节，研究方法；第四节，数据来源；第五节，研究结论：一、市场规模，二、竞争态势，三、行业投资的热点，四、行业项目投资的经济性。第二章，游艇俱乐部项目总论。第一节，游艇俱乐部项目背景；一、游艇俱乐部项目名称，二、游艇俱乐部项目承办单位，三、游艇俱乐部项目主管部门，四、游艇俱乐部项目拟建地区、地点，五、承担可行性研究工作的单位和法人代表，六、研究工作依据,七、研究工作概况;第二节,可行性研究结论:一、市场预测和项目规模,二、原材料、燃料和动力供应,三、选址,四、游艇俱乐部项目工程技术方案,五、环境保护,六、工厂组织及劳动定员,七、游艇俱乐部项目建设进度,八、投资估算和资金筹措,九、游艇俱乐部项目财务和经济评论,十、游艇俱乐部项目综合评价结论;第三节,主要技术经济指标表,第四节,存在问题及建议。

根据以上大纲,调查分析其中一项内容。

项目二　游艇市场营销管理

任务一　游艇市场营销调研

【学习目标】

1. 理解市场营销管理概念。
2. 熟悉游艇市场调研工作内容和相关管理内容。
3. 掌握市场调研方法。

【任务解析】

游艇市场营销是介于游艇俱乐部等游艇企业与市场之间，属于企业多种职能活动中间的一种。游艇市场营销主要是通过对游艇市场的分析和研究，发现对游艇企业经营发展有影响的各种变数，然后引导企业以市场为导向来开展其经营活动。以市场为导向，以满足顾客需要为中心来开展企业的经营活动，是在一定的市场环境条件下对企业经营活动的一般规律和普通要求。

本任务主要围绕游艇市场营销管理过程中的前导——市场调研的阐述。首先介绍了游艇市场营销管理概念；然后是游艇市场调研相关内容，主要围绕市场调研部门设置、调研内容、岗位设置、调研管理、调研方法等方面进行简要介绍；最后以设计游艇市场调查问卷作为任务加以巩固游艇市场营销知识。

【任务实施】

一、相关知识

（一）游艇市场营销管理概念

1. 市场营销管理概念

市场营销（Marketing）又称为市场学、市场行销或行销学。简称"营销"，中国台湾地区常称作"行销"，是指个人或集体通过交易其创造的产品或价值，以获得所需之物，实现双赢或多赢的过程。市场营销是一个过程，在这个过程中一个组织对市场进行生产性和营利性活动，是创造和满足顾客的艺术，是在适当的时间、适当的地方以适当的价格、适当的信息沟通和促销手段，向适当的消费者提供市场的产品和服务，是以满足人类各种需要和欲望为目的，通过市场变潜在交换为现实交换的活动。

市场营销管理，又称营销管理，是企业管理的重要组成部分。市场营销管理是为了实现企业目标，通过对设计方案的分析、计划、执行和控制，而创造、建立和保持与目标市场之间的互利交换关系。市场营销管理的任务，就是为促进企业目标的实现而调节需求的水平、时机和性质。其实质是需求管理。

2. 游艇企业市场营销的内容及特点

根据上一个项目,我们知道,目前国内外从事游艇经营管理的企业主要是游艇俱乐部和游艇管理公司。游艇俱乐部为客户提供游艇服务并收取一定的费用,如会员会费、码头泊位的租金、游艇租金、游艇交易相关费用、游艇维护费用、特色服务费用(如海上婚礼或企业年会等活动等)。游艇经营管理类公司提供的产品不同于以往的实物商品,是一种服务业产品。在本书中,游艇俱乐部等游艇管理公司简称游艇企业,其提供的各种游艇服务简称为游艇服务或游艇服务产品。

作为现代企业营销,市场营销的核心作用已日益凸显。市场营销的作用在于沟通企业和客源市场间的供求关系,以求企业获得最佳效益,因而游艇服务产品的市场营销工作是游艇企业经营管理的核心任务。游艇企业营销活动主要是为造就客户满意,并在客户满意的基础上为实现企业经营目标而展开的一系列有计划、有组织的活动。游艇企业市场营销的核心是围绕满足客户的合理需求,最终的目的是为企业的盈利。游艇市场营销不是单纯的经营销售,它所具有的功能是:负责了解、调研客户的合理需求和消费期望,确定企业的目标市场,并设计、组合、创造适当的游艇服务,以满足目标市场的需要。

从游艇企业提供的服务和具备的设施来看,游艇服务是有形的设施设备与无形的服务的结合,这就决定了游艇服务与一般物质性产品相比具有自己的特性,如无形性、不可储存性、需求的波动性、不一致性及质量的难控制性等。基于游艇企业提供的游艇服务的这些特征,游艇服务产品内容具有以下特点:

游艇服务的无形性强化了游艇营销的必要性。游艇营销人员必须通过不断地与客户进行交流,为他们提供可靠有效的服务信息,通过游艇服务或相关广告、宣传手册等资料来展示服务,使游艇服务无形的产品有形化,尽量使游艇企业设施、服务水平、品位以及可以带给客户的相关利益等充分地传达给公众,并使它们与众不同且真实可信。

游艇服务的不可储存性增加了游艇经营管理的艰巨性。对于游艇企业而言,其游艇服务产品的不可储存性至少有两层含义。一层含义是游艇、码头设施、会议室、宴会厅等配套设施或设备一天不出租或使用,一天就不能创造价值,它们作为游艇服务的组成部分不能像有形产品那样储存起来,日后再卖;另一层含义是由游艇服务的直接性决定的,游艇企业向客户提供的服务也是无法储存和搬运的,只有当客户预约或来到游艇企业时才能开始进行。对于向客户临时租用游艇或者开展游艇活动的游艇企业而言,当客户结账离开时,游艇的服务也随之终止。游艇服务的特性对营销人员的工作提出了更大的挑战,要求营销人员尽量尽快地扩大本游艇企业的客户数量,否则游艇服务当天的价值就很难充分利用。

游艇服务需求的波动性增加了游艇服务营销的难度。游艇服务不仅无法储存,而且其需求量还存在着极为明显的波动性。在每年的不同季节、每月的不同日期,甚至每天的不同时间都会存在需求量的波动。这种不可储存性和波动性结合在一起给游艇市场经营带来了更大的压力。营销人员必须通过创造性的促销和有计划的营销活动来加强吸引更多的游艇客户加入。同时,还要及时掌握顾客户的动态信息,以保证预订信息的准确率。例如在淡季,游艇企业可以采用灵活价格,强调游艇服务可以带给客户的特殊附加利益等方式来提高游艇服务的使用率。

游艇服务的不一致性及质量的难控制性等特点也对游艇营销提出了更高的要求。游艇服务是以服务性产品为主的,而服务是由服务人员来提供的,他们的素质、知识、技能态度、文化背景各不相同,营销人员为了能使客户对游艇服务产生良好的看法和态度,必须定期与游艇企业最高管理者沟通汇报，重视对游艇服务人员的培训与激励。此外，还必须通过各种渠道了解客户对游艇服务的满意程度，以便减少由于服务质量不稳定而产生的各种负面情况，进而为营销工作的开展奠定良好基础。

3. 现代游艇市场营销观念及特征

在市场经济条件下，任何一个企业包括游艇企业都离不开和市场的交流。一方面，游艇企业从游艇市场上获得客户相关的需求信息，另一方面把相关的服务和服务信息传递给客户。经营者只有在市场允许条件下与客户保持良好的互动关系，企业才能获得生存的条件，进而得到良好的口碑，最终达到可持续而和谐地发展，游艇企业的市场营销就是要解决如何将游艇服务信息传递给客户的这样一个过程。

观念决定行为，什么样的营销观念就会产生什么样的营销行为。现代游艇企业如果缺乏正确的营销观念作为指导，就很难在竞争激烈的市场中生存。正确的游艇营销观念应当是从客户的需要出发，根据客户的需求和欲望，研究如何设计、组织服务，制订服务计划，向客户传递服务的信息，制订客户认可的价格，提供方便的咨询和预订渠道等一整套的营销策略达到企业的最终的获利。游艇企业营销观念应当是一种以客户为导向的观念，认为游艇企业提供什么服务的决定权不在游艇企业手中，而是在客户手中，游艇企业应该为客户提供所需要的服务才能使客户的利益达到最大化，进而使游艇企业获得合理的利润。

在现代市场营销观念指导下游艇企业营销活动具有以下特征：

(1)客户需求是游艇企业营销活动的出发点。以客户为核心的市场营销理念把客户需求作为游艇企业活动的出发点，成立专门的市场调研部门，安排专业的市场分析研究人员，花费较大的人力、物力、财力来了解客户的需求特点和变动趋势，再根据市场需求组织服务项目使客户需求由过去的被动接受转化为主动要求，并成为影响游艇企业经营的主导因素。

(2)发现目标市场和客户的潜在需求然后集中游艇企业的最合理资源占领目标市场是游艇企业成功的关键。既然游艇企业将客户需求视为其经营活动的出发点，那么企业首先要发现客户的潜在需求，重视对客户潜在需求的挖掘，然后根据市场机会确定目标市场。一旦目标市场明确，游艇企业就应当集中一切可控资源抢占目标市场。这样就可以改变传统企业片面注重销售手段，使营销活动顾此失彼的被动局面。

(3)营销理念和活动贯穿于游艇企业经营管理的全过程。要满足客户需要并实现游艇企业的营销目标，就必须综合运用各种营销手段，使游艇企业的营销管理活动成为一个有机的整体，并贯穿于游艇企业经营活动的全过程，只有这样才能发挥营销的整体效果。

(4)追求游艇企业的长远利益和长久发展。游艇企业尤其是游艇俱乐部是一类初期投入大，回报期较长的企业。这类企业如果仅仅追求当前利益而不惜牺牲企业真正的长远利益，这会使企业很难真正受益。相反，随着以客户为中心的营销理念的确立，游艇企业开始注重自身的长远利益，营销人员意识到企业追求利润的手段应该建立在满足客户需求的基础上。消费需求满足的程度越大，说明游艇企业在客户心目中的地位越高，游艇企业盈利的可能性就越大。

(5)在营销过程中树立良好的社会形象。游艇企业提供的产品和服务不仅要满足客户的市场需求或短期欲望，而且要符合客户的长远利益和社会的长远发展，例如营销过程充分宣传游艇企业对水域环境的保护、俱乐部经营活动具有一定的伦理道德高度等内容提高游艇企业的社会形象。为此，要求游艇企业的经营者在制订营销策略时要注意三方面，即客户权益、企业权益和社会形象。综合运用各种营销手段,引导客户合理消费,实现游艇企业可持续发展和社会形象的逐步提高。

(二)市场调研

1. 市场部认知

市场部岗位有市场总监、市场部经理、市场策划主管、市场策划员、市场公共关系主管、市场公关员、广告主管、广告员、市场调研主管、市场调研员、市场拓展主管、市场拓展员。

(1)市场部的职能

市场部下设策划、企划、产品、调研和广告五个主要机构,市场部经理对这几个部门统一协调,在其领导下,这些机构全面为市场提供服务。市场部的职能主要有以下几方面:

①负责企业游艇服务产品的市场策略的制订、实施以及市场的开拓组织等方面的工作。

②新游艇服务产品市场开发的策略制订。

③负责游艇服务市场信息的及时收集与反馈。

④负责游艇企业广告战略的制订与实施。

⑤负责游艇服务的规划与管理。

⑥负责策划组织市场公关活动。

⑦完成公司下达的年度考核指标。

(2)市场部的主要职责

市场部的主要职责是收集竞争对手和竞争服务产品的详细信息,并对其系统地进行整理和分析,也就是游艇服务市场信息收集和反馈的工作。通过对游艇服务市场的分析,市场分析人员应能够预测未来游艇企业服务的市场销售情况,以确定本游艇企业年度市场营销的总体计划。市场调研人员的具体工作内容包括以下几点:

①了解本地区游艇企业全年的游艇服务总量和较去年增幅变化情况,并分析市场的饱和程度。

②分析整理游艇企业各类型游艇拥有情况以及为客户提供的游艇服务项目种类和各种服务项目的使用率情况。

③密切跟踪国内外游艇服务项目的更新以及技术品位改进的进展情况。

④收集、分析和研究客户对游艇服务的反映以及意见和建议。

(3)市场部的部分岗位主要职责

①市场总监岗位职责

市场总监的主要工作是根据游艇市场信息的变化为公司制定长远营销战略规划以及月度市场推广计划(促销等手段)并负责配合销售总监推广实施。其岗位职责主要包括以下方面:

a. 协助总经理制订公司总体发展计划以及战略目标,包括销售目标和财务目标。

b. 制订实施年度市场推广计划和新游艇服务开发计划并根据市场需求的变化,提出合理化建议。

c. 为公司提供准确的行业定位,及时提供市场信息反馈。

d. 依据市场变化随时调整营销战略与营销战术,包括相关服务的价格等,并组织相关人员接受最新服务知识与市场知识的培训。

e. 管理、监督和控制公司市场经费的使用情况。

f. 制订公司品牌管理与发展策略,维护公司品牌。

②市场部经理岗位职责

市场部经理的主要工作是组织部门人员完成市场策划工作,监督管理销售部门的工作进度。其岗位职责主要包括以下方面:

a. 组织编制公司的销售计划、对销售费用做出预算,并监督实施。

b. 综合客户的反馈意见组织调查游艇服务产品以及竞争对手在市场上的营销情况,并调查分析,撰写市场调查报告,提交公司管理层。

c. 市场机会开拓和合作伙伴开发。

d. 编制与销售直接相关的广告宣传计划。

e. 对下属人员进行业务指导和工作考核。

f. 制订本部门相关的管理制度并监督检查下属人员的执行情况。

g. 组织建立游艇服务销售情况统计台账,并定期报送财务统计部。

(4)市场部人员管理制度

①市场部人员必须对公司负责,严守公司的商业机密,严格遵守公司的商业机密,严格遵守公司各项规章制度。

②市场部人员结束一年的工作之后,都要进行一次书面的年度工作总结,将本年度的业务进展情况上报公司以及部门领导,由档案管理人员存档、并为工作中存在的问题提出合理化的建议。

③业务人员在外出差时,每日都应与主管领导保持联系,汇报业务进程。

④市场部人员在打电话时,要使用普通话,并且保证用语礼貌、得体。不得因私事拨打电话,不得拨打信息台等与工作无关的电话。

⑤市场部人员有加盟、转正、内部调整、离职、开除、辞退等变动时,需先经过市场部经理的同意,在其签字确认后才能生效。

2. 市场调研的内容

市场调研是指为了提高游艇服务的销售决策质量,解决存在于产品销售中的问题或寻找机会等,系统地、客观地识别、收集、分析和传播营销信息的工作。市场调研的内容涉及市场营销活动的整个过程,一般来说,市场调研主要工作包括以下几个方面内容:

(1)市场环境调研

市场环境调研的内容很广泛,包括政治环境、经济环境、社会文化环境、科学环境和自然地理环境等。在游艇市场调研中,其内容主要是国家对游艇市场方针政策和法律法规、当地政府的管理规定、游艇服务地区的经济结构、消费水平、风俗习惯、科学发展动态、气候等各种影响市场营销的因素。

(2)市场需求调研

市场需求调研主要包括游艇或服务需求量调研、需求结构调研、消费行为调研、客户收入调研。具体来说,包括游艇客户购买游艇或进行游艇消费的原因、时间、方式、偏好、评价和使用游艇的频率等。

(3)市场供给调研

市场供给调研主要包括对游艇服务产品的调研、对游艇服务能力的调研等。具体来说,包括游艇市场可以提供的某一类游艇的数量、功能、品牌量、型号和其服务项目种类、服务流程等以及国内外游艇企业的供给情况等。

(4)市场营销因素调研

市场营销因素调研主要指的是对服务、价格、渠道和促销的调研。

①服务产品调研

对服务的调研主要指的是对市场上新服务创新情况、游艇客户使用的情况、服务生命周期阶段、服务的组合情况,以及游艇客户对服务的评价等情况的调研。

②服务价格调研

对服务价格的调研主要是了解客户对游艇服务价格的接受情况,对游艇企业价格策略的反应等情况,从而对游艇服务的定价做出正确的调整。

③促销活动调研

促销活动调研主要包括对各种促销活动的效果,如人员推销的效果、游艇展会的促销效果、广告实施的效果和对外宣传的市场反应等情况的调研。

(5)市场竞争情况调研

市场竞争情况调研主要包括对竞争企业的调研和分析,重点在于了解同类企业的服务、价格等方面的情况,分析竞争对手采取了何种竞争策略或手段,从而通过市场竞争情况调研帮助企业确定企业的竞争策略,从而做到知己知彼。

(6)游艇服务产品调查

游艇服务产品调查主要是对游艇服务在构思、设计、开发与服务效果等方面的调查,这就要求市场部调查人员要注意研究游艇客户对游艇的美观、舒适度、品味和服务的快捷、通畅等方面的情况,并对竞争服务产品进行细致的分析和研究,从而在现有游艇服务的基础上对本企业的产品提出改进意见。

3. 市场调研岗位职责

(1)市场调研主管岗位职责

市场调研主管的主要工作是制订、实施各项市场调研计划以及市场调研项目,并为相关工作人员提供所需的市场信息支持。其岗位职责主要包括以下方面:

①制订市场调研计划,组织策划市场调研项目。

②建立健全营销信息系统,为本部门和其他部门提供信息决策支持。

③组织进行宏观环境及游艇服务行业状况调研,组织游艇企业内部营销环境、游艇客户调研。

④协助市场部经理制订各项市场营销计划。

⑤制作调研报告,并向公司上层提供建议和参考。

⑥对各类游艇市场情报及游艇行业政策及信息进行有效收集。

(2)市场调研专员岗位职责

市场调研专员的岗位职责主要包括以下方面:

①负责收集与分类整理各类客户群体的信息,如企业客户现状与需求点、相关负责人、联系方式等。

②策划与开展前期市场调研活动,并形成调研活动的报告和分析。

③根据游艇市场调研情况,撰写调研报告,并辅以相关分析。

④负责收集与分类整理同行业竞争对手的相关信息,如经营现状、发展战略、市场策略等。

⑤负责策划与组织各种宣传活动,推动游艇企业文化建设,树立企业良好形象。

⑥负责对游艇服务市场销售潜力的调查与分析,以及服务广告宣传效果的调研分析。

⑦负责游艇市场环境的调查工作,以及市场开拓调研的相关事宜。

⑧及时向主管领导与相关部门反馈市场情况。

⑨用友好的方式解决调查过程中可能出现的阻力,并能逐步与所调查对象建立良好关系。

4. 市场调研管理制度

(1)总则

①目的:为做好市场调研及预测工作,使本公司及时掌握游艇市场情况,有效地对游艇市场信息进行管理,从而做出符合实际的市场预测,并据此制订正确的经营方针,制订市场调研管理制度。

②组织领导:公司游艇市场调研活动由市场经理领导,市场调研主管负责具体实施。

③调研类型:

a. 临时调研。新服务推出后或临时需了解市场动态和反应时,随时拟订调研方案。

b. 定期调研。每年 1 月底和 7 月底前确定下半年度的调研项目和具体方案。

(2)市场调研计划

①调研问题的准备。

②调研表的种类与形式确定。

③调研项目的确定。

④调研方法的选择,包括面谈、访问或邮寄等。

⑤调研对象与调研样本确定。

(3)市场调研内容

①调研与本游艇企业有竞争关系的游艇企业在本地区或全国拥有的会员的数量、游艇销售量以及本游艇企业所拥有的游艇会员数量在本地区市场所占比重。

②调研国内各游艇企业营业收入和盈利情况,用以分析同类游艇企业供需饱和情况和本企业服务的市场竞争力。

③了解游艇行业游艇服务更新状况及其改进方面的进展情况,用以分析游艇服务发展新动向。

④了解各地区客户对游艇服务的反映、要求和意见,借以提高游艇企业服务质量和开发新服务项目。

⑤预测本公司下年度销售总量及市场占有率,平衡分配关系。

(4)市场调研程序

①根据公司年度调研计划,由市场调研部门起草调研计划的具体实施方案,由经理办公会讨论、总经理决定,如图 2 - 1 所示。

②确定市场调研对象:

a. 长期需要游艇管理的法人群体。

b. 长期需要游艇管理的自然人群体。

c. 租用游艇客户群体。

d. 短期游艇服务消费群体。

③市场调研专员按照调研计划,运用具体调研方法,组织推进市场调研工作,收集调研资料。

④市场调研主管根据具体实施程序和计划方案,决定具体的调研计划和调研方法,推进市场调研。

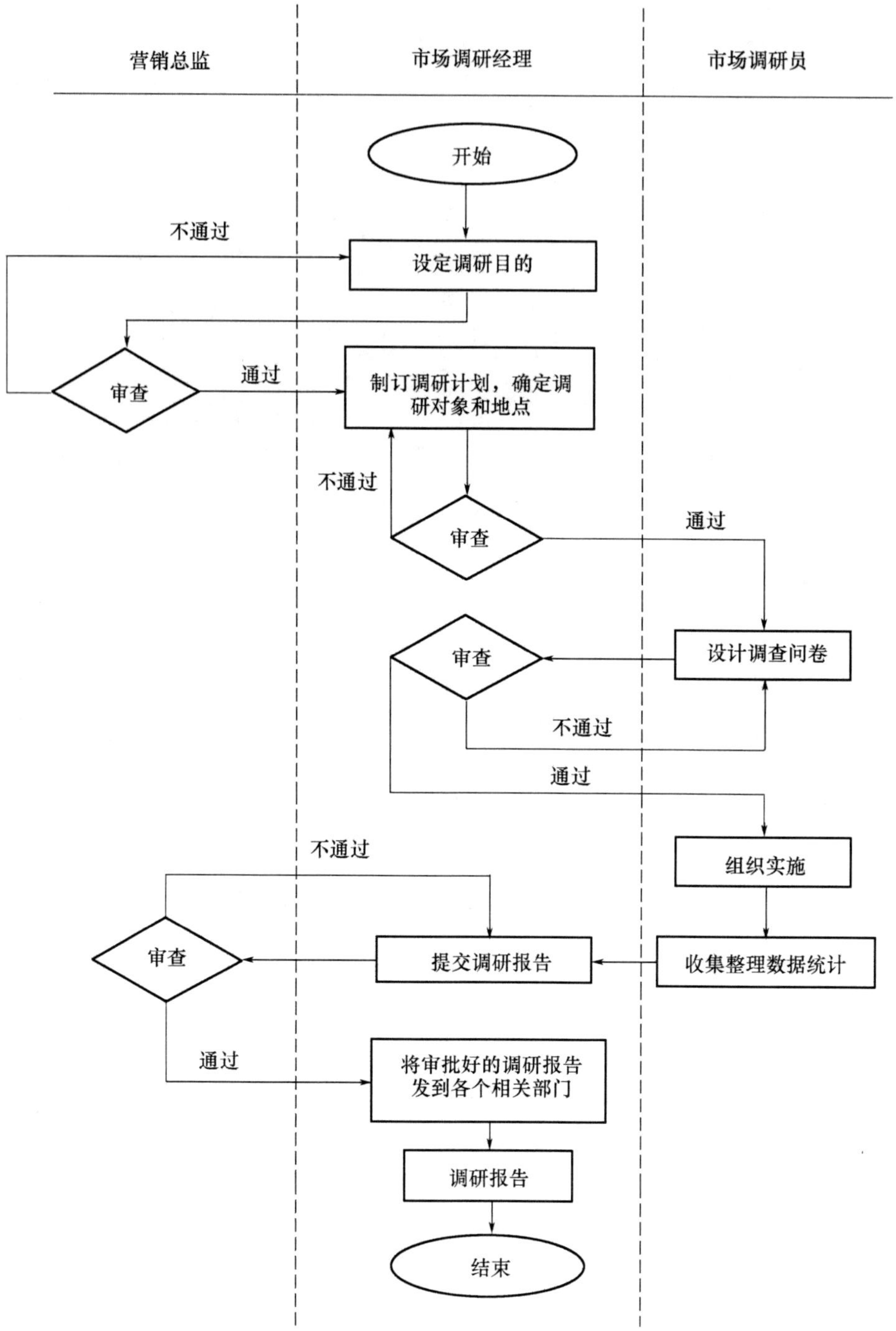

图 2－1 市场调研管理流程图

⑤市场调研部门可按以下程序,对市场调研结果进行分析与整理。

a. 对调研资料、调研结果或调研表进行整理和初步分析,然后汇总或编辑成册。

b. 对所收集的调研资料进行分类、分项目分析研究,并结合原始记录或历史数据等资料进行对比研究。

c. 对调研结果或调研资料的真伪、可靠性和误差进行计算和分析。

⑥市场调研部门在征得市场经理认可的前提下，撰写调研报告书。调研报告书一式多份，分送各部门或市场经理指定分送的部门负责人。

⑦在必要的情况下，召开调研报告发布会。发布会由市场经理主持并做报告，倾听各方意见。

5. 市场调研具体实施方案

(1)市场调研前的准备工作

①对于调研对象的构成、特点，调研人员必须要有较多的了解，并能熟练掌握与调查对象沟通的有效方式。

②调研人员必须能够充分理解调研提问的内容、提问的目的以及提问的顺序。

③调研人员必须要了解游艇服务的具体情况、调研区域的市场状况以及竞争动态。

④准备调研所需的物品，如调研提纲、设计问卷等。

(2)市场调研的技巧

①调研人员需要熟练掌握接近不同被调研人员的方法和技巧，并尊重被调研人，以自信的态度获得被调研人的好感，以争取得到被调研人的积极配合。

②调研人员需要具备良好的忍耐力、判断力和理解力，并且具备有关市场调研工作比较丰富的知识。

③在与被调研人员进行交谈的过程中，应该尽量用轻松的方式切入调研主题，解除被调研人员的紧张情绪，使其在自然放松的状态下回答被调查的问题。

④如果被调研人员的回答偏离主题，调研人员需要使用恰当的技巧把对话拉回主题。

⑤尽量引导被调研人员给出明确答复，模棱两可的答案对于调研来说价值不大。

⑥切忌以自己对问题的偏好或假设来引导被调研人员，这样会妨碍得出客观的市场调研结果。

(3)处理调研记录

①调研人员需要明确被调研人员的想法和看法，并进行客观的、如实的记录。

②如果被调研人员不希望自己的言论被记录下来，调研人员就需要向对方表明调研资料将受到严格保护，会对该份资料进行保密处理。

③调研人员需要做出详细、完整的调研记录，不要只是记录一些片断或者断章取义。

④如果被调研人员明确拒绝其言论被记录，调研人员要暂时放弃记录，之后再凭记忆进行记录，并在相关文件上注明该份记录为事后整理的。

⑤调研结束以后，调研人员要将所有记录整理存档，然后根据当期的调研记录撰写市场调研报告，以便向项目负责人汇总分析。

(4)常规调研指标

①销售记录。销售记录包括的要素：当期平均客户数以及游艇企业能够容纳的客户饱和程度变化情况、营业报表以及收支情况记录、各项经费的开支记录、未承兑票据的明细情况记录、承兑票据的明细情况记录、客户周转速度记录等。

②市场状况。市场状况包括游艇服务市场的结构与容量、游艇服务项目在相关市场中的地位、游艇服务项目在各区域的发展潜力、游艇服务项目的市场占有率及销售总量、游艇服务项目的发展状况等。

③价格调查。价格调查包括竞争服务产品的价格调整趋势、物价涨跌趋势、游艇服务产品的市场定位与价格的关系等。

④客户调查。客户调查主要包括客户对广告宣传的态度、客户的受教育程度、客户的营业规模、客户的游艇消费能力、客户的价值取向和游艇服务需求等。

⑤游艇服务调查。游艇服务调查的内容包括客户对于游艇服务质量的信息反馈、游艇服务市场上同类服务产品的发展新趋势、客户对游艇服务礼节的偏好等。

⑥商标、广告及公关活动调查。商标、广告以及公关活动调查包括客户对商标的认知度和美誉度、游艇服务产品在公众中的曝光度和美誉度、公关活动对重点客户产生的效果、公关活动对区域市场长短期销量的影响、广告费用销售收入的比例、广告对长短期销售量的影响等。

⑦销售市场调查。销售市场调查主要包括客户购买游艇服务的渠道、游艇服务销售点所处地域与销售量、销售点的宣传活动的力度及其效果等。

5. 市场调研的方法

市场调研的方法大体上可以分为两种,一种是直接市场调查,即按照事先设计的调查问卷,对游艇市场进行实地调查;另一种是间接市场调查,主要是指根据各种相关的资料档案,运用归纳和演绎的方法,对游艇市场调查课题做出深入的分析和研究。

具体来说,市场调研的方法有以下几种。

(1)文案调研

文案调研主要是对二手资料的收集、整理和分析,该方法的主要渠道来自对网上资料的搜索、对书籍等信息的搜索。

(2)实地调研

根据实际情况的不同,有人对实地调研的方法进行了总结,主要分为以下四种。

①访问法

访问法也称询问法,就是调查人员通过各种方式向被调查者发问或征求意见来搜集市场信息的一种方法。一般来说,包括深度访谈、GI(Good Idea)座谈会、问卷调查等方法,其中问卷调查又可以分为电话访问、街头拦访、邮寄调查、留置问卷调查、入户访问等调查形式。

②观察法

这是调查人员在调研现场,直接观察并记录被调查者行为和表情,以获取信息的一种调研方法,观察法包括频次观察、现场观察和客户反应观察等几个方面。

③实验法

这是通过实际的、小规模的营销活动来调查关于某一游艇或服务的某项营销措施执行效果等市场信息的方法。一般来说,实验法是指游艇市场上进行试销实验、展销实验和试驾实验。

④研究法

研究法包括趋势分析、相关因素分析等方面。

二、相关训练

(一)任务布置

任务:设计游艇市场调查问卷,在你所在地区或者通过网络调查,为游艇企业确定游艇消费群体，把握其产品与服务为营销打基础。

分组：建议将整个班级分为三个小组，每组设计一套调查问卷。

(二)任务实施

在市场调查中，调查问卷是一种既省时又省力，又能对事物进行比较全面系统的调查的方法，但由于调查问卷是实现调研目的和收集数据的必要手段，所以，对调查问卷的实际方案要求非常严格。调查项目的提问形式、提问方法的不同，或者题目编排顺序的不同，都会影响资料的真实性。

第一步：调查问卷结构设计

首先，调查问卷必须要有一个醒目的标题，这样才能让被调查者很快明白调查的意图。调查问卷的结构一般包括以下三个部分。

1. 前言

调查问卷最好包括前言，或称说明语，意在向被调查对象简要说明调查的宗旨、目的和对问题回答的要求等内容，引起被调查者的兴趣，同时解除他们回答问题的顾虑，并请求当事人予以协助。如果是留滞调查，还应注明收回的时间。

2. 正文

调查项目是调查问卷的核心内容，组织单位将所要调查了解的内容，具体化为一些问题和备选答案。

被调查者信息，这一项设置的原因是为了解被调查者的相关资料，便于将被调查者进行分类。一般来说，被调查者的信息包括被调查者的姓名、性别、年龄、职业、受教育程度等。通过对这些内容的调查，可以明确不同性别，不同年龄阶段，不同职业，不同文化程度的个体对待被调查事物的态度差异，这对于调查分析能够起到重要的参考作用，甚至能针对不同群体写出多篇有针对性的调查报告。

调查者信息一般是用来证明调查作业的执行、完成和调查人员的责任等情况，这一项内容的设置主要是为了方便于日后对调查进行复查和修正。一般情况下，调查者信息包括调查时间、调查地点、调查者姓名及电话、被调查者当时的表现情况等。

3. 结束语

在调查问卷最后，简短地向被调查者强调本次调查活动的重要性以及再次表达谢意。

第二步：调查问卷的项目设计

调查项目设计的好坏是关系到调查活动能否成功的关键因素，它对调查问卷的有效性、真实度等起着至关重要的作用。

1. 明确调研目的与内容

在设计问卷项目时，首先要确定调研目的、数据分析方法等因素，再确定问题类型。

在问卷设计中，最重要的一点就是必须明确调查目的和内容，也就是必须要确定调查的主题和调查范围。

其次，要分析样本特征。即分析了解各类被调查对象的基本情况，以便针对其特征来准备问卷。

2. 问卷项目设计

问卷项目按问题回答的形式一般可以分为封闭式问题和开放式问题。其中封闭式问题包括两项选择题、单项选择题、多项选择题、利克特量表等。开放式问题一般有完全自由式、语句完成式等。

不同的题型都有各自的优缺点，因此在设计调查项目时要尽量做到扬长避短。

3. 确定问题类型

(1)两项选择题

两项选择题指被调查者在两个固定答案中选择其中一个，适用于“是”与“否”等相互排斥的二择一式问题。

两项选择题容易发问，也容易回答便于统计调查结果。但被调查人在回答时不能讲原因，也不能表达出意见的深度和广度，因此一般用于询问一些比较简单的问题。并且两项选择必须是客观存在，不能是设计者凭空臆造，需要注意其答案确实属于非 A 即 B 型，否则在分析研究时会导致主观偏差。

(2)单项或多项选择题

单项或多项选择题指对一个问题预先列出若干个答案，让被调查者从中选择一个或多个答案的问题。这类题型问题明确，便于资料的分类整理。但由于被调查者的意见并不一定包含在拟定的答案中，因此有可能没有反映其真实意思。对于这类问题，我们可以采用添加一个灵活选项，如“其他”来避免。

(3)程度性问题

程度性问题指涉及被调查者的态度、意见等有关心理活动方面的问题，通常用表示程度的选项来加以判断和测定。不过，这类问题也有其弊端，因为对于不同的被调查者来说，有可能对其程度理解不一致，因此有时也可以采用评分的方式或在题目中进行一定的说明来衡量。

(4)开放式问题

开放式问题指一种可以自由地用自己的语言来回答和解释有关想法的问题。即问卷题目没有可选择的答案，所提出的问题由被调查者自由回答，不加任何限制。

使用开放式问题的好处就在于，被调查者能够充分发表自己的意见，调查气氛也能够得到改善。另外，使用开放式问题还可以收集到一些设计者事先估计不到的资料，或者被调查者对调查事项提出一些具有建设性的意见。不过，开放式问题的缺点就在于分析整理资料会由于被调查者的观点比较分散，导致难以得出有规律性信息的结果，这样，很可能由于调查者主观意识的参与使调查结果出现主观偏差。

第三步：将设计好的调查问卷填写在表 2－1 内。

表 2－1　调查问卷

标题	
1. 前言 2. 正文	

3. 结束语

第四步：发放调查问卷（纸质或电子文档形式），对调查结果进行统计，并将调查结果和结论填写在表 2－2 内。

表 2－2 调查结论

调查结论：

第五步：将整个调查过程和结论进行整理，制作 PPT，班级进行讨论。

【任务小结】

通过分组设计调查问卷为任务做引导，使得读者掌握游艇市场营销相关方面的知识。然后进行调查实践，让读者走出校门，认识游艇市场环境，并将调研结果进行总结，整理制作 PPT 进行班级讨论，更加加强了学习主动性和积极性，同时也为学习后续任务打下了较好的基础。

【拓展提高】

一、游艇消费外部环境调研

在你所在城市或你熟悉的城市，对游艇俱乐部经营环境进行调研。具体内容包括以下内容：

1. 高端别墅市场发展状况。
2. 商业发展及经营状况分析。
3. 甲级写字楼发展及经营状况分析。
4. 相关旅游设施发展状况分析。
5. 展览物业发展及经营状况分析。

针对以上内容任选一项，进行市场调查，得出市场调研报告。

任务二 制订与实施游艇俱乐部营销计划

【学习目标】

1. 熟悉游艇俱乐部营销计划基本概念。
2. 理解游艇俱乐部营销计划的实施保障措施。
3. 掌握制订和实施营销计划。

【任务解析】

根据上一个任务,我们通过市场调研可以掌握游艇市场的供需信息,接下来游艇企业根据自己的实际情况,制订出企业能够供给符合企业发展规划的产品和服务营销计划,然后实施。

在本次任务中,首先介绍了游艇俱乐部的营销计划基本概念、实施保障措施,最后以制订和实施具体营销计划为任务,强化对本任务知识的掌握。

【任务实施】

一、相关知识

(一)营销计划概述

企业的营销计划是企业整体经营计划的一部分,是对企业营销活动方案的具体描述,规定了企业各项营销活动的任务、策略、目标、具体指标和措施,使企业的市场营销工作按既定的计划循序渐进地开展,从而最大限度地避免营销活动的混乱和盲目性。营销计划是实现企业战略目标的重要步骤。

1. 营销计划的概念

市场营销计划是指在对企业市场营销环境进行调研分析的基础上,制订企业及各业务单位对营销目标以及实现这一目标所应采取的策略、措施和步骤的明确规定和详细说明。

营销计划本身是一个预先规划营销活动状况和行动的程序表,这些活动综合了市场的调研分析、竞争优劣势分析、资源的应用、目标的设定以及完成任务的营销策略和具体行动方案,并对这一方案的实施制定有效的评估标准和程序。如果说营销战略对企业而言是“如何做正确的事”,那么营销计划就是“如何正确地做事”。

2. 营销计划的分类

(1)按计划时期的长短划分,可分为长期计划、中期计划和短期计划

①长期计划一般是指企业的纲领性计划,时间一般是五年或五年以上。

②中期计划的时间一般是一年以上五年以内。

③短期计划的时间通常为一年、一个季度或一个月,如年度计划、季度计划、和月计划。

(2)按计划涉及的范围划分,可分为总体营销计划和专项营销计划

①总体营销计划是企业营销活动的全面、综合性计划。

②专项营销计划是企业针对某一产品或特殊问题而制订的计划,如某产品的市场开拓计划、广告计划、媒体计划等。

(3)按计划的程度划分,可分为战略计划、策略计划和作业计划

①战略计划是企业对未来的长远发展方向及采取的营销战略所做的整体规划。它一般是由高层管理部门针对企业全局性、长远性、开拓性和对企业发展至关重要的问题所做的计划。

②策略计划是对营销活动某一方面所做的策划。相对于战略计划,它具有短期性和局部性。

③作业计划是各项营销活动的具体执行性计划,如一项促销活动,需要对活动的目的、时间、地点、活动方式、费用预算等做策划。

(4)按计划的性质来分,可分为新产品计划和年度营销计划

①新产品计划是为公司尚未推出的产品、服务、产品线或品牌准备的。在项目启动之前,制订一份完整的新产品计划是明智的。

②年度营销计划是为公司现有的产品、服务和品牌而制订的。这个计划需要定期接受正式的审核,一般为一年一次。

3. 营销计划的作用

(1)营销计划是降低未来不确定性的手段

营销计划是书面的说明性计划,它引领管理者对企业营销环境、市场状况等做系统思考,认识竞争者和企业自身的优劣势,使企业在很好地发现和利用市场机会的同时,规避和减少企业的风险。

(2)营销计划是提高效率与效益的工具

营销计划帮助沟通企业研、产、销各职能部门,使其成为一种合力朝着共同的目标努力,大大地提高了企业的工作效率;同时营销计划通过前期的市场调研分析和预测,在制定营销战略时能合理地配置和使用营销资源,从而实现营销效益最大化。

(3)营销计划为管理者提供了管理依据和控制标准

如果没有营销计划规定的目标作为测定任务完成情况的尺度,就无法对营销人员的工作进行绩效考核,更无法确定营销活动与企业的发展战略目标是否一致。同时计划也可以作为激励员工士气的方法,让员工更加了解企业的规划和目标,以积极的态度主动调整自己的行为推动企业目标的实现。

(二)营销计划的实施保障

一般认为,营销计划的实施过程中最常见的干扰因素有制度、流程、授权和资源四个方面,那么相应的营销计划的实施保障体系建设也应从这四个方面入手。

1. 制度保障

制度是一切工作的最基础的保障。营销计划实施过程中的制度建设重点应考虑以下两个方面:

(1)基础性管理制度

①绩效考核制度。绩效考核也称成绩或成果测评,绩效考核是企业为了实现生产经营目的,运用特定的标准和指标,采取科学的方法,对承担生产经营过程及结果的各级管理人员完成指定任务的工作实绩和由此带来的诸多效果做出价值判断的过程。比如营销计划要开展深度分销,可以制定一个铺货率的考核要求,使营销人员的工作重点放到提高铺货率上来。

②部门协作制度。在一个企业,协作是指为实现预期的目标而用来协调员工之间、工

作之间以及员工与工作之间关系的一种手段。协作能创造出一种比单个战略业务单元收益简单加总更大的收益,即实现协同效应。部门协作制度就是为加强企业组织各职能部门间的协作,以制度的形式明确各职能部门的责、权、利,或以项目小组负责制的方式打破职能部门间的限制。

(2)职能性管理制度

职能管理,就是职责与效能的管理,是将管理基础与特定的管理职能相结合,以提高组织职能部门的效率。它的显著特点就是将可重复的产品生产经营活动分解为一系列标准化和次序化的任务,分配给特定的执行者,并由特定的管理层来监督和确保执行者有效地完成既定任务。职能性管理制度就是将职能管理制度化,如财务管理制度,区域管理制度,渠道管理制度等,尤其是那些对提高营销计划实施效率有着重要作用的职能管理制度,不仅为实施者开展工作提供了规范标准,而且为管理者提供了指导依据和控制标准。

2. 流程保障

科学的流程是确保营销计划高效率顺利实施并取得预期成效的关键。实现营销计划目标的重点是关键营销业务流程,如产品研发流程、订单处理流程、营业推广流程等,其运作效率的高低直接关系着营销目标的实现。因此企业要首先抓住这些关键业务流程进行优化甚至重组。重组后的业务流程需要企业从组织和职能上加以保障,这就需要企业通过调整部门结构,以保障业务流程的高效运转。

3. 权限保障

授权是领导者通过为员工和下属提供更多的自主权,以达到组织目标的过程。合理授权是充分调动各部门及个人工作积极性的重要前提和保证。权限保障主要是通过合理授权的方式,保障各部门业务职能的落实,合理分配总部与分部之间的权限以及各项营销活动的权限。

4. 资源保障

资源是营销计划得以实施的基础。营销计划是脑力劳动的概念性成果,资源供给是确保这一成果物化的最直接的要求。

(1)为实现营销计划目标的必备资源保障

营销计划是脑力劳动的概念性成果,而在执行中对计划的资源保障则是将这一成果物化的重要前提。虽然营销计划中包含了费用预算,但并不是所有项目所分配到的资源都能保障计划目标的实现。且部分企业在面对销量下滑时,会把费用倾斜到如返利促销等能立即提升销量的项目上,这种不能坚持按计划进行的行为,只是一种短期行为,它不会对企业的长期发展带来根本性的帮助。

(2)对关键项目的资源保障

对关键项目的资源保障是营销计划顺利实施的重要保障。例如,有的企业在营销计划中准备开发大型超市和卖场,却没有分配相应的开发费用,如进场费、陈列费、促销费等,使终端的开发工作难以开展;有的企业在营销计划中准备实施深度分销,但只派驻了少量人员到区域市场,这就使得深度分销无法完成。因此,在营销计划实施中,通过制度明确关键项目,并与绩效考核相结合,再由政策保障关键项目的资源供给,最终使营销目标能够顺利实现。

总之,要实现营销计划的整体目标,就必须把制度保障、流程保障、权限保障和资源保障共同结合起来,建立一个完善的实施保障体系。

二、相关训练

(一)任务布置

任务:选择国内某一游艇俱乐部为背景,针对其某一项产品或服务制订其营销计划,并提出具体实施方案。

建议班级将分为20人一组,每组负责一项任务。

(二)任务实施

1.制订营销计划

(1)营销计划的内容

一份完整的营销计划,应包括概要、市场环境分析、机会和问题分析、设定营销目标、拟定营销战略、确定实施方案、损益预测、控制等8个方面的内容,见表2-3。

表2-3 企业营销计划的内容

组成部分	内容
概要	对拟定的计划给予扼要综述,以便管理者快速浏览
市场环境分析	提供与市场、产品、竞争、分销以及宏观环境因素有关的背景资料
机会和问题分析	利用SWOT分析法,找出企业在该计划期内将要面临的机会和问题
设定营销目标	为企业设定可量化、符合实际的、具有一定开拓性的营销目标
拟定营销战略	描述为实现计划目标而采用的目标市场战略、营销组合战略
确定实施方案	即将营销战略具体化:说明每个营销环节做什么? 谁来做?什么时候做?需要多少成本
损益预测	描述计划所预期的财务收益情况
控制	说明如何对计划进行监控

①概要

概要是对主要营销目标和措施的简短摘要,目的是使高层主管迅速了解该计划的主要内容,抓住计划的要点。不管计划书的主体内容多么精彩,概要必须经过深思熟虑,要做到简明扼要,而且必须能说服阅读者接着读下去。一般为了方便管理者快速找到具体的内容,还会附有计划的目录。

②市场环境分析

这部分主要提供与市场、产品、竞争、分销以及宏观环境因素有关的背景资料。如果是年度营销计划,还需对上年度营销计划的完成情况做具体分析。

a. 市场状况

分析产品或服务的需求以及需求趋势。这个需求是正在增长还是正在下降,还是已经变得平稳了?需求有没有在某些群体中增长,而在另一群体中下降?购买这个产品时谁来做决定,谁是采购代表?谁会影响这个决定?这个潜在顾客怎样、何时、何地、为何购买,买什么?

b. 产品状况

列出企业产品组合中每一个品种近年来的销售价格、市场占有率、成本、费用、利润率等方面的数据。

c. 竞争状况

识别出企业的主要竞争者，通过竞争者分析判断竞争者的意图、行为和战略，最重要的是分析竞争者的变化趋势。需要了解竞争者是否受目标顾客的欢迎及其原因，描述并分析竞争者的优势和劣势，描述自己企业现有的产品、经验、技术、财务、人力和资金资源等因素，判断自己企业当前或未来的状况以及可以得到的资源，概述自己企业的优势和劣势。

d. 分销状况

描述公司产品所选择的分销渠道的类型及其在各种分销渠道上的销售数量。如某产品在网上直销、专卖店和商场百货等各种渠道上的销量占总销量的百分比。

e. 宏观环境状况

主要对目标市场所处的政治法律环境、社会文化环境、经济环境、技术环境、人口环境的描述，并分析其主要发展趋势，从而确定目标市场和潜在市场的需求变化趋势及企业的发展方向。

③机会与问题分析

这里主要应用 SWOT 分析法，对计划期内企业营销所面临的机遇与威胁进行分析，从而确立企业自身营销资源的优势和劣势，最终确定该计划中应该把握的机会和要注意的问题。

④设定营销目标

营销目标是指营销计划最终要取得什么样的成就。目标要能用数量化指标表达出来，要注意目标的实际性、合理性，并应有一定的开拓性。常见的营销目标有销售收入、销售增长率、销售量、市场份额、品牌知名度、分销范围等。要保障营销计划的有效实施，还要注意目标的分解和任务分配。通过明确目标和任务，管理人员和计划的执行人员可以尽可能的做出努力来使企业运作的更好。

⑤拟定营销战略

拟定企业将采用的营销战略，包括目标市场的选择和市场定位策略、营销组合策略等。在拟定营销战略中有一个很重要但常常被忽略的部分，那就是主要的竞争者将在你实施战略的过程中采取怎样的对策。所以，在这部分你一方面必须抓住机遇，而另一方面则要准备好解决潜在问题，避免严重的威胁。这也是展示计划制订者出色的战略决策和策划能力的一个机会。

⑥确定实施方案

确定实施方案主要是针对营销战略的实施制订具体的行动方案。如营销组合战略的促销方案中确定促销的起止时间、促销地点、促销人员、成本费用等。可以用表格的形式，具体明确某一任务的任务要求、时间安排、费用开支，人员分工等，使营销战略循序渐进地贯彻落实。换句话说，确定切实可行的实施方案，是营销战略的实施保障。

⑦损益预测

在制订了具体的实施方案后，可以为营销预算开列一张类似损益报告的辅助预算。在收益的一方要说明预计的销售量及平均实现价格，预计出销售收入总额；在支出的一方说明生产成本、实体分销成本和营销费用，以及再细分的明细支出，预计出支出总额。最后得出预计利润，即收入和支出的差额。企业的业务单位编制出营销预算后，送上层主管审批。经批准后，该预算就是材料采购、生产调度、劳动人事以及各项营销活动的依据。

⑧控制

这是市场营销计划的最后一部分，主要说明如何对计划的执行过程、进度进行管理。为了便于监督检查，通常使用目标管理和绩效管理的方法加以监督控制。

在有些市场营销计划的控制部分，还包括针对意外事件的应急计划。应急计划扼要地列举可能发生的各种不利情况，发生的概率和危害程度，应当采取的预防措施和必须准备的善后措施。制订和附列应急计划，目的是实现考虑可能出现的重大危机和可能产生的各种困难。

2. 实施营销计划

营销计划的实施，即将营销计划转化为营销业绩的过程。再好的计划，如果不能实施，也只是“纸上谈兵”。为保证计划的顺利实施，需要了解计划的实施步骤、避开计划实施中常见的问题，并建立健全的实施保障体系。

市场营销计划的实施，涉及相互联系的四个步骤：

(1)制订行动方案

为了保障市场营销计划的实施，市场营销部门以及有关人员需要按照计划内容中的具体方案来执行。方案中需明确各项任务的内容、由谁负责、在什么时间、如何完成等。

(2)调整营销组织结构

市场营销组织是指企业内部涉及营销活动的各个职位及其结构。营销组织结构是为实现营销目标，对参与营销活动的各职能部门进行分工协作，明确职务范围、责任、权利方面所形成的结构体系。在营销计划的实施过程中，营销组织结构起着决定性的作用。营销组织结构模式有多种，无论采用哪种组织结构，都必须根据企业战略、市场营销计划的需要，适时改变，完善组织结构。

(3)形成规章制度

有了行动方案和相适应的组织结构，还需要一套相应的规章制度，制度是计划落实的保障，也是执行和管理的依据。在这些规章制度当中，必须明确与计划有关的各个环节，岗位，人员的责、权、利，各种要求以及奖惩条件。

(4)协调各种关系

为了有效实施市场营销战略和计划，行动方案、组织结构、规章制度等因素必须协调一致，相互配合。

3. 营销计划实施中需注意事项

营销计划是在当前营销状况分析的基础上对未来的预测，在实施的过程难免会遇到一些问题，常见的问题有计划脱离实际、长期目标与短期目标相矛盾、新旧计划的抵触、行动方案不明了。

(1)计划不能脱离实际

由于市场营销计划的制订者和实施者的人员不同，往往容易在计划的实施中出现计划脱离实际的问题。营销计划的制订者通常是专业计划人员或高层决策者，他们更多地从企业的总体发展方向和实施战略考虑，容易忽视过程和实施中的具体细节，使计划过于笼统和流于形式。再者，专业计划人员与基层操作人员在计划的制订和实施中缺乏必要的沟通，使实施者不能完全理解他们要贯彻的计划内涵，在实施中经常遇到困难，同时计划的制订者也会对计划任务得不到实现而对实施者缺乏信任，最终脱离实际的计划会导致计划的制订者与实施者的对立。因此，要使计划不脱离实际，需要加强计划制订者和实施者的交流和沟通，可以由专业计划人员协助有关市场营销人员共同制订计划。

（2）合理协调长期目标和短期目标

计划通常反映的是企业的长期目标。一般来说，企业的市场营销人员是计划的具体实施者，企业通常依据他们的短期工作绩效，如销售量、利润率等指标来对其进行考核和奖励。因此，市场营销人员出于自身利益考虑往往选择短期行为，这必然影响企业长期目标的实现。如何克服长期目标和短期目标之间的这种矛盾，并寻求两者之间的协调，是营销计划实施中需要解决的重要问题。

（3）注意新旧计划之间的抵触

一般来说营销计划具有前瞻性，尤其是长期计划，这就容易与之前的旧计划在传统和习惯上相抵触，给营销计划的实施带来阻力。新旧计划的差异性越大，实施的阻力也就越大。企业要实施与旧计划截然不同的新计划，往往需要改变组织结构和运行程序，还需要与计划的实施者做好沟通和激励。

（4）要明确行动方案

制订出明确、具体的行动方案，才能使企业内部各有关部门和环节协调一致，才能保证计划的成功实施。

4. 营销计划总结

每组将营销计划及其实施方案，制作成 PPT，在班级里进行讨论，并总结得失，并将相关内容填写在表 2－4。

表 2－4 营销计划总结

<table>
<tr><td>游艇俱乐部名称</td><td>游艇营销计划内容</td></tr>
<tr><td colspan="2"></td></tr>
<tr><td colspan="2">游艇营销计划实施方案</td></tr>
<tr><td colspan="2"></td></tr>
</table>

游艇营销计划总结

【任务小结】

通过分组制订和实施某游艇俱乐部某项产品的营销计划为任务引导，对该地区竞争对手、市场环境调研，对比自身游艇俱乐部条件，利用营销计划相关知识设计切实可行的营销方案，并将营销计划和实施方案在班级里演说，总结利弊。这样既可以加深对游艇营销管理知识的理解，也可以提高读者的学习主动性和积极性，这是本任务的目的所在。

【拓展提高】

知识拓展：游艇购买前需要了解哪些方面？

1. 游艇必备的系统文件有船体布置图、主要设备清单、主要设备的操作指南、电路系统图，供排水管网系统图等，另外主机和副机均有单独的系统文件。

2. 游艇购买时费用有游艇标配、选配装置、包装费、运输费用、保险费、海关关税、增值税、服务杂费等。购买后还会有游艇养护费、修理费、牌照费、航道使用费、泊位租赁费等费用。

3. 国内外游艇品牌要非常熟悉。与汽车相比，游艇的代理商和品牌相对较少。圣汐中国、法国亚诺游艇亚太区销售部等都是国际知名游艇品牌在国内的直接销售部门，总部位于深圳的飞驰游艇则代理有法拉帝、瑞格、Sunreef 等国际品牌。另外，国产游艇也是不错的选择，近些年国产游艇的设计和工艺都有长足的进步，海星、瀚盛、盛世游艇都是不错的国产游艇和帆船品牌。

4. 每种游艇的大小、风格都会有所差别。游艇购买前，买方最好到实地去看一下。如果买卖双方达成协议后，便可签购船契约，签约时是以总价款 30% 作为签约金。购买进口船型时，代理商向买方出示出货证明时，买方则需再付总价款 50%。

5. 从签约到交船至少需要 2 ~ 3 个月不等的时间，在此期间代理商开始为买方进行船位、牌照与保险申办。买方则需要开始进行基本课程或是考照。

6. 交船时除了确定船型、规格、配备符合订单外，另外就是下水试航与过户登记的手续。买方需注意可能还有 20% 的尾款尚未付清，付款完后代理商才能交船。

7. 购买游艇后的相关事宜

(1)注册登记　购艇后要到海事局进行所有权登记和国籍登记,包括购货发票、出厂证明、合法身份证明、船舶技术资料和照片等,并给游艇起好名字,申请登记“船舶所有权证书”。然后应向船检部门申请检验,取得船检证书,再到海事局取得“船舶国籍证书”,这样,游艇才拥有“航行权”。

(2)考取驾照　如果是打算自己享受驾艇驶出海的乐趣,那么游艇驾照是必须要考取的。和私人飞机驾照一样,游艇驾照的考取也是有相当难度的。其中看海图是项基本功,要掌握海上的航道、锚地、交通密集区及海上养殖区,驾驶游艇时要尽量避开这些区域,穿越航道时尽量直线穿越。如果你的游艇核定的“航行区域”足够大,允许出港航行时,要顺着船舶总流向且在航道外缘行驶,不要影响大船航行,进港亦然。

船艇操控和车辆操控区别很大,尤其在涌、浪、风的作用下就更加明显,所以操控技术也很关键。最后要学会识别海上的助航标志及船上的号灯(夜间)、号型(白天)。海上航行、停泊、施工、捕鱼及发生故障的各种船舶都在显示着各种不同的号灯、号型,你只有熟练掌握了这些“标志”,才能合情合理地进行避让及采取各种安全措施。

(3)航行　考取游艇驾照要去有资质的游艇俱乐部,考试和发证机构是海事部门。根据规定,船舶进、出港或在港内航行、作业,均应向港务监督或其设置的签证站点办理签证。同时,游艇还必须具备《船舶安全检查记录簿》。

(4)停泊　游艇是不能随意停放的,一般都是停泊在游艇港内,游艇港内铺设有成排浮箱托承的浮码头,浮码头的两侧有深入海底的水泥钢筋桩柱固定住,潮涨潮落都不会影响到游艇的安全。水、电、油的管线都铺到每一船艇泊位旁。

项目三　前厅管理

任务一　前厅基础知识的认知

【学习目标】

1. 了解前厅的基础知识。
2. 掌握前厅的重要性。
3. 掌握前厅的主要任务与特点。
4. 了解前厅的环境要求、布局与设备。

【任务解析】

前厅的主要机构位于企业最前部的大厅,因而称为前厅,对于前厅最原始的解释就是这样的,前厅部是这个游艇经营公司或俱乐部留给客户“第一印象”和“最后印象”的部门,是公司“外在美——漂亮员工和精致装修”与“内在美——优质服务和科学管理”相统一的部门,是把不满意客户转变为满意客户的部门。那么前厅的概念具体定义为什么?它对游艇经营的企业有什么重要性?它的主要任务与特点是什么?这是作为游艇经营的前厅员工必备的知识。

【任务实施】

一、相关知识

前厅(Front Office)的工作主要是负责招徕并接待宾客,销售游艇及相关娱乐等产品和服务,是沟通与协调企业各部门对客服务,为游艇经营高级管理决策层及相关各职能部门提供各种信息参考,同时为宾客提供各种综合服务的部门。

前厅的工作贯穿于游艇经营管理的全过程,前厅通过开展预订客房业务,首先与潜在的客户接触(通过到游艇经营公司实地咨询、电话咨询、网上咨询等渠道)并使其了解会所。其次是对现有客户的服务流程及管理。三是非客户和客户对本公司的投诉意见的接受、反馈。前厅的工作带有“全局性”,因此,前厅人员在客户心目中是游艇经营公司的代表,神经中枢等,从前厅员工的招聘上也可体现出前厅的枢纽作用。现在一些大都市的高级游艇经营公司的员工都要求能够讲一口流利的英语,所以在学好专业知识的基础上要在英语上多下工夫。下面我们把前厅工作的重要性概括为以下几点。

(一)前厅工作的重要性

1. 前厅是游艇经营公司的营业窗口,反映游艇经营公司的整体服务质量

一家游艇经营公司服务质量和档次的高低,从前厅的服务与管理中就可以反映出来,前厅被誉为游艇经营公司的门面,这张门面是否“漂亮”,不仅取决于前厅大堂的设计、装饰、布置、灯光等设施的豪华程度、良好的游艇经营公司氛围,更取决于前厅员工的精神面

貌、服务态度、服务效率、服务技巧及服务特色等。因为游艇经营公司的任何一位客户,从入所前的预订,到入所考察,直至购买或入会,都需要前厅提供服务,前厅是客户与游艇经营公司联系的纽带。前厅通过游艇商品的销售来带动游艇经营公司其他各部门的经营活动。同时,前厅还要及时地将客源、客情、客户需求及投诉等各种信息通报有关部门,共同协调整个游艇经营公司的对客服务工作,以确保服务工作的效率和质量。所以,前厅通常被视为游艇经营公司的"神经中枢",是整个游艇经营公司承上启下、联系内外、疏通左右的枢纽。无论游艇经营公司规模大小、档次如何,前厅总是向客户提供服务的中心,是能够反映游艇经营公司整体服务质量的场所。

2. 前厅是留给客户第一印象和最后印象的所在地,是游艇经营公司形象的代表

前厅是留给客户第一印象和最后印象的所在地。客户往往带着第一印象来评价游艇经营公司的服务质量,若第一印象好,即使客户在会所逗留期间遇有不如意的事情,也会认为这是偶尔发生,是可以原谅的。反之,若第一印象不好,游艇经营公司在宾客心目中的不良印象就很难改变,易形成恶性循环。此外,前厅也是客户与游艇经营公司最后接触的部门,是给客户留下最后印象的地方,而最后印象在客户脑海里停留的时间也最长。能否给宾客留下一种"依依不舍"的感觉,在很大程度上取决于前厅员工的服务质量。

另外,前厅是游艇经营公司形象的代表,游艇经营公司形象是公众对于游艇经营公司的总体评价,是游艇经营公司的表现与特征在公众心目中的反映,游艇经营公司形象对于现代游艇经营公司的生存和发展有着直接的影响。一个好的形象是游艇经营公司的巨大的精神财富。游艇经营公司前厅的主要服务机构通常都设在客户来往最为频繁的大堂。任何人一进会所,就会对大堂的环境艺术、工作效率等,产生深刻的"第一印象"。而这种第一印象在客户对游艇经营公司的认知中会产生非常重要的作用,它产生于瞬间,但却会长时间保留在人们的记忆表象中。客户离开会所也要经由大堂,前厅服务人员在为客户办理结算手续、送别客户时的工作表现,会给客户留下"最后印象",优质的服务将使客户对游艇经营公司产生依恋之情。客户在游艇经营公司期间,前厅要提供各种有关服务,客户遇到困难要找前厅寻找帮助,客户感到不理解或不满时也要找前厅投诉。在客户的心目中,前厅便是游艇经营公司。而且,在大堂汇集的大量人流中,除会所会员外,还有许多前来咨询、购艇、参观游览、会客交谈、检查等各种客户。他们往往停留在大堂,对游艇经营公司的环境、设施、服务评头论足。因此说,前厅管理水平和服务水准,往往直接反映整个游艇经营公司的管理水平、服务质量和服务风格。前厅使游艇经营公司工作的"橱窗",代表着游艇经营公司的对外形象。

3. 前厅是游艇经营公司的信息中心

有效的信息处理有利于提高游艇经营公司经营管理决策的科学性。前厅不仅为客户提供各种服务信息,而且也为游艇经营公司其他部门提供客情,为游艇经营公司管理机构提供反映经营情况和服务质量状况的数据和信息。例如,在国外一些游艇经营公司里,未来一个时期内会所会费与管理费的高低浮动是由管理者根据倾听前厅部所提供的客户信息来决定的。

4. 前厅是游艇经营公司的神经中枢,负责联络和协调各部门对客服务

前厅是游艇经营公司的"大脑",在很大程度上控制和协调着整个游艇经营公司的经营活动,由前厅发出的每一项指令、每一条信息、都将直接影响游艇经营公司其他部门的服务质量。

5. 前厅承担着推销游艇及会所服务等产品和业务的职责

每个企业的最终目的都是争取良好的经济效益,游艇经营公司也一样。游艇经营公司的主要产品就是游艇及相关娱乐、维护与管理,而前厅正是推销游艇及相关服务产品的主要部门,前厅不仅通过提供商务、电信、票务等服务,直接获得经济收入,而且,它需协调游艇经营公司营销部,积极主动销售游艇经营公司产品及业务,而且其最终目的是争取良好的会所经济效益。

6. 前厅是游艇经营公司建立良好宾客关系的主要部门

游艇经营公司服务质量的高低最终是由客户做出评价的,评价的标准是客户的满意度。建立良好的客户关系有利于提高客户的满意度,赢得更多的回头客及新客户,从而提高游艇经营公司的经济效益。而前厅是客户接触最多的部门,其员工与客户接触频繁,最易获知客户的需求,因此,应尽最大可能提高客户对游艇经营公司的满意度,以建立良好的客户关系。随着游艇经营公司的市场逐渐发展成熟,游艇经营公司的竞争日趋激烈,游艇经营公司开始越来越重视客户的需求以及游艇经营公司与客户之间的关系。在这种情况下,前厅工作尤其显得重要。

通过以上 6 点的介绍我们可以体会到前厅的重要性了,下面我们通过第二个问题的学习来了解前厅到底担任着什么任务使它在游艇经营公司当中站由这样重要的地位。

(二)前厅的任务

1. 销售游艇及相关服务业务

前厅的首要任务是推销游艇及相关服务业务,游艇及相关服务业务是游艇经营管理企业销售的主要产品。前厅的全体员工应全力以赴,按游艇经营公司制订的价格政策,推销出更高档次和更多数量的游艇及相关服务业务,前厅客房销售通常包括以下程序:

(1)受理客户业务预订。

(2)接待有预订和未经预订而直接入所的零散客户。

(3)办理客户的入所登记手续。

(4)根据客户需求,制订不同的游艇及相关服务业务,确定游艇服务方案。

(5)参与游艇经营公司的市场调研和游艇及相关服务管理和促销策划的制定,配合营销部、公关部进行对外联系,开展促销活动。

2. 提供信息

前厅是游艇经营公司经营活动的主要信息源,它包括游艇经营公司经营的外部市场信息(如游艇业发展状况、国内外最新经济信息、客户的消费需要与心理、人均消费水平、年龄结构等)和内部管理信息(如艇位出租率、营业收入、客户投诉、客情预测消费情况等)。前厅不仅要有意识地收集这类信息,而且要对其进行加工处理,并将其传递到游艇销售、会所服务等游艇经营公司经营部门和管理机构,以便采取相应的决策,搞好对客服务。同时,前厅还应为客户提供游艇经营公司内外有关活动的信息(如有关日程安排、服务项目、服务地点、服务价格、服务时间等)和游艇经营公司所在地、所在国的信息等。因此,前厅应努力搜集资料,并与游艇经营公司其他部门共享信息资源,为客户提供出色的服务。

3. 调度游艇经营公司业务,协调对客服务

调度游艇经营公司业务是现代游艇经营公司前厅的一个重要功能,现代游艇经营公司是既有分工,又有协作,相互联系、互为条件的有机整体,游艇经营公司服务质量好坏取决于客户的满意程度,而客户的满意程度是对游艇经营公司每一次具体服务所形成的一系列

感受和印象的总和，在对客服务的全过程中，任何一个环节出现差错，都会影响到服务质量，影响到游艇经营公司的整体声誉。承担着对游艇经营公司业务安排的调度工作和对客服务的协调工作。主要表现在：

(1)将通过销售游艇及相关服务业务活动所掌握的客源市场、游艇预订及到客情况及时通报其他有关部门，使各有关部门有计划地安排好各自的工作，互相配合，保证各部门的业务均衡衔接。

(2)将客户的需求及接待要求等信息传递给有关部门，并检查、监督落实情况。

(3)将客户的投诉意见及处理意见及时反馈给有关部门，以保证游艇经营公司的服务质量。

为适应旅游市场需求，增强企业自身的竞争能力，现代游艇经营公司尤其是高档大中型游艇经营公司的业务内容越来越多，分工越来越细，前厅的这种调度游艇经营公司业务功能也就显得更为重要。

4. 及时、准确地显示游艇、艇位、会员等状况

游艇经营公司游艇、艇位、会员状况是指游艇经营公司游艇、艇位的使用情况，通常分为长期和短期两类，及时、准确地显示艇位、会员状况的目的是为了使游艇经营公司最大限度地利用艇位或会员数量，使得游艇经营公司获得最大的获利。因此，为销售游艇、艇位而提供迅速、准确的可靠状况是前厅的又一项任务。前厅常常利用游艇、艇位、会员等预订汇总表(Reservation Chart)或计算机来显示游艇、艇位、会员的长期状况(预订状况)。用游艇、艇位、会员状况显示架或计算机来显示游艇、艇位、会员的短期状况(瞬间状况)。前厅应及时、准确地显示游艇、艇位、会员使用情况，以便进行游艇、艇位、会员的销售。

5. 建立、控制客账

为方便客户并促使消费，绝大多数游艇经营公司采用的均是向登记入所的客户提供一次性结账服务的方式，所以，前厅必须为客户或会员分别制作账单，接受各营业点转来的经客户签字的客账资料，并及时记录、累计及审核客户的各项欠款，确保客账账目的准确无误。建立、控制客账的目的是为了记录和监视客户与游艇经营公司之间的财务关系，以保持游艇经营公司的良好信誉度和保证游艇经营公司应有的经济效益。

6. 提供各类前厅服务

前厅作为对客服务的集中点，除了开展预订和接待业务，销售游艇、艇位、会员等业务，协调各部门对客服务外，本身也担负着大量的直接为客户提供日常服务的工作。主要包括礼宾服务，问讯、邮件服务，电话总机服务，贵重物品保管服务，商务中心服务。其他服务，如旅游代办服务，机票车票预订服务等。

由于前厅的特殊地位，使得这些日常服务工作的质量、效率显得非常重要。这直接体现了游艇经营公司是否给客户提供了优质服务。从而决定了游艇经营公司是否取得了良好的经济效益和社会效益。

7. 建立客户档案

前厅有关客户档案的建立主要分以下三部分客户档案、预订档案和团队档案。

建立客户档案是主要任务。游艇经营公司通过长期发展不仅要有 VIP 客史，还要有常住客及一些散客的客史，对客户进行定期调查。

客户档案使以客户姓名字母顺序排列的有关客户的主要资料，例如，有关客户的个人情况资料，每次在会所期间的爱好、习惯、所需的特殊要求、投诉等。这些资料使游艇经营

公司向客户提供周到的、具有针对性的、个性化服务的依据，也是游艇经营公司对客源的了解，增强市场渗透力，提高游艇经营公司客房销售能力的信息来源。

预订档案的建立可以为销售部提供一些资料，有利于销售部进行市场调研，开发本游艇经营公司的客源区，建立团队档案是针对某旅行社而建的，例如记录这个旅行社的客源是哪个省的，有什么特殊要求等。

（三）前厅的业务特点

1. 接触面广，管理难度大

前厅部是为客户提供综合性服务的部门，其工作始终要和游艇经营每个部门保持接触和联系，以便保证游艇经营的各个环节高效运转，保证游艇经营对客服务的整体质量。还与游艇制造、游艇维修、其他游艇经营企业、银行等有着各种业务联系。与各种光临的客户和来访客户有着密切接触。由于参与全过程的对客服务，而且要求 24 h 运转，前厅部的管理存在一定难度，这要求前厅部具有完善的管理体系。

2. 业务复杂，员工素质要求高

前厅部的业务包括预订、接待、问询、结账、礼宾、总机、商务中心服务等，这些业务专业性强，涉及范围广，信息量大且变化快，而且这些工作直接面对客户。因而要求前厅部管理上要着重于员工的服务态度、文化素养和业务技能的培训，前厅员工必须有较全面的业务知识和服务技巧，较强的沟通协调能力，高效而准确的工作素质，以求给客户提供优质服务，建立良好的对客关系，给客户留下美好的印象。

一般说来，前厅员工务必遵守以下“应做”与“不应做”：

（1）DO——应做

前厅员工“应做”包括以下内容：

①熟悉游艇情况（种类、特点、存量等）及游艇各种相关服务业务。

②待客尽可能友善，但也不可过于热情。

③处事冷静更要富于人情味。

④努力为游艇经营争取新的客户，同时留住现有客户。

⑤记住常客的名字并了解他们的爱好。

⑥了解不同国家民族的人文风俗，尽量顺应客户的习惯，以让客户有宾至如归的感觉。

⑦前厅是一个工作整体，要将同事视为朋友，互相尊重，以礼相待。

⑧尽量向客户推销各种游艇业务，这样既可让客户满意游艇经营企业的服务，同时也可增加游艇经营的收益。

⑨把俱乐部当作自己的家并引以为自豪。

⑩保持与游艇销售、租赁、售后服务等相关部门的良好合作与沟通。

⑪与游艇经营等其他同业单位保持良好关系。

⑫善于预见客户需要，见客户有帮忙的需要时要主动上前询问。

（2）DON’T——不应做

前厅员工“不应做”包括以下内容：

①不应对客户傲慢无礼——冷静不等于傲慢。

②不应对工作草率行事——那样只会影响酒店的声誉。

③不应在客户面前与同事用自己的方言交谈——应尽量使用客户能懂的语言。

④不应在客户面前表露出身体不适的样子，因为这不是客户感兴趣的东西——当班时

应保持最佳精神状态。

⑤不应在客户面前流露出疲惫神情，尽管你也许昨晚当了一通宵班。

⑥不应与同事聊天而让客户等候。

⑦不应将俱乐部服务设施硬性推销给客户。

⑧不应在与客户招呼或交谈时扭捏拘谨、保持缄默。

3. 信息量大旦变化快，要求高效运转

前厅部是游艇经营信息集散的枢纽、对客服务的协调中心，因此其收集、整理、传递信息的效率决定了对客服务的效果。由于前厅属前厅服务部门，与客户的接触较多，因而其收集的信息量也相对较大。客户的要求每时每刻都会有变化，这要求前厅在信息处理上效率要高。另外，前厅所掌握的一些重要信息，如当日抵达或离开的重要客户、营业日报、客情预测等都必须及时传递给总经理室及其他有关部门。

4. 政策性强，要求员工灵活处理

前厅部关于游艇经营销售、租赁的折扣、特殊接待的处理和处理客户投诉事宜都具有较强的政策性，稍有疏忽就可能造成失误。前厅员工既要维护游艇经营的利益，又要给每个客户提供满意的服务，加之每个客户的具体情况和要求又有所不同，就要求前厅员工在不违反政策的前提下，有较强的应变能力，灵活处理对客的服务工作。

前厅员工代表整个游艇经营公司接待每一位客户，良好的外部形象(包括仪表、仪态、气质、风度等)能让客户的心理得到愉悦的感觉，给客户留下美好的印象。前厅员工要有成熟而健康的心理，能以强健和豁达的心态处世。与他人相处，能遵循“平等和双赢”的原则。在与他人交往中，善用“选择和诱导”的艺术。能自觉地进行“自我沟通和自我整合”，避免“自我疏远和自我挫败”。前厅员工应机制灵活，善于应变，以妥善处理日常所面临的复杂的事务，发挥好神经中枢的作用。前厅员工必须懂得游艇文化、社会学、旅游心理学、民俗学、销售学、管理学、法学等知识，以接待具有不同职业、身份、文化背景、风俗习惯和社会阶层的客户，提供个性化的优质服务。前厅员工应善于聆听，只有会听，才能领会、理解客户的需求，才能有针对性地满足客户的需求，处理问题才能通情达理。前厅员工要有过硬的语言表达能力。除普通话外，前厅员工必须会说1～2门外语(英语为必备语种)。在与客户进行语言交流的过程中，要学会使用语言艺术。前厅员工也应掌握一定的推销技巧，尽可能地推销出游艇经营公司的产品和服务。同时，应善于控制自己的情绪，决不能随客户的情绪波动而与之争吵，在推销过程中失态。前厅员工应具备娴熟的业务技能，真正做到服务效率高，讲究时效。

前厅员工在进入岗位开展对客服务之前，必须先检查自身的仪表、仪容，确保符合标准要求，具体内容如下：

(1)发型美观大方，梳理整齐。男员工发髻线不过耳，后不过领。女员工长发需用深色发卡梳起，不得披肩和加其他头饰。头发常洗，不得有头屑。

(2)面容清洁。男员工经常修面，不留胡须。女员工化淡妆，不可浓妆艳抹。

(3)手部保持清洁，修剪指甲，女员工不许涂指甲油。

(4)不可戴戒指、项链、耳饰、手链等饰物。

(5)上岗必须穿游艇经营公司规定的制服及鞋袜，男员工穿黑色袜子，女员工穿肉色丝袜。

(6)服装须熨烫平整。纽扣齐全，干净整洁，服务工号牌端正地佩戴在左胸处。

(7)皮鞋保持清洁光亮。

(8)应经常洗澡,身上无异味,保持皮肤健康。

前厅员工应讲究礼貌礼节。前厅员工称呼客户时应恰当使用称呼礼节,最好能用"先生""太太""女士""小姐"等词语称呼客户,并问候客户。前厅员工说话时语气应温和耐心,双目注视客户,并及时给予应答。若对客户的问话听不清时,应主动说:"对不起,请您再说一遍好吗?"若客户对回答表示感谢时,应说:"别客气,不用谢。"前厅员工应始终注意保持环境安静,不可大声喧哗、哼唱歌曲、聚众开玩笑等。回应客户招呼时不要高声回答,可点头或打手势示意领会。前厅员工与客户交流时,应注意要与客户保持有效的距离(0.8~1 m)。通常,人际交往距离有四类:亲密区(0.15~0.46 m),个人区(0.46~1.2 m),交往区(1.2~3.6 m)和公众区(3.6 m之外)。在交流过程众,不得与客户开玩笑、打斗、过分随意,也不得与客户过分亲热,应严格把握好分寸。注意保护客户的隐私权,以免引起误会。前厅员工一般不要接受客户赠送的礼物。若不收有可能失礼时,应表示谢意,并按游艇经营公司的有关规定处理。

(四)前厅环境

1. 大堂的风格类型

(1)入口设计装饰的类型

①花园式

花园式入口占地面积较大,通常有流畅的回车线环绕其间,有由绿树与花草组成的各种颇具创意的图案、标志,在辅以雕塑、园林灯柱、精致栏杆的适当点缀,并与门旁的花草盆景相呼应,整个饭店门前洋溢着浓郁的自然气息。

②支架式

支架式亦称棚架式入口,一般采用玻璃钢、金属材料与透明塑料等构成斜坡式、半球式、帐篷式和尖顶式等形态各异的棚架造型,并采用富有立体感、光亮度强与特殊质地的新材料和新工艺,再配上流动感强的现代灯光,足以引起宾客的浓厚兴趣。这类入口处造型新颖、美观且富有现代特色。但设计时,应考虑到与主体建筑相协调,棚架父须安全可靠。

③门面式

门面式其特点是将门面设计装饰与广告促销进行有效组合,以吸引更多的客户。如利用玻璃的与落地窗张贴巨大的广告艺术画,安装立面霓虹灯,以展示特色风貌。

(2)入口门的造型也是设计的关键,通常使用旋转门、自动感应门和推拉门等。

尽管饭店入口设计装饰类型有所不同,但在总体设计式,均应关注下列问题:

①入口处的行车路线安排应考虑右行线

我国实行的是右线行使,且汽车的方向盘在左侧,为使车右侧靠近饭店大门入口处,以便前厅迎宾员为客户提供拉门服务,饭店的入口处、地下车库的坡道出入口位置及门前广场的行车路线安排,均应考虑右行车线。

②入口处的车流和人流线路应互不干扰

门前的交通路线应清晰,尤其是内部车流不应对城市道路造成太大的干扰,否则,极易导致客户出入时行走不便,车行线路流畅。如果入口处正中设计成大台阶,客户须拾级而上,而该饭店的门前车行坡道与广场入口刚好为反向,车辆必须在门前广场上绕一圈后才能驶进坡道。由于坡道过于狭窄,经常造成门前车辆堵塞。如果能将饭店人流、车流较集中的多功能厅、娱乐厅等出入口单独设置,则是非常有利的。

③入口处应宽阔，确保人流、车流顺畅通行

门前的停车道宽度，至少应能平行停放两辆车，最好为三辆车的宽度，以便在出入高峰时迅速接待乘车客户。切忌因追求气派而设计成高台阶、大坡道。

④门前应考虑设置足够数量的停车位

通常，解决停车问题往往是从地下找出路，但为方便客户，也应考虑设计地面车位。

(3)大堂设计装饰的类型

不同行业用途的前厅(也叫大堂)设计装饰类型大体相似，基本有以下类型：

①古典式

这是一种具有浓厚传统色彩的设计装饰类型，大堂内古董般的吊灯、精美的古典绘画以及造型独特的楼梯杆栏，让客户感受到大堂空间的古朴典雅。随着各种新材料如亚光漆、彩色金属板和亚纹定型板等的应用，大堂古典式设计装饰有了新的生机。

②庭园式

其设计装饰引入山水景点与花木盆景，犹如“庭中花园”，如在大堂内利用假山、叠石让水自高处泻下，其落差和水声使大堂变得有声有色。或者在大堂的一角，种植大量的热带植物，设置小巧的凉亭与瀑布，使大堂空间更富自然山水的意境。在设计装饰庭园式大堂时，应注意确保整体空间的协调，花木搭配与季节、植物习性等自然规律相符，假山体量、溪涧宽窄应与空间大小相称等。

③重技式

其设计显露出严谨的结构、粗实的支柱。如美国的希尔顿饭店的大堂，设置了用几十根金属管组成的高大雕塑，并以金黄色喷漆涂其表面，使整个大堂空间充满了生机和活力，营造出迎候八方来客的浓郁氛围。

④现代式

这类大堂设计装饰追求整洁、敞亮、线条流畅。如大堂顶面球面型和地面圆形图案互相呼应，再配以曲面形墙壁与淡雅的色彩，大堂顶面设计犹如星星闪烁的灯光，让客户如身临太空，情趣无穷。若再辅以玻璃、不锈钢和磨光花岗岩灯反光性强的材料装饰的通道，则大堂更显得玲珑剔透，充满了现代感。

2. 前厅装饰美化

前厅作为整个饭店的中心，其环境、氛围是非常重要的。前厅必须要有热情迎接客户的气氛，使客户一进大堂就有一种“宾至如归”的感受，有一种享受高级消费、受人尊重的感觉，形成美好的第一印象。同时，还要为前厅服务人员创造一种愉快的工作环境，使前厅的对客服务工作卓有成效。为了创造好的气氛和环境，必须重视前厅的装饰美化。前厅是现代饭店建筑中必须进行重点装饰美化的空间，要精心设计，努力把满足功能需求与创造环境氛围的艺术效果结合起来，把体现民族风格、地方特色与适应国际环境艺术新潮流与游艇文化等结合起来，并与大自然紧密联系，与俱乐部规模、目标市场相适应，与整体建筑相和谐，从而形成本俱乐部自己的格调、气势和氛围，这是现代俱乐部对客户产生形象吸引，提高竞争能力的一种独特的资本。

(1)采光

光是大堂活力的主要来源。采光设计的首要任务既要适度照亮大堂的空间，方便对客服务。特定的采光可选用不同发光体的组合来实现。选用何种发光体，如何布置，光源的视觉效果(点状的、线状的、平面的或立体的)以及布置图案等，均应视采光空间的性质及所要达到的效果而设计。

大堂采光通常分为自然采光和人工采光,两者有着不同的物理性和视觉效果。不同的采光方式导致不同的采光效果与光照质量。在大堂采光照明设计中,自然采光受大堂强面形式及其位置的制约。而人工照明则受电气系统及灯具配光形式的制约。由于光影的虚幻、形状、色彩和光线的强弱、明暗对大堂环境气氛的创造起着举足轻重的作用,因此,大堂发光体的布局及其光照图形应与大堂各功能区域的使用要求相吻合,尤其应考虑突出大堂的关键部位。通常,照亮一个空间,可选择三种方法:均匀的、局部的和重点的。其中,均匀式照明是以一种普遍均匀的方式照亮空间,其照明的分散性可有效地降低空间环境表面间地对比度,以减弱阴影,使空间转角处显得自然柔和。局部照明则是为了某种需求而去照亮特定区域,光源常被置放在区域的上方、侧面或附近。有时,常将均匀与局部两种照明方式组合起来使用,使空间整体中有变化,虚实相间,且富有层次。而重点照明实际上是局部照明的一种特定形式,它产生出各种聚焦点及明暗件的韵律图形,以替代那种单纯为了照明的原始功效,往往用来缓解普通照明的平淡与单调,突出空间特色与审美情趣。例如某饭店大堂总台接待处,其灯光设计格外明亮,形成良好的导向性,既具实用性,又对大堂空间的艺术意识起到调节作用。也有些饭店在总台外侧下部,有意布置暗灯带,以产生独特的空间感,衬托出大堂的明亮和宽敞。

(2)质感

所谓质感,是指材料表面组织构造所形成的视觉感受,以形容实体表面的相对粗糙或平滑程度,亦可形容实体表面的特殊品质,如大堂石材的粗糙面、木材的纹理等。不同的质感,给人以不同的触觉和视觉,如光洁的花岗岩表面,常令人感到生硬而无人情味。金属材料常令人感到有现代感、坚固而不笨重。地板则是温暖舒适的。所有材料在一定程度上都具有一种质感,而材料机理越细,其表面所呈现的效果就越光洁平滑,甚至很粗的质地,从远处看去,也会呈现相对平整的效果。因此,大堂设计选用材料时,有些位置不必非选用高档、豪华材料不可,相反,一些适宜而又普通的材料反而显得恰如其分,相得益彰,并可将局部的高档材料衬托出来。在设计时,除考虑材料本身的特殊性外,亦要考虑组合效果,以及施工等实际问题,做到统筹兼顾。如某饭店大堂中不同质感的材料组合,给客户的感受是自然与人性的高度统一。

(3)色彩

色彩,来源于光,它是美化环境的最基本构成要素之一。色彩经人的心理和生理反应会产生不同的感觉,色彩具有感情象征。例如红色有迫近感、扩张感、使人兴奋,可以造成热情、温暖、喜庆的气氛。黄色给人以明朗、欢乐、华贵的感觉。而绿色则意味着自然和生长,使人平静而稳定等。

前厅装饰美化中色彩的运用主要体现在两个方面:色调的确定和色彩的搭配。人们一进入俱乐部,第一印象是大厅的色调、气氛如何、因此,首先必须确定大厅的主色调,作为大厅环境色彩的主旋律,它决定着大厅环境的气氛和情调。为了给客户一种欢乐、热情、美观、大方、优雅的气氛,激发前厅工作人员的工作热情,前厅的色彩一般以红色或其他暖色调为主,同时大胆使用陪衬色调,形成色彩的对比,创造出和谐的整体美观。

(4)绿化

人们本能地喜欢自己赖以生存的阳光、空气和水,喜爱充满着生命力的自然界。在高度文明的现代社会,城市中大批的高层建筑拔地而起,人工造成“钢筋水泥的丛林”,阳光被阻挡,加之空气和水被污染,人与自然越来越远了,要求回归大自然的呼声越来越高。现代大堂设计中应尽可能在大厅内布置绿化,尤其使大城市中心的现代饭店,周围不一定有优美的花园风景,更加需要在大厅内设计花卉、树木、山石、流水等景观,使厅内撒满阳光,绿茵丛丛,流水潺潺,一派生机,给人以亲切、爽适的子让美感。绿化还有调节大厅气温、湿度、减少噪音,净化空气的作用,还可以消除人们由于长时间户外活动而产生的疲劳。

(5)大厅微小气候与定量卫生

为保持大厅舒适的环境和气氛,还有使温度、湿度、通风、噪音控制、自然采光照度及空气卫生状态保持正常。需要建立大厅等公共场所环境质量标准体系,运用现代科学技术的手段,通过定量监测与控制,确保大厅环境的质量水平。

①温度、湿度与通风

大厅适宜温度夏季为 22 ~24 ℃,冬季为 20 ~24 ℃。现在普遍使用了冷气装置或中央空调,使温度得以有效地控制。

湿度是与温度密切相关的一种环境条件,适宜的相对湿度应控制在 40% ~60% 的范围内。湿度越大,人们的烦躁感越大,客户和员工都会感到不快,容易产生摩擦和发生事故。

通风是为了保持室内空气新鲜。新鲜空气中约含有 21% 的氧气,如果室内氧气含量降低到 14%,就会给人体带来危害。大厅内新风量一般不低于 200 m^3/人 · 小时。

②环境噪音控制

一切听起来不和谐不悦耳的声音,均为噪音。噪声对环境是一种污染,影响人们休息,降低工作效率。俱乐部的大厅客户来往频繁,谈笑不断,为了创造良好的环境和气氛,必须采用措施,防止噪声。大厅内的噪声一般不得超过 50 分贝。为有效地控制噪音,大厅的天花板、墙面需使用隔音及吸音性材料。大厅内设施设备的选用和装饰美化(如瀑布、喷泉等)的设计都应注意防止噪声。对团队、会议等大批客户要尽快安置,尽快把人群从大厅疏散,员工要养成轻声说话的习惯,大厅内绝对禁止大声喧哗,另外,播放背景音乐也是防止噪声及工作单调感的有效措施,悦耳的、分贝值低的背景音乐可以掩盖嘈杂的、分贝值高的噪声,从而降低噪声所带来的不良影响,稳定人们的情绪,又可减少员工因重复性的单调工作而带来的疲劳感。背景音乐要保持在令人轻松愉快的程度,不影响宁静宜人的气氛,一般以 5 ~7 分贝为宜。

③空气卫生

大厅内的空气中含有一氧化碳、二氧化碳、可吸入颗粒、细菌等空气污染物,有害人体健康,必须予以控制。

(五)前厅功能布局

前厅是游艇经营公司的重要部分,每一位客户抵达游艇经营公司都必须经由这里,它是客户对游艇经营公司产生第一印象的重要空间。另外,人们选择游艇经营公司时不一定是便宜就去,在同一等级的几个会所中,除了在价格方面进行决定外,还要看环境,所以说舒适、雅致、美观的环境也是消费者考虑的重要因素之一。所以游艇经营公司一般都会根据自己游艇经营公司的情况设计出符合本游艇经营公司风格的大堂。不管大堂的空间有多大它都是集交通、服务、休息等多种功能为一体的一个共享空间。所以,按功能划分,可将前厅分为正门及人流线路、服务区、休息区和公共卫生间等主要区域。

1. 正门入口处及人流线路

正门入口处是人来车往的重要“交通枢纽”。其基本功能要保证游艇经营公司进出的交通畅通。客户下车时避风遮雨。厅门外有车道和雨塔，正门前厅阶旁还应该有专供残疾客户转椅出入所的坡道，以方便残疾客户入所。大门有玻璃拉门、转门或自动门。门以双层为佳，以保持前厅空调温度的稳定，节约能源，并可减少尘土刮入，保持大厅清洁。

从入口到游艇经营公司各个目的地，便形成了人流线路。各条人流线路要经过装修或铺设条形地毯，加上适当的装点，以形成明确的人流方向，使具有动感的走线与相对平静的休息区和服务区互不影响。

2. 服务区

前厅亦称总台，位于前厅大堂内的游艇经营公司总服务台的简称，使为客户提供入所登记、问讯、兑换外币、结账等前厅综合服务的场所。其设计是否合理，将直接影响到总台对客服务的质量。为了方便客户，总台一般均位于游艇经营公司一楼大堂，且各项总台业务应相对集中（如预订、接待、问讯和总台收银等）。根据大堂设计布局，总台最好能正对大堂入口处，这样，不仅使总台人员能观察到整个前厅、出入口、电梯等活动场所的情况，而且也使总台人员能清楚地观察到正门外客户车辆的到达情况，从而做好接待准备工作。同时，也有利于即使发现各种可疑情况，以消除隐患，确保安全。

总台设计通常应考虑三个因素：

(1)总台的外观

总台的形状可根据大堂的建筑结构有所区别，结合游艇文化，采用曲直相结合的办法。有的为直线形，有的为半圆形，有的则设计成“L”形或“～”形，甚至是模仿游艇外形建造。在材料选择上，为了经久耐用、易于清洗和显示出高雅脱俗，主要采用大理石、磨光花岗岩和硬木等。在布置上，各种标牌，以及国际时钟、日历、天气预报和外币汇率等的外观选择与设计上也应注意与整体大堂和谐一致。

总台的高度应以方便客户入所登记和总台人员的接待服务工作为原则，其理想高度为110～125 cm。柜台内侧设有工作台，供总台人员使用，其台高为85 cm，宽为30 cm。工作台面最好设计成倾斜式，有一定的坡度，以方便员工使用，且不影响其服务仪态（站姿等）。

(2)总台的大小

总台的大小是由游艇经营公司接待人数、总台服务项目和计算的应用水平等因素决定的。游艇经营公司的规模越大，接待人数和服务项目越多，则总台设计的面积越大。反之，则越小。但从游艇经营公司发展的趋势来看，随着科技的进步和计算机在游艇经营公司的普及，总台将日益小型化。

另外，总服务台的柜台和台内面积视游艇经营公司的规模、等级而定。

(3)总台的布局

总台的布局应紧凑合理，并以岗位职能划分区域，既要方便客户，又要便于前厅对客服务，提高服务效率。此外，一些游艇经营公司为寻求服务差异与特色，针对游艇经营公司商务客源的特点，一改常规的总台站式服务，在富丽的大堂分开放置多张商务办公桌，配以舒适的靠椅，桌上放置清新艳丽的鲜花，并配置高效运作的笔记本电脑，由训练有素的员工向客户提供面对面地坐式登记、咨询服务。这种具有高雅文化品位的服务过程，创造出游艇经营公司前厅个性化服务的特色，给客户留下了美好的印象，同时也充分显示出游艇经营公司的竞争优势。

大堂副理的办公地点，应设在离总台或大门不远的某一视野开阔的安静之处。通常放置一个办公桌，放一两张座椅，供办公和接待客户用。另外，前厅办公室、总机室、账务室等机构,与前厅接待发物密切相关,但又不必直接与客户打交道,一般应设在总台后面联络方便但较为隐秘之处。

3. 休息区

大厅休息区是宾客来往游艇经营公司时等候、休息或约见亲友的场所,它要求相对安静和不受干扰。休息区的主要家具是供客户休息的沙发座椅和配套茶几。沙发可根据需要围成几组方形,也可围着柱子设置,在人流进出频繁、充满动感的大厅空间中,构筑一个宁静舒适的小环境。

4. 公共卫生间

游艇经营公司大厅或附近通常都设有供男女客户使用的公共卫生间。公共卫生间的设施主要有便器和洗脸盆,还要有烘手器、手纸、面巾纸、小毛巾、香皂等器具和用品,公共卫生间要宽敞干净。设施要完好、用品要齐全。

从一定意义上讲,公共卫生间可以反映出游艇经营公司的档次和服务水准,是游艇经营公司的"名片"。所以,公共卫生间的装饰材料选择与大堂其他部分在规格和质地上要相一致,如现代游艇经营公司的大堂一般用大理石装修,其公共卫生间也应去用同样材料装修。大堂有众多的进出人流,要考虑公共卫生间的位置,既方便客户又能避开外人的直视,标志要明显。

(六)前厅设备

前厅对客服务的运作效率在很大程度上依赖于所配备的设备状况。随着计算机的应用及其功能的不断开发和完善,越来越多的游艇经营公司前厅配置了计算机设备,这样既节省了总台服务空间,扩充了服务信息,又加快了服务节奏,提高了运转效率,同时也大大减轻了总台人员的工作量。

1. 游艇、艇位及会员业务预订显示架

游艇、艇位及会员业务预订显示架是一种反应游艇经营公司未来一段时间的预订状况的工具,通常挂贴在游艇、艇位及会员业务预订办公室的墙壁上,供预订员受理预订时使用。通过显示预订信息的卡条运用,可一目了然地显示出近期的预订状况。

2. 贵重物品保险箱

贵重物品保险箱是一种由带有门锁、由多个小箱组成的立柜,其小箱的数量一般是游艇经营公司客房总数的15% ~20%。目前游艇经营公司中任何先进的设备都无法取代贵重物品保险箱的作用。

3. 客史档案柜

它是一种带多层抽屉的立柜,用于存放已离店的客户资料卡片档案,供游艇经营公司随时查找。

4. 打时机

此机能打印出即时的日期和时间。前厅使用打时机可以为客户在办理入所登记、结账、贵重物品保存手续和收发保管客户邮件、留言等时,在相关的卡、单上打印准确的日期和时间。

5. 账单架

这是用于存放会所会员账单夹(账卡)的架子,一般置于总台收银处,以便存取。

6. 其他设备

前厅除拥有上述设备外,还应配备行李组设备(如行李车、伞架、供残疾人专用的轮椅等)、简介架、登账机、信用卡刷卡机、货币识别机、电话机、电传机、传真机、复印机及各类文件柜等。前厅设备、物品必须确定位置,便于对客服务。

二、相关训练

训练一:前厅认知

1. 目的:使读者对游艇俱乐部等游艇企业的前厅和大堂有基本的认识。

2. 要求:读者分组,实地参观、访谈前厅部经理和大堂经理,感受大堂的环境氛围和服务水平。

3. 方法:大型游艇经营公司或俱乐部参观、访谈或观看视频等。

4. 主要内容:

(1)大型游艇经营公司前厅参观

读者在教师或游艇经营公司相关人员的带领下,参观公司前厅部,并从大堂装饰、布局设计、色彩等方面给予评价,以书面形式完成实训报告。

(2)游艇经营公司或俱乐部大堂参观

在读者分成4~5人小组,选择游艇经营公司或俱乐部进行参观,了解机构设置情况,就其前台布局,功能等画出机构示意图,最终以书面形式完成实训报告,为下一任务学习做铺垫。

(3)访谈

读者根据意愿可以选择拜访前厅部经理或大堂经理,了解其岗位责任和素质要求,并与其谈论自己对前厅服务的各种感受。以书面形式完成实训报告。

训练二:动手设计

根据所学知识,结合实训参观,并收集各种游艇经营俱乐部等材料,分组讨论并简单设计一下自己心目中理想的前厅环境与布局。

设计过程中主要从以下几个方面入手:

1. 前厅入口(门前环境、门的风格类型等);

2. 前厅设计(包括风格、功能布局与环境等)。

建议,结合所学的游艇文化等相关知识来装饰前厅风格,这样会更加符合俱乐部的形象与风格需求。

【任务小结】

通过以本次设计为引领,对所学的前厅基础知识理论进行再学习、熟练掌握和运用,在任务实施过程中,能够贯穿到前厅入口、门及前厅环境、风格和功能等最基本的布局要求,从而掌握前厅相关的基础知识。

【拓展提高】

作为一个现代化的游艇经营企业,除了前厅的完美装饰外,还要注意前厅给客户带来的舒适度,而舒适度的评价一般可以由表3-1的标准组成。

表3-1 前厅整体舒适度评价参照标准

序号	标准	优	良	中	差
1	各区域划分合理,方便客户活动				

表 3 -1(续)

序号	标准	优	良	中	差
2	各区域指示标志实用、美观,导向效果良好				
3	各部位装修装饰档次匹配,色调、格调、氛围相互协调				
4	光线、温度适宜,无异味、无烟尘、无噪声、无强风				
5	背景音乐曲目、音量适宜,音质良好				
6	贵重物品保险箱位置隐蔽、安全,能保护客户隐私				
7	地面:完整,无破损、无变色、无变形、无污染、无异味、光亮				
8	门窗:无破损、无变形、无划痕、无灰尘				
9	天花板(包括空调排风口):无破损、无裂痕、无脱落、无灰尘、无水迹、无蛛网等				
10	墙面:平整、无破损、无开裂、无脱落、无污迹、无蛛网				
11	柱:无脱落、无裂痕、无划痕、有光泽、无灰尘、无污迹				
12	台:整齐、平整、无破损、无脱落、无灰尘、无污迹				
13	电梯:平稳、有效、无障碍、无划痕、无脱落、无灰尘、无污迹				
14	家具:稳固、完好、无变形、无破损、无烫痕、无脱漆、无灰尘、无污染,与整体装饰风格相匹配				
15	灯具:完好、有效、无灰尘、无污迹,与整体装饰风格相匹配				
16	盆景、花木、艺术品:无枯枝败叶、修剪效果好,无灰尘、无异味、无昆虫,与整体装饰风格相匹配				
17	总台及各种设备(贵重物品保管箱、电话、宣传册及册架、分区标志等):有效、无破损、无污迹、无灰尘				
18	客用品(包括伞架、衣架、行李车、垃圾桶、烟灰缸等):完好无损,无灰尘、无污迹				
总计					

前厅部是公司形象的代表,是公司留给客人"第一印象"和"最后印象"的部门,是公司"外在美"与"内在美"相统一的部门,是提高公司服务质量和建立良好客户关系的重要部门。

前厅部的主要任务包括销售公司产品与业务、控制业务租赁情况、提供系列服务、负责客户账务、协调对客关系、建立客户档案、提供公司经营管理信息等。其业务特点是接触面广,管理难度大。业务复杂,员工素质要求高。信息量大且变化快,要求高效运转。政策性强,要求员工灵活处理。

前厅设计原则有满足功能要求、迎合客人心理需求、风格和特色应与市场定位相吻合、利于公司的经营、要强化地域文化和注重整体感的形成等。前厅装修时,要注意正门入口、总台、公共区域、公共卫生间、公司导向系统等处的细节设计。公司还应在前厅的空间、家具、光线、色彩与绿化、温湿度及通风和噪音等方面加以重视,以提高前厅的整体环境舒适度。

任务二 前厅的组织机构与岗位

【学习目标】

1. 了解前厅组织机构相关知识。
2. 掌握前厅相关岗位的设置与责任内容。
3. 能够在相应的岗位上熟练顶岗工作。

【任务解析】

游艇经营公司管理的五大职能是计划、组织、指挥、协调、控制。计划是各种管理中的基本职责,对于高级管理来说也就是上层管理,计划是制订企业目标并实现目标的适当方法的过程。从广义上说,它努力描绘企业的将来,确定在未来的一年或五年里,企业将会是什么状况。计划接下来的步骤是组织,这是管理的第二项职能,组织就是建立一个有效的游艇经营公司管理系统,以便从分利用游艇经营公司资源,最有效地达到管理目标。

在学习组织机构设置原则前我们先了解部门设置,部门设置的原则是:根据市场,决策目标,游艇经营公司业务情况,把游艇经营公司业务合理的分成几大类,把内容性质相同的业务归为一类,并根据经营需要,妥善地确定部门的归属,有的游艇经营公司把销售部划归前厅,有的则归公关部,这些不同的设置都是根据本游艇经营公司的情况而划分的。

【任务实施】

一、相关知识

一个组织设置是否合理,能够表现出效率的不同,这是因为管理的问题往往不能由管理本身完全解决,需要依靠组织来解决,组织问题的解决,又可促进管理水平的提高。

(一)前厅的机构设置原则

1. 精简与效率相统一的原则

组织效率提高的关键是精简机构,组织机构的规模、形式和内部机构在确定时必须在符合业务需要的前提下，将人员减少到最低限度，精简的关键是“精”，一定要防止出现机构臃肿、人浮于事的现象，能够用最少的人力去完成任务，精简的目的是为减少内耗，提高效率，因此这一原则的主要目标是：配备的人员数量与所承担的任务相适应，机构精细得当，职责明确，每个人有足够的工作量、效率高、应变能力强。应避免出现运作过程中的“交叉地带”。但机构精简并不意味着机构的过分简化，不能出现职能空缺现象和“无人问津的地带”。

2. 责、权、利相结合的原则

责任不明确，权力不授予，利益不保证，是企业组织管理的大忌，也是组织涣散，无效的主要原因。有效的组织管理对每一工作岗位都会有明确的责任及对责任的监督、检查制度。

没有权力，管理会形成虚设，什么事情也办不成。一定的权力是担负一定职责的保证，有权力就要担负相应的责任。但是，如果超越本职权力，又会给管理工作带来混乱，使下面无所适从。

虽然中国有重义轻利的传统，但如果利益不明确或利益与责、权不相适应，也会影响责、权的落实，影响管理的威信，影响管理者的积极性，损害管理人员的威信，并影响企业目标的实现。对于每位员工，他的职务都是由这三部分组成：每个职务所具有的利益都是无形的。

利益能体现的是：工资。不能体现的是：职位、地位、受人尊重，它是无形的“心理契约”。

3. 统一指挥原则

保证责任权力落实的关键是统一指挥，统一指挥原则又叫链形指挥原则，既要求“一个职工归一个上级”领导，无论是清洁工还是部门经理，都应该知道该向谁汇报工作，同时，上级管理者要避免越过下级管理者直接处理基层问题，除非是下级管理者不在而情况又十分紧急，非立即处理不可，这时无论是上级或是下级都可以也应该越级指挥，但是，如果平时也这样做，便会使职工分不清究竟谁是他们的直接领导，从而降低了下级管理者的威信，甚至引起抵触情绪与消极怠工，所以，在命令统一的原则下，要分清命令与监督的不同概念，非直接上司虽不可越级指挥，但可以对各级人员进行监督，所以，当员工在作业或其他时间里会得到一些非上级指令信息。

因此，统一指挥原则要做到这两点：坚决执行和谁错谁负责。

4. 控制幅度原则（跨度原则）

管理应在自己能力许可的范围内准确地确定他直接管理的下级人员数量，称之为“有效管理幅度”。一般按照这个公式：$R=N[2(N-1)+(N-1)]$。其中 R 是你的职位所处的关系人的人数，N 是领导人数。超出了这个范围就会出现失控，出现混乱，内耗和低效率，控制幅度到底多大，有人说最多不能超过 6 人，有的说可以多到 10 人，这都不准确，应该具体问题具体分析。一名上级领导者所能直接有效地指挥、管辖、领导下级人员的数目一般 3 ~ 12 人为宜，每一个人的精力、能力、经验、时间都是有限的，所以有效的领导下属的人数是有限的。

5. 团结一致的原则

游艇经营公司是一个由多部门，多岗位及众多人员组成的整体，游艇经营公司应有一个整体目标，作为全游艇经营公司各部门各人员的共同目标，要达到这个目标，有赖于游艇经营公司员工的共同努力，团结一致。然而，游艇经营公司各部门、各岗位、各作业人员会由于各自的利益，活动范围和作业目标等而产生局部与个体之间的矛盾以及局部、个体和整体目标之间的矛盾，产生摩擦的结果是在整体中出现了整体前进相反的力，这将对整体产生极大的损害，并最终损害每个个体，特别是在竞争环境中，因而游艇经营公司在经营中一定要消除各种消极因素，使各部门紧紧地凝聚在一起，坚持团结一致的原则，游艇经营公司各组织之间要能够充分合作，互相体谅，因此游艇经营公司各部门既要强调自律和自信心，也要强调合作与谅解。为了游艇经营公司各部门能互相协作团结一致，在执行制度和规范的同时，要培养和树立全体员工的协作精神和补台意识。

坚持团结一致的原则，游艇经营公司要形成一个良好的风气，一个良好店风的形成是组织团结一致的有力保证，良好风气的形成靠正确的思想指导，靠不懈的引导，靠严格的执行制度。管理人员本身要有良好的表率作用，并不断灌输团结奋发的思想，做好激励工作，有目的地形成企业文化，产生强大的凝聚力。

(二)组织结构建立的方法

在坚持组织设置原则的基础上，游艇经营公司要按一定的组织形式来设置游艇经营公司机构。经常用的组织形式有三种，直线制、职能制、直线职能制。对不同的生产力发展水平和企业规模，经营特点，应采取不同的管理组织形式。

1. 直线制

如图 3－1 所示，这是一种简单的组织形式，又称为层级制、军队式组织、直线式组织。企业的最高层主管自上而下层层节制，实现垂直领导。

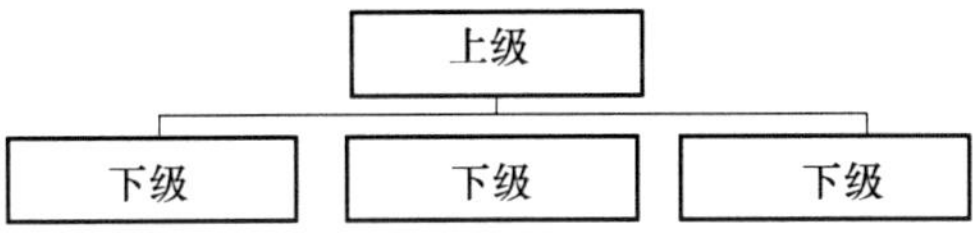

图 3－1 直线制

这种组织形式的优点是结构简单，权责分明，命令统一，不致令出多门。组织程序与业务程序简单而一致，上下级间均按照规章或指令行事。运转敏捷、信息沟通迅速。责任明确、解决问题及时。

但是由于没有实行管理劳动的专业分工，各级主管的工作极其繁杂，事必躬亲，容易陷于日常行政事务之中，不利于领导者集中精力研究企业发展的重大问题。由于这种形式的管理职权都集中在一个人身上，所以要求管理者具有全面的知识和才能，而事实上在现代化的游艇经营公司里是很难做到的，因此直线制只适用于产品单一、规模较小、业务单纯的小型游艇经营公司。

2. 职能制

职能制是由总经理领导各职能部门，职能部门在本部门的职权范围内又分别领导业务部门的有关人员的组织形式。

职能制的优点是管理职能分工化，可以充分发挥专业人员的作用，协助上级指挥，管理较细，因此可以大大减少上级的指挥工作量，集中精力去抓大事。

职能制的缺点是违反集中统一指挥原则，往往令出多门，形成多头领导，令业务部门无所适从，不利于建立责任制，影响管理效能。不仅职能部门之间可以相互领导，上级也可以领导下级，这样就彻底违背了组织原则：一方面责权利不分明，还不能做到统一指挥，责权利不分明已经使内部不团结了，所以也做不到团结一致原则。

相对于直线制的业务部门来说，职能制就有职能部门，职能部门不直接从事接待和供应业务，而是为业务部门服务，执行自身某种管理职能的部门，职能部门按分工和专业化的原则执行某一项管理职能，这种形式称为职能制。职能部门执行专业管理职能，游艇经营公司人事部、安全部、财务部、市场营销部、培训部、总经理办公室均属于职能部门。

3. 直线职能制

直线制和职能制相结合，形成了“直线——职能制”的组织形式。直线职能制亦称“生产区域管理制”，或称为“业务区域制”，这种组织形式吸收了“直线制”中集中统一指挥的优点，又吸收了“职能制”中发挥专业管理部门或专业人员职能作用的长处，符合组织设计中统一指挥和建立严格责任制的要求，因此，这种形式为我国大多数游艇经营公司所普遍采用。

直线职能制既然是直线制和职能制的结合它肯定包含了业务部门和职能部门这两类部门，业务部门是游艇经营公司的直接对客和创利部门，其部门内多以经营环节或业务内容为对象，划分若干作业组织。业务部门按登记链的原则进行组织，实行直线指挥，结构简单，权责分明，效率较高。

职能部门是按游艇经营公司专业划分工的要求建立的，如人事部、培训部、安全部、财务部等。他们的主要职责是运用专业技术手段，收集、整理、分析各种数据和指标，来反映、监督和指导经营活动，对问题提出自己的意见、看法，供业务部门参考，为决策者做好参谋。他们与业务部门是横向指导、监督和帮助的关系，除非总经理授权，不得以自己的名义向业务部门下达指标和命令，以避免多头领导，多头指挥。

虽然直线职能制是我国游艇经营公司业普遍采用的一种组织结构，但不能不看到这种组织结构的缺点，它的缺点主要表现在：

（1）各职能管理部门之间的横向联系复杂，由于各主管副经理或总监分兵把关，可能形成权利分割。

（2）组织程序与业务程序繁杂，信息迂回时间长，效率不高。

（3）最高领导层的管理幅度大，例行的琐事多，不利于集中精力研究经营决策等重大问题。

（4）权力过于集中，影响下层人员的积极性和主动性的发挥，对于信息多变的市场和例外事件的处理缺乏灵活性。

鉴于直线——职能制的这些缺陷，许多经营单位的组织形式正处于新的变革中。

总之，前厅组织结构设置要坚持结合实际，精简高效。合理分工，便于协作。任务明确，统一指挥的原则。

（三）前厅主要机构职能

为了确保前厅对客服务全过程优质、高效，前厅下属各机构应各司其职，通力合作。前厅对客服务全过程始于潜在的客户与游艇经营公司的第一次接触，终于客史档案的建立。整个过程均围绕前厅的首要任务——销售游艇、艇位、会员业务等而展开，故将其细分为售前期（Pre - of - Sale）、售中期（Point - of - Sale）和售后期（Post - of - Sale）三个阶段，在每个阶段中，前厅各岗位应履行各自的职责。

售前服务主要包括远程询问服务，如电话、传真、电传、信函、因特网咨询等，以及各种预订服务。

售中服务主要包括入所时，迎接客户、登记等。逗留期间，问讯、邮件、委托代办、客账管理、总机话务服务等。离所时，退艇等相关服务等。

售后服务主要包括建立客史档案，与宾客保持联系，如节假日信函问候等。

1. 游艇、艇位、会员服务等业务预订处

随着游艇经营公司业竞争的加剧和市场开拓力度的加大，游艇、艇位、会员服务预订的职能逐渐从前厅划分出来，转而归属营销部，这是现代游艇经营公司预订处营运职能提高的具体表现之一。因为游艇、艇位、会员服务预订处承担着销售客房的主要任务。传统意义上，游艇、艇位、会员服务预订处的主要业务范围包括：

(1)负责游艇经营公司的预订业务；

(2)受理并确认各种来源的预订，处理预订的更改、取消；

(3)密切与接待处的联系，提供最新的预订信息；

(4)参与客情预测，及时提供VIP(客户)、团队、会议入所信息；

(5)参与前厅对外预订业务谈判及签订合同；

(6)制作(每月、半月、一周和次日)预订报表，参与制作预订计划；

(7)确保预订系统的准确性，完善预订记录和档案程序。

2. 接待处

接待处主要是接待抵达游艇经营公司的会员，包括有预订的或无预订的客户或会员等。接待处业务包括推销游艇、艇位、会员服务，协调对客服务，积极参与游艇经营公司各项促销活动，确定客户的付款方式，建立客账等。

3. 问讯处

(1)掌握客户动态及信息资料，解答客户问讯；

(2)处理客户邮件、留言；

(3)接待访客；

(4)积极参与游艇经营公司各项促销活动；

(5)协调对客服务。

4. 前厅收银处

前厅收银处在组织机构上通常隶属于游艇经营公司财务部，但工作地点位于游艇经营公司大堂，直接参与对客服务。前厅收银处在对客服务环节上与接待处、问讯处和预订处有着不可分割的联系，对服务质量有着共同标准，一些游艇经营公司鼓励前厅参与、协助对前厅收银处员工的管理和考核，实行双重管理。前厅收银处主要业务包括：

(1)受理游艇经营公司会员的预付会员费、游艇购买、租赁或管理等费用；

(2)提供客户消费构成的信息资料，建立数据库；

(3)提供外币兑换服务；

(4)管理会员的账卡；

(5)密切与游艇经营公司各营业点收款员联系，催收、核实账单，监督客户的赊账限额；

(6)为会员提供贵重物品的寄存和保管服务；

(7)负责应收账款的转账。

5. 大厅礼宾服务处

大厅礼宾服务处一般由礼宾服务主管、领班、驻机场代表、迎宾员、行李员、委托代办员等组成，大厅礼宾服务处虽然是一个很小的部门，然而它却是最容易给客户留下深刻第一印象的地方，因为客户来到本游艇经营公司能接触到的第一位服务员肯定是礼宾处的服务员，因此礼宾服务员是给客户留下良好印象的关键时刻！其主要职责有在门厅或机场、车站迎送宾客。引领客户进艇或会所并介绍服务设施、服务特色。分送客用报纸、杂志与留言等。代客召唤出租车，协助管理和指挥门厅入口处的车辆停靠，确保游艇经营公司门厅入口处的道路畅通和安全。回答客户问题，并为客户指引方向。传递游艇经营公司有关通知单。负责客户的其他委托代办事项。

6. 电话总机

电话总机的主要职责是转接电话。回答电话问讯、电话找人，受理电话留言，办理长途电话事项，受理电话投诉，传递或消除紧急通知或说明，播放背景音乐，保守通信机密。

目前越来越多的游艇经营公司要求总机提供更多的服务咨询，如游艇经营公司各部门的所在位置，经营项目、收费标准等，以便为客户提供更快捷的优质服务。

7. 商务中心

商务中心的主要提供信息及秘书性服务，主要业务范围包括：

(1)提供文字处理、文件整理、装订、复印、长途电话、传真及国际快运服务；

(2)提供秘书、翻译服务；

(3)提供手机电池充电服务；

(4)提供会客洽谈服务(配有专门的洽谈室)；

(5)提供 Internet 商务服务；

(6)可提供个人计算机或笔记本电脑的出租服务。

(四)前厅的主要岗位与职责

岗位职责(Job Description)是指对某一特定工作岗位的工作内容和应负的责任。包括这一岗位的工作性质、工作这则、工作内容及工作手段、方法等。游艇经营公司前厅制定岗位职责的目的在于确保各岗位工作内容清晰、目标明确、要求统一、责任到人，从而形成有机统一的运作机制，进一步提高工作效率和服务质量。制定完善且可操作性强的岗位职责是游艇经营公司前厅运行与管理的一项重要的基础工作。因此，制定岗位职责时应尽量做到：文字通俗易懂，描述客观准确，职责条理分明，要求具体明确，定性与定量相结合，保证各级别各岗位间的有机联系。岗位职责有时还包含任职资格要求(Job Specification)，即对从事某一岗位工作人员的资格要求，包括年龄、性别、学历、工作经验、特殊技能及个性、性格等多方面的条件。

1. 前厅经理主要岗位职责

我国现代企业制度典型的特征：所有权和经营权分离，所以造就了许多——职业经理人。部门经理是各个部门运转的指挥者，全面负责本部门的工作，所以，前厅经理是前厅的最主要岗位成员，他向总经理或分管的副总经理负责。

(1)前厅经理管理层级关系　直接对分管副总或总监负责，直接下属为前厅副经理、秘书及前厅各下属主管。

(2)主要工作职责　前厅经理是前厅最高管理者，全面负责前厅各项工作。负责计划、组织、培训、督导、考核、控制、预算。保证与游艇经营公司其他部门间的沟通协调。确保游艇经营公司前厅服务质量和员工工作效率。努力争取游艇、艇位、会员服务等业务销售的最大利益。

（3）主要工作内容

①负责制订前厅年度/季度/月工作计划；

②负责制订前厅部门培训计划并分解下达各下属分部门；

③负责考核直接下属业绩；

④参加游艇经营公司各项定期例会及临时会议，保持与游艇经营公司其他部门的有效沟通；

⑤主持召开部门各项定期例会及临时会议，组织部门工作；

⑥检查、督导前厅日常各项工作；

⑦查看前厅每日各种报表，准确掌握游艇、艇位、会员服务预订、出租和销售情况；

⑧参与前厅各项接待服务；

⑨参与接待游艇经营公司 VIP 客户；

⑩听取客户意见，处理客户投诉；

⑪向分管副总或总监汇报工作。

（4）任职资格

①具有大专以上或同等文化程度；

②具有相关游艇经营公司管理知识和业务能力；

③具有五年以上游艇经营公司前厅工作经历及两年以上主管工作经验；

④具备较强的计划、组织、决策、沟通、协调能力；

⑤熟练掌握一门以上外语。

随着我国进一步改革开放，游艇经营公司管理也要求现代化，游艇经营公司管理要实现现代化首先要有现代化的管理意识和观念，所以前厅经理作为管理者之一，要不断地给自己充电，让自己的知识与时俱进。对知识的要求主要体现在以下几点：掌握现代游艇经营公司经营管理知识，熟悉游艇文化、游艇旅游经济、游艇旅游地理、公共关系、经济合同等知识。掌握游艇经营公司财务管理知识，懂得经营统计分析。更重要的是具有一定的电脑管理知识。作为一名前厅经理他应具备的知识实在是太多了，但是最根本的是：一名成功的管理者一定要有正确的理论和正确的观念。

单纯有知识，经验，能力还不够，前厅经理要具备一定的思想素质，我们常讲：做事先修心，作为一名经理人就要把持如一种积极的心态，只有具备了积极的心态，才会有敬业精神，以身做责的领导素质，及创新意识、风险意识、服务意识等，他的观念就不断地更新，从而具有现代化的游艇经营公司管理。

2. 值班经理

（1）管理层级关系为直接对前厅经理负责，直接下属为前厅各部门主管。

（2）主要工作职责

协助前厅经理检查、督导前厅各下属部门服务工作。

代表总经理检查巡视游艇经营公司各部门工作，听取客户意见，处理客户投诉。

（3）主要工作内容

①代表总经理做好日常的贵宾接待工作，完成总经理临时委托的各项任务；

②代表总经理受理客户对游艇经营公司内各部门的投诉并且进行高效率处理；

③解答客户的一切询问，并提供一切必要的协助和服务；

④征求客户意见，沟通游艇经营公司与客户间情感，维护游艇经营公司的声誉；

⑤负责检查大堂区域的清洁卫生，各项设施设备的完好情况；

⑥ 联络和协调游艇经营公司各有关部门的对客服务；

⑦ 巡视和检查游艇经营公司公共区域，以消除隐患，确保安全；

⑧出席游艇经营公司的各种例会，对加强管理、改进服务、增加创收等提出建议；

⑨定期检查游艇经营公司各部门的清洁及维修保养水准；

⑩检查员工着装、仪表仪容及守纪、履行岗位职责等状况；

⑪处理各类紧急突发事件；

⑫协助保安部处理异常事件；

⑬协助前厅员工处理好日常接待中出现的问题；

⑭详细记录值班时间内所发生和处理的任何事项，将一些特殊的、重要的及具有普遍性的内容整理成文，交前厅经理阅后呈总经理批示，并整理存档；

⑮负责协调处理客户的疾病和死亡事故；

⑯确保游艇经营公司重大活动的正常接待。

(4)任职资格

①具有大专以上或同等文化程度；

②具有相关游艇经营公司管理知识和业务能力；

③具有五年以上游艇经营公司工作经历及两年以上游艇经营公司运营部门（前厅尤佳）工作经验；

④具备较强的应变、组织、判断、沟通、协调能力，有很强的工作责任心；

⑤熟练掌握一门以上外语，有良好的书面与口头表达能力。

3. 礼宾部主管

(1)管理层级关系

直接对前厅部经理负责，直接下属为行李处领班及礼宾员。

(2)主要工作职责

接受前厅部经理领导，负责制订本部门工作计划，培训、检查、督导下属员工完成对客服务工作，考核员工工作表现，确保礼宾部各项工作的正常开展。

(3)主要工作内容

①参加前厅部经理主持召开的前厅部各项定期例会及临时会议；

②主持礼宾部交班会议，传达部门例会内容，安排日常接待工作；

③依据礼宾部工作任务和工作指标，制订工作计划；

④合理使用部门人力资源，安排员工班次；

⑤负责安排实施礼宾部各级员工业务培训；

⑥考核下属员工的工作表现；

⑦检查、督导本部门员工出勤、仪容仪表、礼貌服务情况；

⑧检查交接班事项，跟踪落实情况；

⑨检查、落实当日重点宾客、团体宾客及大型接待活动的礼宾；

⑩客户物品及车辆服务事宜；

⑪参与、检查、督导礼宾部各项对客服务工作；

⑫处理宾客有关经营服务的各类问讯及投诉；

⑬向宾客提供所经营业务服务及当地的全面信息咨询；

⑭向宾客提供其他必要协助；

⑮与游艇经营其他部门保持良好沟通协调，保证对客服务质量；

⑯完成上级交办的其他任务。

(4)任职资格

①具有中专以上或同等文化程度；

②具有相关业务知识和业务能力。具有五年以上礼宾服务工作经历及两年以上行李领班工作经验；

③具有一定的外语口头表达能力

4．游艇经营业务预订主管

(1)管理层级关系

直接对前厅经理负责，直接下属为游艇、艇位、会员服务预订员。

(2)主要工作职责

接受前厅经理领导，负责游艇经营公司游艇、艇位、会员服务预订的全面工作，包括制订前厅游艇、艇位、会员服务预订工作计划，培训、检查、督导下属员工工作，考核员工工作表现，确保前厅游艇、艇位、会员服务预订各项工作的正常开展。

(3)主要工作内容

①参加前厅经理主持召开的前厅各项定期例会及其他有关会议，向前厅经理提供准确的预订客情信息；

②制订、完善游艇、艇位、会员服务预订处规章及服务工作程序，健全岗位职责；

③制订员工业务培训计划，组织实施下属员工业务技能培训；

④考核下属员工的工作表现；

⑤检查、督导本部门员工出勤、仪容仪表、礼貌服务情况；

⑥检查、落实每日工作，督导员工服务；

⑦掌握各类预订信息，落实各类预订文件的处理、分发、归档；

⑧受理各类业务预订，灵活掌握房价折扣，实施合理控制，确保游艇经营公司最大利益；

⑨及时向前厅及游艇经营公司其他部门通报客情，保证对客服务；

⑩分析预订数据，完成每月游艇、艇位、会员服务预订分析，提交总经理、前厅及销售部；

⑪完成上级交办的其他任务。

(4)任职资格

①具有大专以上或同等文化程度；

②熟悉游艇经营公司预订、销售、接待程序及相关知识，具有较强的业务能力；

③具有三年以上游艇经营公司预订工作经验；

④具备较强的分析、判断、营销及沟通协调能力，有很强的工作责任心；

⑤有良好的书面与口头表达能力，能独立撰写各类商业函件、文稿，流畅地使用一门以上外语进行会话。

前厅是游艇经营公司运作的神经中枢，其组织机构的设置、各岗位职责的划分、与其他部门的有效沟通等，将直接影响整个游艇经营公司的服务效率与品质。

随着社会经济的发展，不同行业或领域都会出现相应的规范制度，因此，在制定部门职责时也要充分考虑这些规范制度的要求。

5. 接待、问讯处主管/领班

(1)管理层级关系

直接对前厅部经理负责,直接下属为接待员/问讯员。

(2)主要工作职责

接受前厅部经理领导,负责前厅接待/问讯处的全面工作,包括制订工作计划,培训、检查、督导下属员工工作,考核员工工作表现,确保前厅接待/问讯处各项工作的正常开展。

(3)主要工作内容

①参加前厅部经理主持召开的前厅部各项定期例会及其他有关会议;

②主持接待/问讯处每日晨会,传达部门例会内容,安排布置每日接待工作任务;

③制订、完善接待/问讯处规章及工作程序,健全岗位职责;

④制订员工业务培训计划,组织、实施员工业务技能培训;

⑤充分、合理利用人力资源,安排员工班次;

⑥检查、督导本部门员工出勤、仪容仪表、礼貌服务情况;

⑦检查、督导员工服务质量及劳动效率,考核下属员工工作表现 ;

⑧检查员工交接班情况,落实各项接待工作;

⑨检查、落实当日重点客户、团体、大型接待活动的准备情况,确保客户所需;

⑩参与前厅接待/问讯服务,帮助员工解决疑难问题,防范、减少工作差错;

⑪灵活掌握相关业务的折扣,促进相关业务的销售,努力确保企业的最大利益;

⑫确保与游艇经营其他部门;

⑬完成上级交办的其他任务。

(4)任职资格

①具有大专以上或同等文化程度;

②熟悉饭店预订、接待、问讯工作程序及相关知识,具有较强的业务能力;

③能很好地掌握饭店销售政策;

④具有三年以上前厅接待/问讯工作经验;

⑤具备很强的工作责任心、服务营销意识和良好的沟通协调能力;

⑥熟练掌握一门以上外语。

6. 商务中心主管/领班

(1)管理层级关系

直接对前厅部经理负责,直接下属为商务中心文员。

(2)主要工作职责

接受前厅部经理领导,负责商务中心全面工作,制订工作计划,培训、督导员工,确保商务中心的良好运转。

(3)主要工作内容

①参加前厅部经理主持召开的前厅部各项定期例会及其他有关会议;

②制订商务中心工作计划,定时填报当月工作报表,安排员工班次;

③制订业务培训计划,组织、实施下属员工业务技能培训;

④检查员工交接班情况,跟踪落实有关事项;

⑤检查、督导本部门员工出勤、仪容仪表、礼貌服务情况;

⑥参与商务中心对客服务，检查、督导员工工作，考核员工工作表现，保证商务中心服务质量；

⑦注意将夜间接收的传真、电传及时转送客户手中，疑难文件速交大堂经理处理；

⑧核对前一天的营业日报表及单据，堵塞财务漏洞；

⑨检查商务中心设施设备（传真机、复印机、计算机、电动打字机等）运行保养状况以及卫生情况，发现故障并及时联系维修，确保设备正常运转；

⑩协调与其他部门关系，处理客户有关商务中心服务的投诉；

⑪与电信部门保持密切联系，确保电信业务的顺利进行；

⑫遇有重大问题或难题，及时汇报，以便尽快解决；

⑬完成上级交办的其他任务。

(4)任职资格

①具有中专以上或同等文化程度；

②具有三年以上商务中心工作经验；

③能熟练操作使用各种商务中心设备；

④具有一定的外语表达与阅读能力。

7. 总机主管/领班

(1)管理层级关系

直接对前厅部经理负责，直接下属为总机话务员。

(2)主要工作职责

接受前厅部经理领导，负责饭店总机全面工作，制订工作计划，培训、督导员工工作，确保迅速、准确、高效地完成各项电讯服务。

(3)主要工作内容

①参加前厅部经理主持召开的前厅部各项定期例会及其他有关会议；

②制订总机工作计划，安排员工班次；

③制订业务培训计划，组织、实施下属员工业务技能培训；

④检查员工交接班情况，跟踪落实有关事项；

⑤检查、督导本部门员工出勤、仪容仪表、礼貌服务情况；

⑥参与总机房各项对客服务，检查、督导员工对客服务，考核员工工作表现，保证总机服务质量；

⑦检查总机有关机器设备运行情况，发现故障及时报修，确保设备正常运转；

⑧完成上级交办的其他任务。

(4)任职资格

①具有中专以上或同等文化程度；

②具有三年以上总机工作经验；

③具备有关电讯及饭店专业知识；

④口齿清楚，声音甜美；

⑤能使用一门以上外语进行会话。

二、相关训练

任务：根据所学知识，分组讨论，如果你是一名游艇经营公司的老板，你会怎样设置前厅的组织与岗位设置?

【任务小结】

通过本次任务的学习,让读者学习到前厅软件环境(机构与岗位)的设置与要求,并通过对各种不同岗位需求,结合自身情况,剖析自身以后顶岗还缺少哪些方面的素质与要求,在以后的学习与工作中不断完善自我,以求达到更高的水平,这样为以后的工作定位指明方向,同时为下一个任务奠定理论基础。

【拓展提高】

前厅部的组织机构是由若干职能不同的部门和管理权力不同的管理层结合而成的,在他们之间存在着纵横交错的关系,正确处理他们之间的关系是保证游艇经营公司正常运转的重要条件。对于不同的游艇经营公司,需要设置的岗位与机构是不同的,这要根据公司实际情况,进行灵活调控,例如根据游艇经营公司的规模大小的不同,常见的前厅部的组织机构模式大体有以下三种:

1. 大型游艇经营公司在前厅部内部通常设有部门经理、主管、领班和服务员四个管理层次,其前厅部组织机构图3-2如下:

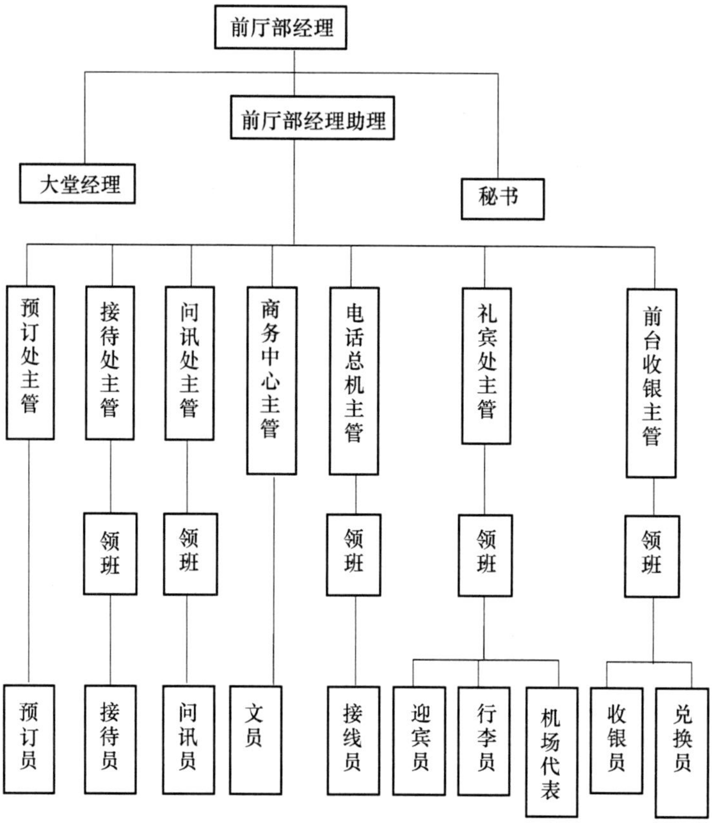

图3-2 大型游艇经营公司前厅部组织机构图

2. 中型游艇经营公司的前厅部内部一般设有部门经理、领班、服务员三个管理层次,其前厅部组织机构图 3－3 如下：

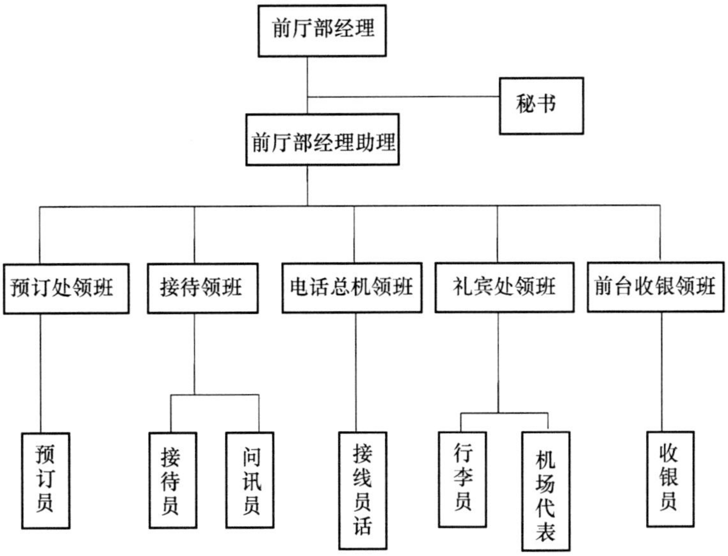

图 3－3　中型游艇经营公司前厅部组织机构图

3. 小型游艇经营公司的前厅不单独设立部门，其功能由总服务台来承担，总服务台作为一个班组归属于营销部，只设领班和总台服务员两个管理层次，其前厅部组织机构图 3－4如下：

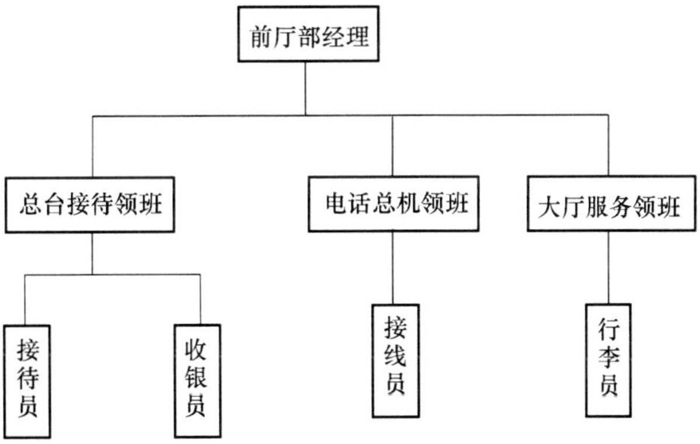

图 3－4　小型游艇经营公司前厅部组织机构图

任务三　前厅的预订业务

【学习目标】

1. 了解前厅预订业务的基本知识。
2. 掌握前厅预订业务的程序。
3. 能够恰当地处理各种突发情况。

【任务解析】

预订是游艇经营前厅的一项重要业务,要最大限度地满足客户的业务预订需求,当客户抵达俱乐部时,就有为其精心准备好且符合其要求的业务,保证客户的体验更加舒适安全。预订是游艇经营公司最早向客人提供实质性服务的部门,全面系统地向客户展现游艇经营公司服务的具体形式和内容,是游艇经营公司服务质量的直接体现方式之一。预订业务同时又是游艇经营公司销售业务的一个重要组成部分,预订业务就是为了更好地推销游艇经营相关业务,获得最佳的经济效益。随着游艇经营业竞争激烈的加剧和竞争范围的扩大,明确预订业务的内容和程序,确定预订业务的服务方式、细节和品质,提供以客户需求为主导,以客户满意为目的的预订业务就显得更为重要了。

【任务实施】

一、相关知识

预订是指客户(或代理机构)到达俱乐部前与俱乐部预订部门所达成的订购协议。客户可以通过电话、传真、互联网等各种方式与酒店联系预约客房,酒店根据客房的可供状况,尽量满足客户的预订业务要求。这种预订一经酒店的确认,酒店与客户之间便达成了一种具有法律效力的合同协议。

(一)预订的基本知识

1. 预订的任务

俱乐部前厅设有预订处,专门从事业务预订业务,它是调节和控制俱乐部业务预订和销售的中心。预订处的工作任务可概括为以下 4 项。

(1)受理或婉拒客户的业务订购要求

接到客户的订购申请后,预订员要迅速决定是否受理预订,并善于使用语言技巧与客户交流,将有需要的客户留住,实现销售。如果不能满足客户的订购要求,预订员要主动提供一系列建议,用建议代替婉拒是很重要的。

(2)记录和储存预订资料

预订资料一般由预订单、确认书、预订金收据、预订变更单、客户档案卡、客户书面订购凭证等组成。做好预订存档工作,使所有预订业务得以正确累计汇总,定期为俱乐部市场营销部及高层决策部门提供信息反馈及客源动态资料。

(3)检查和控制预订过程

检查和控制预订过程包括对没有按时到达俱乐部的保证类订购客户提供保留权,准确处理客户的预订变更与预订取消需求,正确处理客户“订而未到”的情况,做好超额预订,以及预订业务核对工作等。

(4)完成客户到达俱乐部前的准备工作

向其他部门提供有关信息单,这不仅能缩短客户办理入住登记时间,而且有助于向客户提供有针对性的服务。

2. 预订的要求

预订工作的效率和质量是客户对俱乐部进行评价的第一步,是影响客户是否选择俱乐部的一个重要因素,所以,预订员在受理预订时要做到以下几点。

(1)明确答复、准确报价

客户要求预订业务期间,不管是通过何种途径,俱乐部都应给予明确的答复;根据各种不同类型的客户,准确报出协议价、公司价、折扣价、团队价、散客价等,否则会使客户感到失望,也不利于俱乐部的业务销售。

(2)热情接待、处理快捷

客户预订业务时,前厅部员工应热情接待,高效服务。客户的需求应尽量给予满足,即使是一个询问,也应给予友好的回答,洽谈过程中还应做到查阅资料快捷,要给客户留下热情、友好、高效的印象。因为,客户往往是以前厅接待服务的态度和效率来推断俱乐部的服务质量和效率的。

(3)认真规范、恪守信誉

预订工作业务量大,且由于种种原因,客户经常出现改变行期、更改预订的情况,所以预订工作要认真负责、规范细致,以保证预订工作的准确落实。业务预订恪守信誉乃经营之根本。

3. 预订的方法

(1)分层预订法

分层预订法是以客户对业务预订的要求为基准,将业务预订的区域确定下来。这种预订方法主要适用于 VIP 和常客,但在旺季或对普通客户不宜采用。

(2)分类预订法

分类预订法是按照业务预订的等级和种类预订业务,不考虑预订区域。预订员只提供预订业务类型和价格等基本信息。

4. 预订的类型

(1)根据预订的保证情况进行分类

①保证类预订

保证类预订也称担保预订,指客户通过向俱乐部预付订金、信用卡或签订合同等来保证自己的业务预订要求,同时也保证俱乐部业务收入。预付订金(deposit)是指俱乐部为避免因预订客户擅自不来或临时取消业务造成损失,而要求客户预付业务费用(可以按照一定比例或者定额),来保证业务收入。

俱乐部在没有接到客户取消预订的通知时,应为客户保留至一定时间为止。如果客户逾期不到店,又没有事先向俱乐部声明取消预订,俱乐部就从预付订金中收取相应比例的费用。如果客户在规定期限内抵达,俱乐部无论如何要保证为客户提供所需业务。保证类预订保护俱乐部和客户双方的利益,约束双方的行为,因而对双方都是有利的。

由于各地区、各俱乐部的实际情况不同,担保应视情况而定。一般客户可以通过下列方法进行业务预订担保:

a. 预付订金担保。对于俱乐部来说,最理想的保证类预订方法是要求客户预付订金,如现金、支票、汇款等俱乐部认可的形式。俱乐部通常要求组团单位在业务预订时预交一定现金。在娱乐旺季,也会要求散客在业务预订时先付部分订金。俱乐部的责任是必须为客户保留相应的业务所需,并向客户说明保留业务、取消预订、退还预付订金等有关规定。

b. 信用卡担保。客户在预订业务时向俱乐部声明,将使用信用卡为所预订的业务付款,并把信用卡的种类、号码、有效期及持卡人的姓名告诉俱乐部。如客户在预订日期未抵达俱乐部,俱乐部可以通过信用卡公司获得业务费用收入的补偿。

c. 订立合同担保。订立合同是指俱乐部与有关客户单位签订的业务订制合同。合同内容主要包括签约单位的地址、账号及同意对因失约而未使用的业务订制承担付款责任的说明,合同还应规定通知取消预订的最后期限,如签约单位未能在规定的期限通知取消预订,俱乐部可以向对方收取业务所需费用等。

②确认类预订

确认类指客户提前较长时间向俱乐部提出预订要求且被接受,俱乐部把确认书邮寄或传真给客户,答应为客户保留预订业务到某一事先声明的时间。一般不要求客户预付预订金,如果客户没有在事先声明的时限内到达俱乐部,也没与俱乐部联系,俱乐部可将相关业务出租给其他客户。

业务预订确认书是俱乐部向客户答复预订业务已被接受的信函,它起到一个契约的作用。确认书有如下优点:首先,书面确认能使客户了解俱乐部是否已正确理解其预订业务要求,可以减少差错和失误。俱乐部则可以通过它查对客户的信用关系、家庭或工作单位地址。所以持预订确认书的客户比未经预订、直接到达俱乐部的客户在信用上更可靠,大多数俱乐部允许其在俱乐部期间享受短期或一定数额的除账服务待遇,因为这些客户的信息已被验证,向他们收取欠款的风险比较小。其次,确认书还写明了房价、为客户保留业务的时间、预付订金的方法、取消预订的规定及付款方式等,实际上在俱乐部与客户之间达成了书面协议,对双方行为具有约束效力。确认书也是俱乐部对客服务指南,如明确告知客户应注意的事项,以及客户从机场、车站、港口抵达俱乐部的行走路线等。最后,书面确认比较正式。对于大型团体、重要客户,特别是一些知名人士、政府官员、国际会议等业务的确认书,要由前厅部经理或酒店总经理签发,以示尊重和重视。

③一般类预订

一般类预订指客户的预订业务时间与抵达的时间很接近,甚至是到达俱乐部当天的预订。俱乐部一般无法要求客户预付订金,也没有足够的时间给客户以书面确认。

当天的一般类预订通常由总台处理,受理此类预订时,要注意询问客户的到达俱乐部时间和航班车次,并提醒客户注意事项,如取消预订时限等,以避免引起不必要的麻烦。

④候补类预订

候补类预订指俱乐部在业务订满的情况下,不能马上满足客户的业务预订要求,而将一定数量的业务预订客户列入候补名单(on - waiting list)。对这类预订业务的客户,俱乐部应征得客户的同意,并向客户说明:俱乐部一旦有空闲业务,就立刻通知客户,优先安排。对未接到通知就到达俱乐部的候补类预订客户,俱乐部可介绍其到附近俱乐部,但不必为其支付交通费等其他费用。

(2)根据预订的途径进行分类

①直接预订

直接预订是客户不经过任何中间环节直接向俱乐部业务预订。客户通过直接业务预订,俱乐部所耗成本相对较低,且能对业务预订过程进行直接有效的控制与管理。直接预订有下列几类:

a. 直接向俱乐部预订业务的客户。

b. 团体或会议的组织者直接向俱乐部预订业务。

c. 中介作为俱乐部的直接客户向俱乐部批量预订业务。

②间接预订

利用中间商间接向俱乐部预订业务。俱乐部总是希望将自己的产品和服务直接销售给消费者，由于人力、资金、时间等的限制，会利用中间商与客源市场的联系及其专业特长、经营规模等方面的优势，将俱乐部的产品和服务更广泛、更顺畅、更快速地销售预订给客户。间接预订有下列几类：

a. 通过旅行社预订业务。

b. 通过航空公司及其他交通运输公司预订业务。

c. 通过专门的俱乐部预订业务代理商预订业务。

d. 通过与俱乐部签订商务合同的单位预订业务。

e. 通过预订业务组织预订业务。

(3)根据预订的方式进行分类

①电话预订业务

预订业务人通过电话向俱乐部预订业务，这种方式应用最为广泛，特别是提前预订的时间较短时，这种方式最为有效。其优点是能够直接、迅速、清楚地传递双方信息，俱乐部可当场回复客户的预订业务要求。

在接受电话预订时，预订员接听电话时须注意：与客户通电话时要注意使用礼貌用语，员工在交谈中至少使用一次敬称。语音、语调运用要适当、婉转，语言表达要规范、精确；不能让客户久等，必须对本月、本季的业务等情况非常熟悉，能及时向客户提供其需要的信息。若因某些特殊原因不能马上答复，应留下客户的电话号码和姓名，确定再次通话的时间，查清之后再通知客户。由于电话的清晰度、语言障碍及听力等因素的影响，电话预订业务容易出错，因此，预订员必须将客户的预订要求认真记录，并在记录完毕之后向对方复述一遍，得到客户的确认方可。在预订完毕时，员工要报上自己的姓名，以备客户日后寻求帮助。

②传真预订业务

传真是一种现代通信技术，目前正广泛地得到使用。其优点是操作方便，传递迅速，即发即收，内容详尽，并可传递发送者的真迹，如签名、印鉴等，还可传递图表，因此传真已成为预订业务联系的最常用的通信手段。

在接受传真预订时，预订员应注意：认真阅读，了解清楚客户在传真中所提出的要求；接收或发出传真后，及时打上时间印记。回复要迅速准确，传真应尽可能用客户来件上的地址、传真号发回。语言要简明扼要，准确规范。如客户提供的资料不够详细，须按来件上信息与客户联系，了解清楚有关情况。根据客户所提要求，通知有关部门，让其早做准备。做好预订业务资料的保留存档，以备日后查对。

③网络预订业务

网络预订业务是目前大中型现代俱乐部及客户较多使用的预订方式，其优点是信息传递快速、经济，而且不容易出错，计算机终端储存的预订信息可随时提取和打印，极大方便了预订业务管理工作，客户在网络上还可以浏览俱乐部产品，但受互联网的条件限制，对大多数中、小型俱乐部来说一时还未得到广泛的普及和应用。

俱乐部计算机网络预订业务工作的管理要求：俱乐部须定时向航空公司、旅行社等客源渠道通报本俱乐部各类业务的利用情况、可预订业务间数量、价格标准及变化情况，此项通报工作将根据不同季节和市场情况所决定的销售方案向有固定联系的大客户进行传递，要做到准确及时,配额合理,符合签约原则,讲求商业信誉,避免错报、漏报现象发生。

④信函预订业务

信函预订业务是客户或其委托人在离预期到达俱乐部日期尚有较多时间的情况下采取的一种预订方式,此方式较正规,如同一份合约,对宾客和俱乐部起到一定的约束作用。其优点是预订业务要求和信息完整准确,预订业务人还可以写明特殊要求。

⑤面谈预订业务

面谈预订业务是客户亲自到俱乐部,与预订业务员面对面地洽谈预订业务事宜。这种预订业务方式能使业务预订员有机会详尽地了解客户的需求,并当面解答客户提出的问题,有利于推销俱乐部产品。

5. 预订员操作规程

预订员的具体操作规程主要包括以下内容。

(1)按俱乐部规定,检查自己的仪容仪表,提前5分钟到岗签到。

(2)认真阅读交班内容,阅后签名,及时处理交班本上的事情,并将结果在交班本上注明。

(3)到前台领取复印室钥匙,做好客户及其他部门复印登记工作。

(4)通过计算机查看当天及近期的业务情况,业务销售紧张时,不得擅自接受业务预订。

(5)通过夜报表了解前一天总收入、业务签订率等情况。

(6)熟悉当天到店的VIP身份及抵、离店时间,检查相关资料是否完整,做好跟办事项。

(7)整理前一天的资料。具体包括:

①将客户入住登记表白联分别按国内、港澳台、国外分类装订好存档,黄联交管家部。

②赠品单、折扣单等存于相应的格中。

③将取消或客户已到达俱乐部的业务预订单整理好存档。

④登记好no-show(已预订未抵达)的客户预订单,再存入no-show夹中。

(8)将业务预订单按照散客、营销部预订、团体、商务团体、取消业务预订、缺现业务预订等分类统计,将结果输入到预订统计表上。

(9)根据no-show的业务预订单联系预订人,确认客户是否为延期或取消业务预订,并将结果填写到no-show list(已预订未抵达名单)上,如为销售部办理的订单,须通知销售部跟办。

(10)检查第二天的预订,与业务预订人确认客户的预订情况及具体到达时间。

(11)检查第二天的团队,并与销售部进行确认与核对,如团队资料不完整,须及时跟催。

(12)完成当天的预订工作,未能及时完成的,做好交班,由下一班完成。

(二)预订业务的程序

业务预订是一项技术性很强的业务,为了确保业务预订工作的高效运行,前厅部必须建立科学详尽的工作流程。虽然不同酒店可采取不同的系统和文件来接受预约业务预订,但业务预订的程序通常可概括为下列几个步骤。

1. 预订前准备工作

预订前做好准备工作,才能给业务预订的客户一个迅速而准确的答复,提高预订工作水准和效率,预订前准备工作包括以下内容。

(1)预订人员按俱乐部规定的要求规范上岗,做好交接班。接班时查看上一班次预订资料,问清情况,掌握需要优先处理的等待预订名单及其他事宜。

(2)检查计算机等设备是否完好,准备好《预订单》、预订表格等各种资料和用品,摆放整齐规范,避免客户预订业务时,临时现查、现找等现象发生。

(3)预订人员上班后,必须迅速准确地掌握当日和近期的业务预订情况、VIP 情况、俱乐部内重大活动等,对可预订的各类业务心中有数,保证向客户介绍可预订的业务的准确性。

2. 明确客源与订房要求

(1)明确客源

做好预订工作要求预订员对客源情况有充分了解,一方面要了解俱乐部客户的来源,另一方面要了解客源细分。俱乐部的主要客源:直接向俱乐部预订业务的客户。旅行社介绍来的客户,与俱乐部签订商务合同的单位介绍来的客户。航空公司、企事业单位、政府部门介绍来的客户。通过网络预订系统预订的客户等。俱乐部一般把客人分成散客和团队客人两大类,在每一大类基础上还会具体细分客源,如团队客人可细分为商务团和观光团。商务团又可细分为国际会议团、公司会议团和政府代表团。

(2)明确预订业务要求

预订员接到客户的预订业务申请时,应主动向客户询问,以获悉客户的预订业务要求,然后查看计算机或预订总表,确认是否有空闲业务。为了能快速准确地回应,预订员需要明确客户的预订业务要求,具体包括 4 个要素:客户到达俱乐部日期、离开俱乐部日期、客户所需业务类型和数量、人数。

3. 接受、婉拒与变更或取消预订

(1)接受预订

预订员通过查看预订总表或计算机终端,对照俱乐部可接受预订业务日期的业务出租状况,判断客户的预订业务要求与俱乐部的实际提供能力相吻合,就可以接受客户预订。受理预订意味着对预订客户的预订业务已经开始,预订员要填写《预订单》。该表通常印有客户姓名、抵离俱乐部日期、业务类型、价格、结算方式及餐食标准(团队)、种类等项内容。

预订员应向预预订业务间的客户复述其预订的具体要求,以免发生差错,同时要向客户说明俱乐部有关最迟到店时间的规定、不同付款方式对保证获得业务的约束,以及取消预订的手续要求等。

(2)婉拒预订

每当俱乐部业务紧张,俱乐部无法满足客户的入住需求,预订处不得不婉拒一些客户的预订要求,重要的是对婉拒预订应有正确的认识,他们将是俱乐部的潜在客户。因此婉拒预订时应注意方式、方法,切忌简单、生硬地回绝客户,而应该主动提出一系列的建议供客户选择。

如果在客户要求的日期内,俱乐部不能全部满足客户的需求时,预订员最好主动用可以客户选择的建议来代替简单地婉拒客户。建议的内容:建议客户重新选择来俱乐部日期。建议客户改变业务类型、数量。建议客户改变对业务价格的要求。是否愿意接受作为候补类预订业务。是否愿意接受为他代订其他俱乐部的业务。遇到难以婉拒的客户,应及时请示前厅部经理。

婉拒客户预订要求时,预订员需要估计客户心理,照顾客户的情绪,要用友好、遗憾并理解的态度对待客户，并希望客户下次光临本俱乐部。

(3)变更或取消预订

从客户的预订要求被俱乐部确认到客户到达俱乐部前，因某种原因客户可能会通知俱乐部要求更改或取消原有预订。预订变更是指客户在抵店前临时通知俱乐部改变预订的日期、人数、要求、期限、姓名等。预订取消是指客户在预订到达俱乐部之前通知俱乐部取消预订业务。

俱乐部要特别重视预订的变更或取消工作，在处理预订的变更或取消时，预订员应注意以下服务要点。

①迅速查找出该客户的《预订单》，并做出相应标记(更改或取消)。不能在原始的预订业务单上涂改，必须重新填写。询问取消预订的客户是否要做下一阶段的预订。

②记录来电者的姓名、电话号码、单位地址等，便于双方进行联系。

③如果客户变更预订，则按接受一个新的预订工作程序办理。如果时间允许，应重新发一份预订确认书，以表示前一份确认书已失效。

④修改相应的预订资料，如更改计算机信息预订总表、预订卡条等，确保最新预订信息的准确性。

⑤若预订的变更或取消内容涉及一些特殊安排，如派车接送、放置鲜花水果等，要需尽快给相关部门发出变更或取消的通知。

⑥尽量简化取消预订的手续。客户能花时间及时通知俱乐部取消预订业务，俱乐部就有可自将业务转租给其他客户，所以要向客户表示感谢，并简化取消预订的手续。

4. 预订资料的存档与分析

预订资料必须及时、正确地予以存储，以防疏漏。预订资料一般包括业务预订单、确认书、预付订金收据、预订变更单、预订取消单、客户档案卡及客户原始预订凭证等。有关资料要同客户的预订资料装订在一起，将最新的资料存放在最上面，依次类推，以利于查阅。预订资料的储存可采用下列两种方式：

(1)按客户预订时间顺序储存，以便随时掌握未来每天的客户订购业务情况。

(2)按客户姓氏字母顺序储存，以便随时查找出客户的预订资料。

实践中，可先按客户预订时间的顺序排列，同一天的资料再按客户姓氏字母顺序排列。

预订资料分析是预订工作的一项重要内容。为了充分销售业务，拟定完善的销售策略，预订处应定期制作各种分析报告，为相关单位提供准确的数据，同时也为游艇经营管理提供重要参考数据。可以采用计算机管理系统，相关的数据可以通过计算机系统自动生成，各部门之间通过计算机终端沟通，方便快捷。

二、相关训练

(一)任务

一天下午，某游艇租赁公司胡先生打电话到俱乐部总台预订了5月16日至6月16日的1个中型艇位和5个小型艇位等业务，次日上午9点左右，胡先生到俱乐部办理相关手续时，提出只需要1个中型艇位。总台服务人员取消了5个小型艇位业务的预订，并为其办理了相关手续。

请问该总台服务人员的做法合理吗？假如你是该总台的服务人员，面对此种情况，你该如何应对？试分组进行练习。

(二)任务步骤

1. 接受客人信息

(1)问候客户,仔细聆听客户的要求

(2)接到取消预订的通知时,找出原始订单

(3)询问并核对要求取消预订的业务的客人的姓名、抵离日期、业务类型及内容。

2. 确认取消预订并记录

(1)记录取消代理预订人的姓名及联系电话或地址,最好请客人提供书面证明,做到有据可查。

(2)找出原始预订单或函电,分别盖上"取消"章。

(3)礼貌询问客户取消的原因。

(4)询问客户是否要做下一阶段的预订。

(5)将取消预订的信息输入计算机,与客户确认是否正确。

3. 感谢客户并将取消要求及时通知俱乐部

(1)电话取消预订的,应记录通知人的信息。电函通知取消预订的,应将电函放置在原始单据上面,与原来的预订资料钉在一起。按日期将取消单放置在档案夹最后一页。

(2)将取消预订信息通知有关部门。如原预订有接机等特殊要求的,应将取消预订信息通知相关部门。

(3)复印客户取消预订函电和原始预订单,交总台收银,按协议退还订金和预付的业务费用,或收取消相关费用。

【任务小结】

在处理预订更改和取消时,预订员应礼貌、耐心、高效地对客服务。无论是主动变更、取消还是婉拒预订,都有客户或俱乐部方面的客观原因,预订员既要灵活地面对现实又应表现出极大的热情并提供有效的帮助。通过以本次任务的学习与训练,让读者能够亲身体会到遇到突发事情时的状况,积累经验,为以后工作奠定基础。

【拓展提高】

当你面对不同的预订方式或各种应急突发情况时,你会怎么处理?根据所学的知识,自己动手制订相应的解决预案与程序,并分组互相讨论、修订,最后结合自身特点进行实践训练。

例如,当遇到电话预订时,一般由以下环节或过程:

1. 接听电话

(1)铃响3声之内迅速接听电话。

(2)若电话铃响3声及以上,应首先向客户道歉。

2. 问候客人

(1)问候语:您好/早上好等。

(2)主动自报游艇经营公司和部门名称。

(3)耐心地回答客人对服务项目、价格等方面的问询。

3. 询问业务预订要求

(1)问清客人姓名(中英文拼写)、性别、抵离公司日期、天数、业务类型等。

(2)查看计算机及业务预订控制板。

4. 推销业务

(1)介绍经营业务种类并根据客户需要推荐相关业务。

(2)介绍价格,尽量从高价到低价推荐。

(3)询问客户公司名称,查询是否属于合同单位,便于确定优惠价。

5. 询问付款方式

(1)询问客户付款方式,在订单上注明。

(2)公司或旅行社承担费用者,要求客户到达前电传书面信函,做付款担保。

6. 询问客户到达情况

(1)询问抵达航班、列车及时间。

(2)向客户说明业务保留时间,或建议客户做担保预订。

7. 询问客户特殊要求

(1)询问客户特殊要求,详细记录并复述。

(2)如客户需要接站服务,说明服务方式或收费标准。

8. 询问预订人或代理预订人

(1)询问是预订人还是代理预订人。

(2)询问预订人或代理预订人的姓名、单位、联系方式等,并做好记录。

9. 复述核对预订内容

(1)核对客户姓名、日期、航班、业务种类、数量、价格、付款方式、特殊要求、联系方式等。

(2)告诉客户业务预订保留的最后期限。

10. 完成预订

(1)对客户的业务预订表示感谢,客户挂断电话后再挂断电话。

(2)填写《预订单》并将客户业务预订资料输入计算机,复查输入结果是否正确。

(3)将业务预订单按照客人姓名(或公司名)顺序或日期归档。

项目四　游艇船务管理

任务一　游艇驾驶培训

【学习目标】

1. 熟悉游艇驾驶培训相关规章制度。
2. 熟悉游艇驾驶员培训机构最低资质标准。
3. 熟悉游艇出航管理内容。

【任务解析】

根据项目一任务二，我们知道游艇俱乐部按照交通运输部管理的相关规定，有对游艇操作人员和乘员开展游艇安全、防治污染环境知识和应急反应的宣传、培训和教育安全义务，所以游艇俱乐部基本上都具有游艇驾驶培训服务项目。

在本次任务中，首先阐述了游艇驾驶培训相关规定，然后介绍了驾驶培训最低资质标准和游艇俱乐部游艇出航管理。最后以某游艇俱乐部培训管理流程为例，针对组员所感兴趣的游艇俱乐部，再设计一套游艇培训管理流程。

【任务实施】

一、相关知识

（一）游艇培训主要相关规定

1. 中华人民共和国交通运输部主要相关规定

2009 年 1 月 1 日起施行中华人民共和国交通运输部令《游艇安全管理规定》对游艇操作人员培训、考试和发证做了如下规定：

（1）概述

游艇操作人员应当经过专门的培训、考试，具备与驾驶的游艇、航行的水域相适应的专业知识和技能，掌握水上消防、救生和应急反应的基本要求，取得海事管理机构颁发的游艇操作人员适任证书。

未取得游艇操作人员适任证书的人员不得驾驶游艇。

（2）申请游艇操作人员适任证书条件

①年满 18 周岁未满 60 周岁。

②视力、色觉、听力、口头表达、肢体健康等符合航行安全的要求。

③通过规定的游艇操作人员培训，并经考试合格。

（3）申请游艇操作人员适任证书流程

申请游艇操作人员适任证书的，应当通过中华人民共和国海事局授权的海事管理机构组织的考试。

申请游艇操作人员适任证书的，应到培训或者考试所在地的海事管理机构办理，并提交申请书以及证明其符合发证条件的有关材料。

经过海事管理机构审核符合发证条件的，发给有效期为5年的相应类别的游艇操作人员适任证书。

(4)游艇驾驶证书类型

游艇操作人员适任证书的类别分为海上游艇操作人员适任证书和内河游艇操作人员适任证书。

2. 中华人民共和国海事局主要相关规定

2011年5月18日，中华人民共和国海事局颁布海船员(2011)247号文件《中华人民共和国游艇操作人员培训、考试和发证办法》，对国内游艇操作培训进行了统一规定。该办法制定的主要依据是《游艇安全管理规定》和《中华人民共和国船员培训管理规则》等有关规定。

游艇操作人员在中华人民共和国管辖水域内驾驶游艇，应持有海事管理机构签发的《中华人民共和国游艇操作人员适任证书》(简称《游艇驾驶证》)；游艇操作人员应在《游艇驾驶证》签注的适用范围内操作游艇，下面将列出该办法的部分内容。

(1)游艇操作人员的类别、等级和所操作游艇的推进装置类型

①游艇操作人员的类别分为海上游艇操作人员和内河游艇操作人员。

②海上游艇操作人员按照游艇的长度分为两个等级，其中一等游艇操作人员可以驾驶所有长度的海上游艇；二等游艇操作人员仅限于驾驶20 m及以下长度的海上游艇。

③内河游艇操作人员按照是否封闭水域分为两个等级，其中一等游艇操作人员可以驾驶内河任何适航水域游艇；二等游艇操作人员仅限于驾驶内河封闭水域的游艇。

④游艇的推进动力装置类型分为机械推进动力装置、机械和风帆混合推进动力装置。

(2)游艇操作人员的培训

从事海上游艇操作人员培训的机构应按照《中华人民共和国船员培训管理规则》规定，取得相应的《中华人民共和国船员培训许可证》。

游艇操作人员的培训应按《游艇操作人员理论培训与考试大纲》(见附件四)和《游艇操作人员实际操作培训与评估大纲》的要求进行(见附件五)。

(3)游艇操作人员的考试

游艇操作人员的考试分理论考试和实际操作评估两部分，理论考试总分为100分，60分及以上为合格，实际操作评估分合格和不合格。

理论考试和实际操作评估均合格后视为考试合格。理论考试和(或)实际操作评估不合格者，海事管理机构允许其在3个月内补考一次，仍然不合格者，必须重新参加培训和考试。考试成绩有效期为3年。

理论考试和实际操作评估应按照《游艇操作人员理论培训与考试大纲》和《游艇操作人员实际操作培训与评估大纲》的要求进行。

(二)游艇驾驶员培训机构最低资质标准

1. 机构

具有组织机构即有相应名称、地址和法定代表人，有完整的内部管理组织和规章制度，按《船员教育和培训质量管理规则》的要求建立质量管理体系。

2. 培训教员

中专及以上水运院校学历(驾驶或轮机)且持有内河船长、轮机长、驾驶员和轮机员适

任证书并具有相应游艇操作经验(2年以上)的教员3名。具有与培训相适应的管理人员(2名)。

3. 基础设施

(1)可容纳20人及以上的标准教室1间；

(2)存列实物和教学模具的展览室；

(3)可供游艇操作员实际训练的安全水域和停泊设施。

4. 设施设备

(1)可供教学和实操训练的游艇(1艘及以上)；

(2)信号旗1套、VHF设备1套；

(3)救生衣10件；

(4)救生圈2个(带抛绳)；

(5)手提灭火器(干粉)2个；

(6)急救箱1个；

(7)实操演练人体模型1个；

(8)供教学使用的投影机、录像机等视听设备1套。

5. 教材和图书资料

(1)符合《游艇驾驶员评估考试大纲》的要求并在主管机关备案的培训教材；

(2)各种培训挂图、信号、航道标志、水域示图等；

(3)法律法规、规章和相关技术资料。

(三)游艇出航管理

1. 机动艇出航管理

(1)出航前的准备工作

①在出航前,向部门领取需要接待的船艇钥匙并在《开航单》上签字。准备好对讲机、饮用水及上船客人的鞋套或是拖鞋。

②填写《船舶(船民)出海申请表》并在出海前交给边防值班人员进行报备。

③在接待前10 min启动主机和副机。

④在出航前,必须查询今天海上的潮汐情况和天气预报(特别是风力风向)。

⑤做到不熟悉的航道先查找相应的海图,确认航线的可靠性。

⑥出航前检查船艇的卫生若有不足之处马上清理干净。

(2)出航过程中的工作

①出航前所有出航人员需统一着装(或服装干净整洁),并佩戴工作牌。

②游艇进出港用甚高频向海事汇报本游艇的进出港时间和目的地。

③调整船与码头之间的距离,注意客人上船的安全。

④客人全部上船后,解开缆绳。

⑤在客人上船后指导客人套上鞋套或换上拖鞋并向客人讲解海上安全注意事项。

⑥船离码头后,将碰垫提高绑好。

⑦船返回码头前,将碰垫放到适当位置。

⑧在确认船艇安全靠泊后,请客人依次离开船艇。

(3)接待后的收尾工作。

①先将用电设备关闭后,再将发电机关闭。

②在待主机散热后，才可将主机关闭，随后才可关闭船艇所有主电源开关。

③检查船艇各系统安全情况后，冲洗船外甲板并整理好客舱及卫生间，保证船体的整洁。

④完成船艇各方面检查整理工作后，注意锁好船艇门窗。

⑤出航接待结束后，将船艇钥匙归还部门。

2. 帆船出航管理

(1)帆船出航前准备工作

①接到任务时，向部门领取将要出航的船舶钥匙。

②通知部门相关人员填写《某游艇企业船舶(船民)出海申请表》并在出海前到海事和边防进行报备。

③提前半小时下码头全面检查船只，并准备好所有船上辅助用具及救生设备。

(2)帆船出航过程中的工作

①待客人来时，将救生设备分发给每位客人。

②向所接待的客人讲解海上安全注意事项。

③组织客人依次上船并随时保障客人上船安全。

④安排客人与船员之间的配合，更好地完成帆船出航(帆船培训工作。先向客人讲解帆船上器具的用途，再将船上人员按舵手、主帆手、前瞭手、瞭望手、球缭手、甲板手分工好并讲解各自角色动作及灵敏度和每个人在每个位置上的协调)。

⑤返航进入规定港湾内，将发动机放下后开启发动机，与客人配合做好降前帆与降主帆的准备。

⑥与客人共同配合将帆具全部降下来并整理好。

⑦临近码头时，准备好缆绳并做好下船准备。

⑧到码头时，绑好全部船只缆绳并在船只平稳后，安排客人下船。

(3)帆船出航后的收尾工作

①将船上广告及宣传资料清理干净并保证船只的干净整洁。

②将救生设备统一收回并归还部门仓库。

③整理清洗船只。

④将船舶钥匙归还给部门。

二、相关训练

(一)任务布置

任务：选择你所熟悉的游艇俱乐部，设计游艇培训管理流程。培训流程包括两部分，一是培训流程，二是教学管理两部分。

分组：建议将整个班级分为两个小组，每组设计一套游艇培训流程。

(二)任务实施

下面为某游艇俱乐部的培训管理流程。

1. 制定游艇培训流程

(1)开班前期准备

①宣传工作

a. 对外宣传。每期开班前船务部与营销部对接，将开班时间、联系方式以登报或刊登杂志的形式对外公布。

b. 游艇企业内宣传。将开班信息、报名须知置于保安岗亭、游艇超市、展销中心及游艇企业内其他营业场所。

c. 学员信息对接。接收电话咨询及现场咨询，做好咨询人员统计。

②报名工作

a. 学员报名时需递交《游艇操作人员适任证书申请表》、《游艇操作人员身体条件证明》、一份身份证复印件、5 张近期两寸白底彩色照及电子版照片，每位学员递交材料于《游艇驾驶员培训学员领取登记表》上签字确认。

b. 收取学员学费并开具收据或发票，学员领取收据或发票后于《游艇驾驶员培训学员收据及发票签收表》上签字确认。

③开班申报工作

a. 根据开班信息，填写开班申报材料《培训开班申请书》、《师资情况表》、《教学计划》、《游艇操作人员培训课程表》、《游艇设施、设备》、《学员名册》（可开班后三天内递交）。

b. 与海事局监管一处监管员预约递交开班申报材料时间，将材料递交至监管员处。

④开班准备

a. 根据报名学员人数准备教材、学习用品，开班当天每位学员发放一份文件袋，内含一本教材、一份课程表、一支笔及草稿纸，每位学员领取后于《游艇驾驶员培训学员资料领取登记表》上签字确认。

b. 与会所确认授课场所，备好课桌椅，备好授课摄影仪、电脑等授课设备，每位学员座位放置饮用水。

（2）开班期间

①将学员个人档案录进《船员教育和培训质量体系》。

②每日培训课前、课后整理教室。

③理论课监督，协助海事局监管员对学员进行考勤督查。

（3）评估

①导准考证，将学员信息进行《游艇操作人员考试评估安排》及录入《导证名单》、《照片粘贴单》，与海事局监管三处监管员预约导准考证时间，适时向其提交每期《游艇操作人员考试评估安排》、《导证名单》、《照片粘贴单》，确定评估时间，导出学员准考证，准考证需盖公章。

②通知学员评估时间、考场地点，提醒学员理论评估需携带身份证。

③组织学员参加理论及实操评估。

④理论及实操评估结束后，向海事局监考员提交《成绩登记表》、《合格证明登记表》、《船员培训证明签发情况汇总表》电子版。

（4）后期工作

①将每期已提交海事局的《船员培训证明签发情况汇总表》及《船员培训证明》模板给予广告公司，制作《游艇驾驶员培训证明》。

②根据每期评估情况，为评估合格的学员制作《游艇驾驶员考试合格证明》交至海事局监管三处盖章，其盖章后前去领取存档。

（5）游艇培训体系

①根据《船员教育与培训质量体系》，收集外来文件，组织培训相关工作人员传阅，签订

阅办签。

②根据《船员教育与培训质量体系》，开班中，就个人职责整理体系相关表格《开班申请》《培训学员考勤表》《无资格考试学员名单》《低值消品入库与使用记录》《教材进出库登记表》《教材库存清单》《课程教学日历》《培训课程表》《固定资产登记表》《仪器、设备损坏、丢失赔偿登记表》《仪器设备报废、报损审批表》《低值消耗品入库与使用记录》。

2. 制订船务部游艇培训教学管理方法

(1)培训前期

①游艇操作员培训设施设备的维护保养，并及时补充培训物料消耗品。

②对游艇培训所使用的船只进行安排调配。

(2)培训中期

①根据培训人员的数量进行分组并监督游艇实操训练。

②配合海事主管机关对游艇实操培训的考勤。

③接送海事主管人员对游艇理论、实操考试。

④协调海事人员、学员、老师的餐饮工作。

⑤协调考试中心关于理论考试场地的确定及实操评估的用船安排。

(3)培训后期

①领取游艇适任证书，并统计证书发放记录。

②统计培训期间游艇的使用时间及授课老师的培训课时并计算课酬费。

(4)培训体系

①组织相关人员进行培训体系的审核。

②根据体系要求填写体系中个人职责的相关表格《培训教学计划(日历)与大纲发放记录》《证书发放记录》《游艇操作人员培训证明签发情况汇总表》《教职工培训与继续教育登记表》《教材选用、订购(印刷)计划表》《教学情况登记表》《调课申请单》《学员实操登记表》《游艇安全自查表》《教师考核表》《培训教学检查与评估表》《年度教学检查与评估报告》《年度招生计划》《教职工聘任审核表》《教职工登记表》《教学仪器、设备申购计划》《管理人员考核表》《部门工作总结与考核》。

(5)其他工作

①向培训学员解答游艇相关事宜及联系学员进行活动。

②参加海事主管机关的各项培训课程学习。

③及时更新海事文件，收集相关规定。

3. 制定船务部 OP 帆船(奥运会项目)培训管理

(1)培训前准备工作

①每年 3 月份前和 NOCSP(National Organization of Community Sailing Programs)联系确定合作条款并在签订合同后，不定期对双方信息进行反馈。

②与青岛奥林匹克帆船中心联系确定所寄出的学员服装、帽子、证书、教材数量及寄出时间，并对其进行保管。

③向会所及时了解招生动态并做好对接工作。

④制订培训计划。

⑤每天教学的前一天和外教沟通好第二天的课程安排。

(2)培训过程中的工作

①做好 OP 船只、翻译、生活老师、中方教练、工作船、摄影机构、餐饮、保险、交通工具等准备工作的落实。

②作为中方教练,辅助外教教学,协助学员更好地进行训练,并承担学员安全保障的工作。

(3)培训结束后的工作

①培训结束后,协助学员将船只拉上码头,并指导学员将船、帆、救生衣用淡水冲洗并晒干。

②一期结束后,负责与会所确认下一期的学员人数并准备需要的学员服装、帽子、证书、教材的数量。

③将下一期学员名单传真给相关的保险公司,做好学员保险的安全保障工作。

④OP 帆船培训结束后,结清翻译、摄影、餐饮、保险、交通等相关费用。

⑤完成培训工作总结。

每个小组可以仿照上述内容制定你所选择的游艇俱乐部的培训管理内容,并在班级里进行演讲讨论,并将最终的方案填写在下表里。

游艇俱乐部名称	
培训任务	
游艇培训管理具体方案	

【任务小结】

通过本次任务的学习,读者应该掌握游艇驾驶培训的主要内容、主要流程和教学管理方法等,通过组员讨论,班级演讲,剖析该岗位专业素质要求,对比自身条件,能在以后的学习和工作过程中不断完善自我,提高自己的职业能力;同时也为以后的学习打下良好的基础。

任务二 游艇出租业务管理

【学习目标】

1. 熟悉游艇出租主要业务形式。
2. 掌握如何选择游艇进行出租。
3. 掌握提高游艇出租服务质量的一些方法。

【任务解析】

游艇出租项目是游艇俱乐部运营的主要项目之一。通过游艇租用,可以提高人们对游艇的体验认识,如果感觉良好,还可以增加人们购买游艇的机会和提高游艇俱乐部的知名度。所以,游艇出租具有很重要的意义。

在本次任务中,首先阐述了游艇出租使用的一般常识和建议,然后以游艇婚礼设计作为具体任务加强相关知识的学习。

【任务实施】

一、相关知识

(一)租用游艇的选择

一般游艇租赁公司有游艇、游轮、帆艇等可供选择,同时配备有经验丰富的船长水手、专业的服务人员以及为租客量身制定的海上出游路线适用于公司或大型团体性出海活动旅行、公司高端商务招待、会议、个人海上 Party、家人朋友出海聚会、游艇海上婚礼,蜜月出海旅行、海上生日派对等。所以根据自己的需要,确定租用何种游艇显得非常的关键。

首先,确认出游的人数。游艇是用来在海上度假的工具,它要求能给玩者提供一个舒适宽敞的环境,不像汽车有 10 个位置就可以坐 10 个人。游艇上,不但不能超载,而且要留有较大的空间来玩,比如乘员是 12 人的游艇,最适合的出游人数就在 5 ~ 10 人之间。所以如果出游的人数超过 12 人,那么 12 座以下的游艇就可以不用考虑了。

其次,明确租用游艇的目的。如果游艇用于自己和朋友游玩,那么建议不必要一定要用很大的游艇,也没必要一定要用很豪华的游艇,只要游艇大小合适、干净整洁就好。如果游艇是用来接待客户的,那可能要考虑游艇的商务性能,需要空间大点的,舒适豪华的,气派点的。

再次,预估游艇租用费用。根据预算,可供选择的每艘游艇的价格都一目了然,在经过前面的筛选之后,剩下的游艇再比较一下价格,看看哪些是比较符合自己标准的,就差不多了。

最后,选择适合自己审美的游艇。比较一下游艇的外形,看自己更喜欢哪艘游艇。看看这艘游艇出海的图片和相关文章,基本上就可以确定出游的座驾了。

(二)租赁游艇出海前的准备

1. 带上防晒霜、太阳镜、拖鞋

一般海上有着充足的阳光,在享受阳光的同时别忘了保护皮肤,抹点防晒霜能减轻紫外线对皮肤的伤害;晴天出海可别忘了带太阳镜,它不但能让人更有风度,在海上也能减少海水及游艇外壳的放射光对眼睛的刺激;出海最好穿拖鞋,轻松、凉爽,而且很多游艇为保持游艇的干净,都会建议穿拖鞋上船。

2. 泳衣

例如,三亚有着湛蓝的海水,在无人的小海湾游泳也是一项非常有趣的运动,带上泳衣不但可以方便游泳时换上,而且是展示健硕、优美身材的机会。

3. 水果、饮料、酒水

出海带些爱吃的水果,不但可以在户外补充水分及维生素,还可以填填肚子;饮料、酒水一定要带上,尤其是淡水,海水是不能直接饮用的,出海时身体水分流失较快,适时补充水分能让人保持良好的状态。

4. 美食

在海上玩累了,准备点爱吃的食物,在纯天然海景环境下享受这些美食,何等惬意。

5. 预防晕船的方法

在海上,有的人容易晕船,预防的方法通常有几点:出海前充足的休息与出海时良好的心态;提前30 min贴晕船贴或吃晕船药;在船上尽量不要待在船舱或封闭的空间里,最好待在视野宽阔,通风顺畅的地方;看着远处的山或小岛,涂抹风油精等。

6. 音乐

游艇上通常配备音响系统,带上自己喜欢的音乐出海,能让人更放松、更惬意。

7. 惊喜

如果您希望亲朋好友出海玩得更开心,何不为他们准备点"惊喜"。

8. 海上装备

喜欢潜水的朋友,可以带上潜水装备,有些海底区域风景还是比较优美的。

(三)租游艇3 h出海如何玩得更好

租用游艇出海,时间安排上以3 h为主,一个上午或者一个下午,短短的3 h如何能玩得更好呢? 这便是安排出海的客户及游艇接待服务公司所要考虑的了。

首先建议一点,一同出海的人不要太多。不同的人对游艇出海都有不同的想法,有的只是喜欢海上安静、清新的环境,有的是为了体验游艇出海的感觉,有的是想出海体验海钓,有的是希望能找到一个潜水的好地方,也有的只为了出海能看到不一样的风景。从近两年的游艇出海接待来看,很多人对游艇出海的目的并不明朗,也许只是为了跟大伙一起参与"活动"或者只是想让自己的亲朋好友能一起分享游艇出海的那份愉悦。出海人数多了,非但想法多样,而且游艇上接待人员也无暇照顾,另外由于每个客户身体素质都不一样,如果有个别客户晕船或者心情不好都会影响出海的质量。

出海前的准备很重要,首先要休息好,其次要带上必要用品,如防晒霜、泳衣、装备及爱吃的美食或水果、喜欢的音乐等。

游艇出海通常有个成熟的模式，从码头出海到目的地的行驶途中，拍照、看风景、试驾、玩牌、闲聊是途中最好的选择。例如按照深圳去东岛的距离来计算，这中间通常会耗时40 min左右，到达目的地后第一件事潜水、游泳或者划皮划艇，趁精力充沛的时候玩玩海，消耗身体过剩的能量，这不但能让人享受玩海的乐趣，也能运动身心，还能防止晕船。玩累了，上艇冲冲淡水(游艇上一般都会配有冲淡装置)，擦干身体，抹点防晒霜，裹上浴巾到游艇前甲板上晒晒太阳。或者也可以海钓，选个好的位置，将钓饵放下去，说不定能有意外的惊喜，不会钓的朋友可以向游艇上服务人员咨询，他们通常都会耐心指导。另外也可以找个位置吃点东西、喝点酒水跟朋友聊聊天或者谈谈事情，这时可是公司接待客户最好的谈话时间。这段时间通常仅仅一个半钟头，只要能放开心情，相信肯定能玩得很开心。

出海禁忌不要触犯，不要要求船长将船舶开到非指定海域；注意安全事项，听从船长或其他接待人员意见；不要隐瞒相关病例；游艇上不要追打嬉闹；尊重他人等。

另外，可以的话，给游艇上接待服务人员一点小费，毕竟他们每天都在风吹日晒，而且工资也都不高，服务上长期出海也会有点麻木，也许一点小小意思能让他们更有激情。

(四)游艇海上度假时游泳应注意得一些事情

在三亚乘游艇出海，经常能遇到清澈见底的海水，很多人都想下水游泳，但大家一定要注意以下事项。

1. 风浪潮汐

海上浪大的时候尽量不要下海游泳，不但容易累，而且容易发生人身安全事故；另外潮汐也是需要注意的，一般尽量避免在剧烈退涨潮时游泳。水流比较急时，回游时体力消耗较大，容易发生意外。

2. 海域情况

游艇出海，往往会到一些没人或者很少人活动的地方，下海游泳时一定要咨询船长或熟悉这片海域的人，海域是否有攻击性生物，是否有暗流等。

3. 水温

下海游泳前务必先试试水温，水温过低时请尽量不要下水游泳，以免发生抽筋等意外。在水温适应的情况下，下水前请先将海水拍到身体上，以让身体适应海水水温。

4. 小心水母、海胆及带刺的海星

在海里游泳或潜水活动中，特别要小心被水母、海胆、海星刺到。下海游泳前，应先看看海上是否有大量水母，一般在台风或大风雨过后水母会比较多，如果不小心被水母蜇伤，会出现刺痛、瘙痒、红疹和水泡等现象，如果被水母蛰到时应马上以海水、食用醋或稀释的冰醋酸冲洗，千万不要以清水或酒精来处理。另外海胆、带刺的海星也是需要注意的，它们都是生活在海底，没有攻击性，游艇出海游泳时，尽量不要游到岸边或浅礁上，在没有看清海底的情况下，不要用脚踩海底。

5. 请勿跳水

在不确定海底情况下，禁止跳水，另外在没跳水经验的情况下也千万不要跳水，万一出现事故，海上没有任何医疗设施，容易发生意外。

6. 高血压患者禁止游泳

特别是顽固性的高血压，药物难以控制，游泳有诱发中风的潜在危险，应绝对避免。

7. 游泳前请勿喝酒

因酒精会影响大脑的判断能力，而增加游泳意外的发生机会。

8. 勿长时间曝晒游泳

长时间曝晒会产生晒斑,或引起急性皮炎,亦称日光灼伤。为防止晒斑的发生,小游一会后应到游艇上休息一会,用浴巾在身上保护皮肤,或在身体裸露处涂防晒霜。

9. 游泳后勿马上进食

游泳后宜休息片刻再进食,否则会突然增加胃肠的负担,久之容易引起胃肠道疾病。

二、相关训练

(一)任务布置

任务:设计一套游艇婚礼策划方案。

分组:建议将整个班级分为 4 个小组,每组 10 人左右。

游艇婚礼相关知识:

(1)游艇婚礼一般注意事项

因为由于海上有太多比较难掌握的因素,为了一切尽善尽美,以下几点是大家必须注意的:

①游艇常规设施:注意游艇可容纳人数,要保证你和你邀请的来宾都能登上,并且整个游艇内部要有文娱设备和良好的卫生系统,这样来宾才会觉得婚礼很有创意。

②水上环境:由于这是一种新兴的结婚方式,不是在室内,有些室外的动物也会来莅临,特别是夏天,各种小虫子很多,游艇上要有灭虫设备来保障婚礼顺利地进行。假如是在冬天,海洋上自然会愈加冰冷,游艇中要有良好的暖气设备。

③音响:由于是在海面上,用传统的声响会被海水吸收,还是倡议有条件的新人置办特地设在游艇的专用声响,环绕强度大、效果震撼,让来宾听得过瘾。

④安全措施:举行游艇婚礼的新人及嘉宾应了解游艇的正常运行状况,救生设备是否齐全等,船员应当注意艇上所有人员是否落水,以确保安全。此外,由于有些来宾可能会有在船上的生理反响如晕船等,需求及时救助,最好要有专业的救护人员在场。

⑤食物:户外温度往往影响食物的质量,尽量避免携带容易腐坏的食物,如一些混合了蛋黄酱的菜色、已切开了的水果等。同样地,结婚蛋糕的选料也尽量避免携带比较容易溶化的忌廉类,订购时应跟蛋糕供货商提及户外婚礼事宜,使对方可配合户外环境来设计阁下的结婚蛋糕材料和形状等。

(2) 游艇婚礼一般筹备过程

①季节选择:春末、夏季、初秋季节,是游艇出航的最佳时节,同样也是举办游艇婚礼的最佳时节。

②路线选择:一般情况下,游艇企业会做好路线推荐工作,但是新人也可以自己定路线,只要是在巡航范围内的路线都可以。每对新人在设计自己婚礼的时候一定要把行程规划好,经过心爱之地的时候举行甲板仪式最适合不过。

③婚礼现场布置:游艇婚礼给予婚礼布置的时间相对比较少,要与船方多做沟通,免得时间捉襟见肘。布置的时候可以多多结合水的特性和船舱内本身的道具特色,布置以简介流畅为主。

④婚礼策划公司的费用

一般婚礼策划公司策划游艇婚礼是不负责联系租赁游艇的,高端的婚礼策划公司会提供这方面的服务,但是其实她们做的工作也只是帮您省去了自己联系游艇的步骤,如果您不想麻烦,可以选择这种婚庆公司。但是这种策划公司,收费价格偏高,在北京地区一场婚礼的价格在2万到7万不等,如果在外地价格会较北京高。这个费用是主持人,化妆师等基本配备的费用,不包括用餐费用,餐点的费用要看新人是想用当地的餐点还是从北京运送的具体情况而定。一般主持人的费用是2 000~7 000元不等,您可以从中选择。

⑤游艇租赁的费用

由于游艇婚礼场地的特殊性,费用的计算也有很多种:一种是单纯按照租船的小时计算,布置、餐饮都可以外包。另一种以人头为计算单位,包含自助餐,但新人可以另请婚庆策划布置。最后就是所有婚礼策划、布置、餐饮都全权交由游艇方负责。

(二)任务实施

第一步:调研一般婚礼策划方案内容。

第二步:调研一般婚礼策划费用和游艇租用费用,制订游艇婚礼费用方案。建议分为高、中、低三档游艇婚礼费用。

第三步:调研游艇使用程序、安全事项和婚姻在游艇上举办的注意事项等。

第四步:根据上述准备,以某一游艇俱乐部为背景,设计一套让新人永远拥有美好回忆的游艇婚礼方案。

第五步:每组将游艇婚礼方案进行营销策划,制作PPT,在班级里进行宣传。班级整体进行投票,选出最佳游艇策划方案。最后,每组再将本任务的经验进行总结。将游艇设计方案和总结填写在下表里。

游艇俱乐部名称	
游艇婚礼策划方案	

总　结

【任务小结】

通过分组策划游艇婚礼方案为任务做引导，使得读者初步掌握游艇出租方案策划。通过任务训练，不仅巩固了读者的游艇知识，也更加加强读者的社会实践能力。同时加强了学习主动性和积极性，为学习后续任务打下了较好的基础。

任务三　游艇保养

【学习目标】

1. 熟悉游艇保养常规内容。
2. 熟悉游艇常见内部设施的保养内容。

【任务解析】

根据交通运输部《游艇安全管理规定》对游艇俱乐部要求的义务和责任中，第一项规定中便指出游艇俱乐部必须负责游艇日常安全管理和维护保养。从项目一学习过的内容，游艇经常保养才能使用更长久，性能才能有所保障。

在本次任务中，首先介绍了游艇和游艇内设备的常规保养内容，然后以玻璃钢船保养作为具体任务加强相关知识的学习。

【任务实施】

一、相关知识

(一)常规游艇维护保养

1. 游艇常规保养

(1) 游艇保养基本要点

海上环境不同于陆地,游艇本身和配套设备都需要维护保养。学习一些游艇的保养的基本知识,是维护游艇最为切实有效的方法。它不仅可以减少昂贵的修理费用,而且能够延长游艇的使用寿命,更为重要的一点,保养好游艇也是确保游艇安全的最有效途径。游艇保养基本要点主要有以下几个要点:

①清洗及护理

定期清洗游艇是游艇保养的一个简单且重要的方法。日常的清洗不但可以保持游艇的清洁与美观,而且可以减少游艇表面长期的磨损及裂痕的产生。水线面以上,可以使用打蜡的方法来保养游艇,水线以下,则需要涂防污漆。清洗游艇过程中尽可能考虑不要污染附近水域。

②检查表

维护游艇时,很多细节是很难记住的。最好的办法是将所有将要维护的项目,分门别类地列出来。在维护时,对照着清单,可以轻易地进行机器的保养和游艇的过冬维护。

③正确的系泊

很多船体的表面的划痕并不是在船的使用过程中产生的,而是在停靠在码头时被磨损的。所以,正确的停靠码头,合适的缆绳松紧,是相当重要的。

④电池保养

电池保养取决于游艇使用的电池类型,对于常规铅酸蓄电池,需要经常检查畜电池的电池液位。最好让电池远离灰尘及潮湿。

⑤游艇发动机的维护

不管是舷内机还是舷外机,以下的方法都是有效的。一定要在每次外出前冲洗发动机。要检查机油的液位。最后,检查发动机的冷却仪表是否工作正常。

⑥防寒

游艇的维护不仅意味着在使用期间需要,而且在过冬期间,特别是停放在水中过冬时,需要特别的关注游艇的安全。

2. 游艇的外部保养

游艇应该在每天早晨用软布擦拭,清除清晨雾气留下的水分,并且要特别留心窗、不锈钢件、精加工件以及露天使用的软垫。

(1)船体和水线

船体的清洁一般是每周一次,或者是在需要的时候就进行清洁,这个要根据游艇所在地的水质情况。清洁船体可以使用专门船用清洁液,不过在使用时要留意产品说明,因为有些清洁液可能对船底的防止海生物附着的涂层有影响。

(2)舷窗玻璃

游艇的舷窗玻璃可以使用专门的玻璃保养产品。例如 RAIN－X,这种产品具有清洁及防水效果,能够深入玻璃毛细孔,形成表面保护膜,提供清晰视线,它可以阻挡水滴在玻璃上留下痕迹,让玻璃窗每天都保持清洁。

(3)软垫

露天的软垫要尽可能地保持干燥。不使用的时候可以用软垫套将其包裹或者将其竖直地放在储物仓。在雨后或者清洗游艇后,软垫一般会被弄湿,这时候要尽可能地把软垫上的水分擦掉使其保持干燥。如果软垫变脏或者有污点,可以使用专门的清洁剂将其清洗。

(4)帆布

可以使用温的清洁液清洗,在有褶皱的地方,例如有扣眼的地方,会聚集一些盐分,可以清洁后涂抹凡士林,并每隔 120 天涂抹一次。

(5)透明塑胶窗

塑胶窗可以使用清水清洁并用软布擦干。在将窗卷起的时候要注意不要造成划痕,不要让窗长时间保持卷起的状态,这样有可能引起变色,最好是白天卷起晚上放下。

有拉链的地方也是容易聚集盐分的,可以每 120 天用温的清洁液对其清洗一次。

(6)甲板上的舱口盖

甲板上的舱口盖的下方都有一个凹槽,用以收集并排放流入舱口盖缝隙中的水分。在每次洗船后,要将所有甲板上的舱口盖打开,清洗凹槽,并擦干。在长期不使用的情况下,最好每月将舱口盖打开一次,并用温的清洁液将舱口盖上的密封条擦拭一遍。

(7)外部的锁扣

甲板上储藏柜的锁扣要保持干净、整洁和干燥,以防止生霉。每次洗船后,应将外部的储藏柜打开,晾干。储藏柜内的物品要保持干燥并摆放整齐。最好每隔 120 天将储藏柜清空,彻底打扫一遍。所有外部的门锁、门闩及铰链要保持清洁、干燥,并最好每年进行更换。门闩和铰链最好每 6 个月上一次润滑油加以保护。

游艇外部清洗,不论游艇是在巡航还是停泊在码头,都会沾染脏物、灰尘、鸟粪以及飞溅到游艇上的海水蒸发后留下的盐分的结晶层,这些物质对游艇表层胶衣有一定的破坏作用,所以每次使用完游艇后,都要用淡水进行清洗,如果长期不使用,至少也要每周清洗一次。清洗游艇的时候要根据游艇的实际情况选择适合的清洁液。用手抹一下游艇表面,如果并不脏,仅用淡水冲洗并擦干就可以了。在选用清洁液时,应选择专门为游艇设计的中性清洁产品,不合适的清洁液可能会减少胶衣或者喷漆的寿命。

清洗游艇时,应该按照从高到低,从船首到船尾的方向清洗。在清洗完成后,非常重要的一点就是不要让清洗后残留在船体的清洁液或者水分在太阳下自行晾干。残留的清洗液会使船体很快变脏,而残留的水分通常会留下难以清除的水斑。所以在每次清洁完船体后,应用淡水冲净船体并迅速将船体擦干。

外部五金件和游艇外部的不锈钢件,虽然是被设计为海上使用,但由于海上环境较陆地恶劣,这些不锈钢件依然需要一个较好的蜡层的保护。不锈钢件应该每 60 天或者需要的时候上一次蜡。优质的蜡膜可以抵御海水的侵蚀,增加光泽度,并且使以后的保养变得容易进行。

在洗船时,所有外部电子设备/按钮及控制台都不能用水冲洗,否则会损坏内部的电子元件。可以使用湿布擦拭。每周,所有电子设备至少打开运行半小时,以驱除线路上的潮气。

3. 游艇内部保养

当游艇在巡航或者高速航行时,应把通往船舱的门关闭,尤其是船尾甲板的舱门,因为游艇在高速航行时,回流的空气会将发动机尾气和含盐分的潮湿空气吸入船舱。发动机尾气中的一氧化碳等气体会对船舱内人员的健康造成伤害,含盐分的潮湿空气会对舱内的电气设备造成危害。

(1)地毯

船舱内的地毯应该每周用真空吸尘器进行一次除尘清洁,并且每六个月做一次专业的清洗,以除去细菌、灰尘以及食物留下的残渣、污渍等。

(2)家具

舱内家具最好每月进行一次真空吸尘或者用软布擦拭,如果特别脏,可以使用专用的清洁剂,但在使用时要注意不要将清洁剂直接喷在家具表面,应该先将清洁剂喷在软布上,再用软布擦拭。

对较新的木器家具,要先用柔软的棉布将表面灰尘擦净,对存留过久或难以去除的污点,可用棉布蘸少量汽油或酒精清除掉,然后用一小块棉布将适量上光蜡涂开,再用一块大些的干布分块将蜡擦匀,以不留下蜡痕迹为标准。

(3)厨房器具

厨房里的所有设备、器具都要保持清洁并处于正常的运转状态中。电器设备及橱柜门上的密封条要保持清洁以防止霉的产生。

(4)卫生间

卫生间要保持清洁,在每次航海结束后或者需要的时候立即打扫,包括墙壁、地面、淋浴喷头、水龙头、把手、坐便器、排污口等。并且最好每个月用合适的消毒水进行一次杀菌消毒。

(5)电气设备

游艇上的所有电器设备在长期不使用的时候应保持每周打开运转一次,以驱除线路上的潮气。

4. 游艇的日常驾驶中要注意的保养事项

游艇在开动的时候有很多注意事项,这些事情如果做得好,对于游艇的保养有很大的帮助。

(1)在游艇开动出海前,首先要经常检查维修螺旋桨,确保螺旋桨的转动正常。

(2)经常要做好发动机的维护,严格按照私人游艇出厂时规定的时间段进行维修,同时必须要求专业的游艇维修人员进行检查和维护调整。

(3)对于游艇刚开动的时候,不能长时间地对游艇进行加热,以免损坏器件,最好是在发动机运行平稳后,就开始驾驶游艇。

(4)在游艇的快速行驶中,如果发现异常情况,请立即减速慢行。

(5)游艇的效能跟游艇的质量有关,为了减少不必要的能耗,则建议把不重要的重物件搬离游艇。

(6)远离潜水区,远离海洋植物多的海域,增加螺旋桨的安全性。

5. 机动艇清洗保养一般流程

(1)机动船艇清洗工作流程

①清洗机动船艇前,向部门领取船艇钥匙及相关清洗用具。

②用淡水全面冲洗船体(游艇淡水冲洗的顺序是:先从上到下,从船头到船尾,从外甲板到客舱,从上方区到下风区)。

③用毛巾将后船体光滑表面擦拭干净,并用软毛刷对甲板进行刷洗。

④若发现有清洗不掉的污渍或油渍,视情况安排驾机或水手用普通洗洁精或专用清洁剂对其清洗,再用淡水将其冲洗干净并用吸水毛巾擦干船体光滑表面。

⑤用吸水拖把将地板拖干。

⑥用湿毛巾将木质家具和驾驶台擦干并用吸尘器将地毯上的垃圾或尘灰清理干净。

⑦将床铺整理整齐后冲洗卫生间并擦干地板。

⑧在清洗工作结束后,将船艇钥匙归还部门,并将相关清洗用具归还部门仓库。

(2)机动船艇的一般保养内容

①负责每周检查和保养各机动船艇一次。

②检查保养机动船艇前,向部门借出船艇钥匙。

③检查动力机油(动力静止状态时,把机油检查尺往上拉起来,用干净的布把机油检查尺擦干净,再把检查尺插回原处后慢慢拉起来,观察机油液位是否在正常范围内,液位过低要添加机油。液位过高,要检查机油品质,用一手指沾检查尺上的机油,若发现润滑度降低或混有水分,必须禁止主机启动并及时上报上级)。

④检查动力冷却液(看冷却箱液位是否在正常高度,接近低液位需马上添加冷却液)。

⑤检查动力空气滤芯(如发现有吸附灰尘,用软毛刷刷掉。也可以用船上的气枪吹掉)。

⑥检查动力海水冷却管道(首先检查透明过滤器是否有脏东西卡住,必要时拆下来清除干净,再检查球阀和各管道是否漏水)。

⑦检查齿轮油(方法和检查机油一样)。

⑧检查柴油滤芯(观察滤芯是否变色或发黑,必要时更换。滤芯器底部若有污油要打开排污口排除)。

⑨每月检查主机和发电机组机油是否在安全的刻度范围内。

风扇、皮带、海水过滤器、喷嘴、掌舵油是否有异常,如发现异常应及时更换或维修,每200 h给主机和发电机组换一次机油,每400 h更换一次齿轮油和空气过滤器,燃料过滤器每年更换两次。

⑩检查舱底污水和生活污水柜(快到达高位时需在下一次出海时在湾外排除)。

⑪检查舵机(进入舵舱看液压油缸是否漏油,液压油是否不足,不足应该及时添加)。

⑫检查船上的救生设备(救生衣和救生圈)有无丢失破损等。

⑬检查船上的消防设备(看消防设备是否过期,否则要上报检修)。

⑭检查各艘游艇的系缆和缆桩的可靠性。

⑮检查淡水箱和柴油柜的储量,储量太少应及时添加。

⑯检查全船的灯光,仪器仪表,通信,导航等设备。

⑰每月检查一次蓄电池(主要检查电解液容量浓度,清洁蓄电池接头及接线束,测量电池电压和电流强度,电量不足时予以充电)。

⑱检查海水过滤器(如有需要则需清洁)。

⑲检查阳极——查看以防腐蚀。

⑳停船期间每周一次试运转主机、发电机组、消防泵、污水泵并检查各仪表、仪器及管路的运转是否正常并填写安全自查表。

㉑检查保养完毕后,将船艇钥匙归还部门。

6. 帆船清洗保养一般流程

(1)帆船的清洗流程

①检查缆绳是否牢固后,将帆船从船头到船尾进行冲洗。

②冲洗后,用硬刷子将船头到船尾的甲板刷一遍,特别脏的地方用洗涤剂清洗。

③用毛巾加清洗剂清洗甲板上的光滑表面,护栏周边的地方也需用毛巾特别处理。

④用淡水清洗船舱(有线路的地方要特别注意),清洗后用毛巾擦干并及时将船里的水排干。

⑤用除锈剂清理船上钢具周边生锈的地方。

⑥用清水冲洗发动机、舵柄、舵叶。

⑦船上冲洗完后,协助水手用清水冲洗帆船船体周边船舷。

⑧用毛巾将甲板擦干。

(2)帆船的一般保养

①检查并调试帆船船上的配件及索具。

②定期检查救生设备和船体灯具及船底海生物生长情况。

③对绳索绳结进行检查,有脱落的要及时调整好。

④每周固定启动运转发动机两次,每次在 3 ~ 5 min 时对挡位前后进行检查并定期保养火花塞、线路、阳极,如发现阳极腐蚀的低于 1/3 的话就要及时进行更换。

⑤仔细检查压舷钢丝绳,保证压舷人员安全。

⑥对前帆、主帆、球帆进行定期检查保养。

⑦定期检查保养龙骨坐上的固定螺丝和舵柄舵叶。

⑧检查确保船上羊角、缆绳的牢固。

⑨桅杆保养:激光级帆船桅杆分上下两节,上节较细,容易发生弯曲,因此在驶帆操作时,应注意保护。在收主帆、收紧斜拉器时用力不宜过猛,通常应先收主缭绳再收斜拉器。当桅杆出现小的弯曲时,可请专业人员或用千斤顶、绳缭等工具,在弯曲处反向校正,注意用力要平缓,强度不宜过大。待下次组装时,上半部桅杆可与原向相反,防止“旧伤复发”,延长使用寿命。

(二)游艇部分设备维护保养

1. 游艇配套设施

游艇配套设施一般都是根据游艇主人自己需求而订制的,特别是中小型游艇,更是如此,而通常所说的游艇的配套设施一般都是以游艇的功能来设计配套设施。游艇根据种类与功能的不同,里面的配套设施也不尽相同,大致有以下几种分类:

中小级的游艇一般设置了以下功能:下层的室内空间,有一间主人房、客房、卫生间。中层有客厅、驾驶舱和厨房,尾门路甲板平台。上层有露天望台和驾驶台,为了可防晒和防雨,一般还设置了软篷。在动力和驾驶方面,配置了锚泊设备、舵设备、发动机、发电机、雷达、专业的仪器仪表,电话通信设备、冷气设备、家用电器,甚至卫星导航系统。从整体上看游艇就是一个融现代办公与家庭休闲于一体的海上流动的公寓,它在海上有着整体的功能特征,既可在上面用作家庭休闲生活,又可作为朋友聚会或宴请朋友客户时使用,这充分体现了现代生活的高质量与人的高品位格调。根据功能不同,里面的设施也略有不同,运动型一般都配套大功率的发动机,而里面的设施可能要简单一些,而休闲型的游艇则会更加注重家庭味,如厨房、客房、卡拉 OK 设备、电子游戏房、加长的钓鱼船尾等以满足休闲时的家庭氛围。

大型游艇艇内装潢十分高档豪华,更注重在通信设备、会议设备、办公设备上的配套安装,充分体现出现代企业办公的需要。

另外,游艇升降平台,这个是水下工作的升降机,主要为停泊游艇而专门制作的。

2. 游艇家具的正确打蜡方法

图 4-2 游艇家具

上光蜡有保护家具漆膜免受潮湿、划伤和灼伤的作用。正确地使用上光蜡可使游艇家具更富于光泽。但如果上光蜡使用不得法,非但不会产生好的效果,还会影响家具的美观。这里介绍一下给家具打蜡时应注意的几个问题。

使用上光蜡前,要检查漆膜表面是否完好无损。

对较新的木器家具,要先用柔软的棉布将表面灰尘擦净,对存留过久或难以去除的污点,可用棉布蘸少量汽油或酒精清除掉。然后用一小块棉布将适量上光蜡涂开,再用一块大些的干布分块将蜡擦匀,以不留下蜡痕迹为标准。如果蜡用得太多,不但会留下条纹和斑点,影响光泽,时间长了还会软化漆层,且不易去掉。选用的上光蜡不要经常更换,这样便于掌握其特性。

对漆层已被损坏的地方,应先进行处理。

被香烟烤焦的部位，如只限于表面漆层，可用细水砂纸蘸水后轻轻磨去污点，然后打蜡。表面划伤而未深及木质的痕迹，可直接用上光蜡做局部抛光。颜色相近的鞋油也可起到同样作用。

对茶杯在漆膜上留下的白圈，可用手蘸少量植物油，并用布摩擦，如痕迹仍未去掉，则将一块棉布在温水中浸后拧干，滴上几滴氨水涂擦，最后用蜡抛光。

划痕较深的地方则要使用砂纸打磨。如果破损已深达木质，打磨后则需要重新上漆。

3. 游艇主机的保养

对发动机来说，机油和水温是至关重要的。机油是游艇的血液，水温的高低是否合适直接影响发动机工作的好坏，机油的好坏也直接影响到发动机内的润滑程度。

发动机一定要定期进行水、油的检测和更换。如果发动机不定期换油，打开发动机后就会发现其中有许多像柏油一样的厚重油腻。油腻是由于经常不换油造成油品的变质氧化，或者就是油品质量不过关造成的。其中的防氧化剂添加过少，造成油腻黏附在发动机上，形成一种“油钙”，引起发动机的严重磨损，失去润滑的发动机容易“咬死”致使游艇抛锚。所以最好是按照厂家规定的小时数来进行发动机的保养和维护。

平时要多留意发动机是否有异响，如果发现发动机有非正常的响声就要及时检修。是否是油路、水路或者是点火系统和风扇出现问题。

水温高的时候发动机的机油变薄，因为机油也是通过水来降温的，一旦机油变薄，这时候发动机中的摩擦间隙变小，会产生类似“哒哒哒”的金属撞击声。如果水温过高的情况没有得到及时的调整，那么就会导致机油温度过高而达到机油的沸点冒烟蒸发，产生机油的燃烧味。

由于现在发动机的缸罩绝大多数是用铝合金制造的，而使用铝合金发动机的目的就是为了更好地帮助车辆的发动机散热，所以它对温度的变化是十分敏感的。一旦水温达到100 ℃以上乃至200 ℃的高温时，铝合金的发动机很容易产生曲变造成水的泄漏，大量的水可能灌入发动机造成发动机熄火、抛锚等事故。

常见发动机“心脏病”积炭现象的引起原因一般是水质的问题。

总的来说，对于不具备专业保养维护知识的驾驶员来说，油和水还是最直接的发动机保养事项。

4. 蓄电池维护

一般来讲，游艇上的蓄电池都是免维护的，但仍需要一些方法来增加蓄电池的效力与使用寿命：

(1)保持蓄电池满充。这样可以使蓄电池保持较长的使用寿命。

(2)至少每30天检查一次蓄电池。

(3)定期清洁蓄电池接头及接线束。

(4)检查蓄电池电缆是否与接线端可靠连接。用手拧紧后再用扳手将接线端螺母拧紧1/4圈。

(5)检查蓄电池组中每个电池的电解液容量。电解液容量液面应在刻度线以上。如果液面低于刻度线，需加蒸馏水直到电解液达到适当容量值。谨防电解液加的过满溢出蓄电池箱。

(6)长时间充电时将蓄电池放置在凉爽干燥的地方。

(7)利用液体密度计或伏特计每三个月检查一次蓄电池电量。

(8)如果密度低于 1.225 或电压低于 12.4 V,则需给蓄电池充电。

5. 舷外机保养

舷外机,又名尾挂机、船外机,顾名思义发动机在船舷之外,悬挂在艉板之上,最顶部为发动机,发动机曲轴连接立轴,然后横轴最后输出给螺旋桨,这种机器在转向时,整个发动机都随同转向装置左右摆动,由于螺旋桨直接随驱动装置转向所以灵活性极强、整机安装简单、携带方便,广泛应用于小型游艇、充气动力艇、冲锋舟及各种钓鱼船。多用于游艇等小体积船体,如江河上面的打鱼船、橡皮艇等,常见于江、湖渔业密集地区。

舷外机长期不使用时应该存放起来。存放之前应该做好如下准备工作。

(1)用清水清洗发动机外表并彻底冲洗冷却水系统。让水完全排空。用油质抹布擦掉所有表面水。

(2)从燃油管线,燃油旋塞和汽化器中排出所有燃油并清理包括燃油旋塞内的筛网在内的零件。

(3)拆开汽化器,去除内部所有的尘土并用汽油和压缩空气对其进行清理。

(4)取下火花塞并通过火花塞空充注发动机油或存放用防锈剂。拉动反冲启动器手柄若干次以使机油循环至内部零件。

(5)在螺旋桨轴上涂抹润滑油脂。

(6)更换齿轮箱中的齿轮油。

(7)在所有滑动零件,螺栓和螺母上涂抹润滑油脂。

(8)用干抹布擦掉电器零件上所有的水和盐分。

(9)将船外发动机垂直放置在干燥通风的地方。

二、相关训练

(一)任务布置

任务:根据你所熟悉的游艇类型,制订其保养方案。

分组:建议 5 人一个小组,每组设计一套游艇保养方案。

(二)任务实施

下面为玻璃钢游艇的保养为例进行介绍:

我国玻璃钢游艇从 20 世纪 60 年代开始发展,至今已 50 多年。目前已基本占领了小型船艇市场,并以轻质高强、造型美观、色彩多样而受到经营单位和乘客的欢迎。

长期以来,玻璃钢船艇的维护保养工作未能受到应有的重视。生产单位大都未在产品说明书及用户须知等资料中介绍维护保养常识,很多用户单位对玻璃钢材质、性能等缺乏了解,不少人盲目认为玻璃钢强度高、不会锈蚀,又有胶衣层保护,无须保养。这就造成了很多玻璃钢船艇由于缺乏维护保养而过早失去风采,缩短了使用寿命。

玻璃钢是以合成树脂为基体,以玻璃纤维为增强材料复合而成的。它具有与钢相近的强度,有耐水、耐腐蚀等优越性能,表面光洁如镜的美观外表以及可整体成型等特点。但它也存在一些不足,如刚度较小、耐磨性较差等。特别是影响质量的因素较多(如原材料优劣、作业人员技术素质、生产条件及环境因素等),这就使同类产品质量上的差异会很大。

与钢质、木质船相比,玻璃钢船具有较少维修的特点,这是玻璃钢本身的优越性能所决定的。但玻璃钢与所有材料一样,也存在着老化问题,只是老化进程较缓而已。即使在船艇表面施加了胶衣树脂形成了保护层,但由于厚度仅0.3~0.5 mm,在经常摩擦和环境侵蚀下也会损伤和减薄。所以,玻璃钢较少维护并非不需维护,适当的维护不仅可以保持漂亮的外观,还可延长玻璃钢船艇的寿命。

除机器、设备等按常规保养外,玻璃钢船艇的维护保养工作要点如下:

(1)避免接触尖锐、坚硬物体。玻璃钢船体与岸边石块、混凝土构筑物、金属构件摩擦碰撞时会产生擦痕等损伤,应采取防护措施。如在经常受摩擦的船首、靠码头部位及舷边等处设置防撞耐磨的金属及橡胶护舷材料,在甲板上铺设耐磨的橡胶、塑料软材等。

(2)发现损坏,及时修补。经常检查船体,如发现树脂剥落、划痕较深、露出纤维时,必须及时修补,否则由于水的渗入,会加速损坏。

(3)不用时,特别在寒冬季节,要上岸放置。由于玻璃钢有一定吸水性,水能沿玻璃纤维与树脂界面的微小通道逐渐渗入内部而使玻璃钢强度逐渐下降。特别是在冬季,渗入的水遇冷结冰,使渗水通道扩展,危害更大。因此,每到冬季船艇不用时,应离水上岸搁置,使渗入的水挥发出来,玻璃钢强度可逐渐恢复。这样做可延长船的使用寿命。船艇上岸后应先清洗,用衬垫物搁好摆正,最好放于室内,如放于室外,应用篷布遮盖,并经常通风,防止潮湿。凡船艇暂时不用时,最好离水上岸保养。

(4)船艇内勿长期积水。艇内如有水,应及时排除。如遇电瓶液等酸碱介质洒落艇内,必须及时用水冲洗清洁后擦干。

(5)避免长期在烈日下曝晒。在船艇停泊处应设置凉棚,长期曝晒对玻璃钢不利,胶衣层色泽也会受到影响。

(6)经常清洗保洁。船艇表面要经常保持清洁,甲板也要经常擦洗。被油污等物沾污的表面可用普通家用清洁剂清洗,不可用腐蚀性较强的溶剂,也不可用去污粉、金属丝擦洗,以免留下擦痕,影响美观。若污渍难除,可用汽油、煤油、柴油以及甲苯、二甲苯、苯乙烯、丙酮等清洗,但洗毕一定要立即用清水冲洗,防止侵入结构内部。清洗时也可辅以工具刮铲,但要用硬度低于玻璃钢的竹木片或塑料片等,以免刮伤表面。擦洗时可用汗布、纱布、软毛巾及软质泡沫塑料之类的软性材料。

(7)及时清除盐霜。在海区航行的船艇要及时除去附在艇表面的盐结晶物(盐霜),因盐结晶在阳光下有凸透镜的聚焦作用,会使表层玻璃钢在高温作用下加速老化。

(8)定期上蜡抛光。为使船壳外表光亮并保护胶衣层,应定期对船艇外表上蜡抛光。材料可用汽车蜡或玻璃钢专用上光蜡,可上2~3遍,每遍间隔2 h,使在玻璃钢表面形成一层坚韧的蜡膜。最好用手提抛光机抛光,使表面光亮如新。

(9)施加油漆,保持美观和耐久。带胶衣层的新艇外观漂亮,但在经二三年的使用后,颜色逐渐变淡并失去光泽,深色比浅色更甚。为保持船艇外表的美观,当外表胶衣层色泽陈旧、划痕较多时,可采取施加油漆的方法。在各种油漆中,以聚氨酯及环氧树脂漆为佳。在上漆前,艇表应先清洗,用洁膜水等除蜡剂除蜡,并用水磨砂纸水磨,深的划痕要嵌环氧腻子,按油漆要求做好前期工作后再施加油漆(最好喷漆),经油漆后的船艇又和新艇一样漂亮。

(10)船体破损严重时请联系生产公司或代理商委托维修。

根据以上例子,将本组所选择游艇保养方案,制作PPT,在班级里进行讨论,并将保养方案和方案总结填写在下表里。

游艇名称	
游艇保养方案	
方案总结	

【任务小结】

通过分组策划游艇保养方案为任务做引导，初步掌握游艇保养措施。通过任务训练，不仅巩固了读者的游艇保养知识，也更加加强读者的社会实践能力。同时加强了学习主动性和积极性,为学习后续任务打下了较好的基础。

【拓展提高】

游艇检验相关知识简介

一、游艇的检验类别

游艇常规检验包括初次检验和建造后检验两类。初次检验包括新建游艇的建造检验和现有游艇的初次检验。建造后检验包括年度检验、上排/坞内检验和临时检验。

二、中国船级社对游艇检验的技术要求

1. 初次检验

(1)游艇建造前应按本节规定将图纸资料一式三份送本社审查。

(2)批准的图纸仅在审图申请书上规定的建造艘数范围内有效。批准图纸的有效期限为4年。

(3)应视情况将下列图纸资料提交本社批准:

①总布置图。

②基本结构图。

③完整稳性计算书。

④消防和救生设备布置图(应包括应急通道和应急出口)。

⑤艇操作手册。

(4)除第(3)点外,本社可以根据艇的实际情况要求补充提交其他图纸资料。

(5)新建游艇艇体检验项目如下:

①确认艇体结构所用材料、工艺、设备等符合有关规范要求。

②检查艇体成型模具。

③检查建造厂提交的艇体板材(包括单板和夹层板)试样的力学性能试验报告。

④艇体装配的正确性、完整性用焊缝质量。

⑤艇体成型后的检验。

⑥检查第一层上层建筑和驾驶室前壁上的外窗的安装质量(包括玻璃、窗框及壁板之间的连接)。

⑦检查徐体结构的内部完整性(包括电缆、管子穿过主横隔壁的密封)。

⑧艇体密性试验,包括门、窗、盖的密性试验。

⑨检查设计水线标志。

⑩检查锚泊、系泊设备。

⑪检查应急通道、应急出口及栏杆、扶手。

⑫确认消防和救生器材的船用产品证书及配置。

⑬倾斜试验。

(6)新建游艇轮机检验项目如下,对批量生产的续制艇可以不需要:

①确认重要机械设备的船用产品证书,经同意可以接受游艇建造厂提交的适用的产品证书。

②管系装艇后的密性试验。

③重要机械的安装和试验。

④系统的安装和试验。

⑤遥控关闭装置的安装和试验,如燃料速闭阀等。

⑥确认有关的环保设施。

(7)新建游艇电气检验项目如下,对批量生产的续制艇可不需要:

①确认重要用途的电气设备、信号设备、航行设备、无线电通信设备的产品证书。

②发电机、蓄电池、配电板的检验和试验。

③电缆规格核查和安装检查。

④内部通信设备的试验。

⑤信号设备、无线电通信设备的安装检验和试验。

⑥主机、辅机、操舵系统及控制、安全和报警系统的检验和试验。

⑦防点燃设备的检查。

⑧照明系统检查。

(8)根据"系泊和航行试验大纲"进行系泊试验和航行试验。

(9)本社认为需要检查和试验的项目。

(10)现有游艇的初次检验。

①现有游艇初次检验中的送审图纸资料参照前面的规定。

②检验项可视艇龄和艇的实际情况确定,但至少按年度检验项目进行。

2. 建造后检验

(1)艇体年度检验项目如下:

①对纤维增强塑料艇,检查艇体结构和上层建筑的外表,观察有无裂缝、发白、分层现象。

②对金属艇,检查艇体外板、甲板、舱壁等腐蚀现象。

③检查艇体内部提供浮力的结构密闭性、完整性。

④检查艇体各种连接处有无松动、渗水现象。

⑤检查艇体外部风雨密完整性,尤其是高速艇前窗窗框及玻璃连接的有效性。

⑥检查乘员舱室通风是否有效。

⑦检查栏杆、扶手、通道,应急逃生口等的有效性。

⑧检查消防和救生设备的配置及其有效性。

(2)轮机及电气检验项目如下:

①检查主机及操控系统,并确认其处于良好的工作状态。

②检查油柜、油箱及燃油系统是否完好,应无渗漏现象。

③检查舱底系统、消防管,并确认其处于良好的工作状态。

④检查防污染设施的完整性。

⑤检查机器处所通风是否有效。

⑥检查石油气装置及使用汽油的安全。

⑦检查电气设备和电缆(包括有无损坏或老化)。

⑧检查电缆绝缘电阻、电气设备过载保护装置和接地。

⑨检查航行设备、信号设备、无线电通信设备的配置及有效性。

(3)上排/坞内检验项目如下

①检查水线以下艇壳板有无裂缝、损伤及腐蚀程度。

②检查舵、舵柱、舵承、Z 形推进装置、螺旋桨及其轴承、喷水推进、海底阀箱及格栅的完好性。

③检查艇壳上的接地板是否完好。

项目五　安全管理

【能力要求】

游艇具有刺激性、体验性以及高端的文化品位，能够满足人们对大海的情感诉求，已成为推动沿海旅游业的发展、带动景区经济增长的重要引擎之一。但由于种种原因，游艇运行中的各种安全事故不断，这给企业经济效益、游客安全带来很大的伤害。如何做好游艇营运安全管理工作，是游艇企业一项常抓不懈的工作。通过本项目学习要求了解各种安全事故发生的原因，以及避免此类安全事故安全防范措施。此外，要具备应急事故发生后的处理能力，以将事故的危害降到最低。

【工作任务】

1. 制订安全管理计划。
2. 制订安全管理制度。
3. 制订应急事故处理流程。

任务一　制订安全管理计划

【学习目标】

1. 了解安全事故发生的种类及原因。
2. 具备防范安全事故发生的方法和能力。

【任务解析】

制订安全管理计划，首先要了解安全事故发生的类型和原因，针对每一种可能发生的安全事故，分析其发生的原因，以及避免其发生的必要条件。其次，有针对性地提出安全防范措施，从源头上将安全隐患扼杀在萌芽之中，以确保游艇营运安全。

【任务实施】

一、相关知识

1. 游客安全控制与管理

游艇体积小、速度快，具有与其他交通工具不同的特点。与大型船舶相比，游艇主尺度较小，因此游客在艇上活动范围小，速度快，且在高速航行，与大型船舶相比不太平稳，与陆上交通工具比，因靠近水面，部分游客会产生惧怕心理，而有的游客会产生猎奇心理。因此，针对游艇的特点，应对游客进行安全管理，以保障游客人身及其财产安全。从游艇营运的环节分析，可从以下几个方面加强游客安全管理。

(1)检票

从词的含义来说,“检票”属于经济效益考虑的范畴,比如 ,一般认为“检票”的目的是防止游客无票上船,影响经济效益。但对于游艇业来说,检票还有其他的目的,检票并不只是为了防止逃票的行为,还有清点人数的作用。通过检票的环节,掌握上艇的确切人数,它的作用类似团队出游。旅行团出发前都会清点人数,并且每次上车、下车都会清点,以防止落下某个游客。在这里,检票的作用也是如此,掌握确切的人数,上岸时再清点一下,以确认游客全部安全离开游艇。

检票环节要注意乘员不得超过游艇核定人数。

(2)登艇安全

登艇,看起来很简单,但事实上,要做到安全登艇,也不是一件很容易的事情。首先要考虑游艇码头的建设。游艇码头一般为专用码头,因为其吃水较浅,不太适宜靠泊在大型船舶停靠的码头。游艇码头的建设一般要考虑其所处的水域,如内陆地区的水域,因没有潮汐影响,水面高度没有太大变化,而海边及靠近沿海地区的内河水域,由于潮汐的影响,水落差变化较大。因而前者可以采用固定码头,后者,最好采用浮动码头,以保证码头与游艇之间没有太大的高度差,以保证登艇安全。

其次,考虑登艇过程中的安全,因艇的甲板面积较小,且艇在水中,因人员上下,导致艇的重心变化,易发生晃动,而且我们的客人又因不太习惯在水上活动,可能导致重心不稳,以致跌落水中。为避免此类事故发生,对于较大的游艇,应尽量在码头与游艇之间设立较平稳的跳板,并在跳板两侧设置拦网等安全设施,以保证游客在踩空、重心不稳,可能掉落水中的情况下,可以保证游客的安全。对于较小的游艇,一般尽量靠近码头,游客可以直接跨上游艇,但为避免重心不稳掉入水中,应安排专人搀扶。

(3)乘艇安全

游客登艇以后,还要进行乘艇安全管理,这同样要区分艇的大小,分而管理。对于大型游艇,可以在游客登艇以后,集中向游客明示乘艇安全注意事项及救生衣放置位置,示范救生衣正确穿着方法。也可以在醒目的位置,装贴游客乘艇安全注意事项及正确穿着救生衣示意图。对于小型游艇,因艇面积狭小,可能没有游客在艇上自由行走的空间,游客在艇上只能按指定的位置就座,这类游艇,目前在中国,从安全管理的角度出发,一般要求游客在登艇前,或者一登艇就要穿上救生衣,并且在指定位置就座后,一般不得移动。这类游艇一般在游客座位的两旁或前面有固定的扶手供游客抓扶。

游客在游艇航行过程中,因好奇等因素,往往忽视游客乘艇安全注意事项,会做出多种可能产生危险的事情,这就要求工作人员在游艇航行过程中,采用目视管理,及时发现游客不安全的行为,予以制止。游客不安全的行为主要有以下几种情况:

①打闹　游客间,尤其是年龄偏小的游客可能会互相开玩笑,推搡对方,导致对方跌落水中。

②身体伸出舷外　游客可能会因为好奇、寻求刺激等因素,将手、脚伸入水中,享受因游艇高速行进而带来的感觉。此类行为,可能因艇的晃动而导致游客身体失去平衡而落入水中。

③自由行走　在较大的游艇,因艇甲板面积大且相对比较平稳,游客可以在艇上自由行走,但必须在安全区域。而对于小艇,如果游客离开座位自由行走,可能发生因艇晃动而使游客失去平衡。

④擅动艇上设施　游客可能会因为好奇,在未经工作人员同意的情况下,擅动艇上设施,这些情况包括去操作艇上设备按钮、破坏救生消防设备等行为,这些行为可能直接导致游艇处于不安全之中。

(4)离艇管理

离艇与登艇过程类似,同样要做好安全管理,以保证游客安全离艇。与登艇相比,不同的是要进行人数清点,以确认是否与检票数相同。离艇后,游客可能会滞留码头,因此为避免发生意外,因在码头安排工作人员,引导游客进入安全区域。

2. 员工的安全控制与管理

为确保游客的安全,对员工需进行安全教育,切实地负起安全责任,值守自己的工作岗位。游艇企业所有员工应履行以下通用职责:

(1)充分理解、执行公司安全和环境保护方针和相关规定、规则和指南;

(2)全力支持和配合指定人员的工作;

(3)熟悉和掌握本岗位相关的安全管理体系文件,负责主办文件的编写;

(4)要求和接受相关培训,不断提高安全管理技能;

(5)为游艇提供足够的资源和岸上支持;

(6)收集和处理与主管工作相关的安全管理信息;

(7)参加应急演习;

(8)负责持有的安全管理文件和记录的管理。

按照员工的工作岗位,对员工的职责要求如下:

(1)码头管理人员　码头管理人员不得擅离工作岗位,如有特殊事情,应履行请假,并经同意后方可离开工作岗位,且公司应安排替代的工作人员。在岗期间,除履行检票、引导游客登艇、离艇外,还应协助游客登艇、离艇安全,并且应定时巡查码头,及时发现被损码头设施并及时修复,以保证游客在码头安全。

(2)游艇操作人员　游艇操作人员应当经过专门的培训、考试,具备与驾驶的游艇、航行的水域相适应的专业知识和技能,掌握水上消防、救生和应急反应的基本要求,取得海事管理机构颁发的游艇操作人员适任证书。

未取得游艇操作人员适任证书的人员不得驾驶游艇。

虽然,游艇操作人员需要有证,才能保证安全驾驶游艇,但不等于有证就能保证绝对安全,除此以外,还应对游艇操作人员加强管理。

要保证安全生产,首先要在思想上足够重视,所以要做好宣传工作,让员工深知安全生产的重要性,领会安全生产与个人效益、集体利益和社会影响的关系,自觉地肩负起社会责任,杜绝麻痹大意思想,谨慎驾驶。

其次,要保证安全生产,游艇操作人员必须有良好的身体条件和心理素质。公司应关心爱护每一位员工,建设企业文化,为每位员工排忧解难,定期安排体检,并尽量减少加班,保证员工有足够的休息调整时间,以促使员工能每天都以饱满的情绪和良好的身体状态面对工作。

最后,要保证安全生产,游艇必须处于安全状态,这就要求每次在游艇开航之前,游艇操作人员应当做好安全检查,确保游艇适航。

船员完成每次出船任务后必须将船停到专用码头,必须对游船进行环卫清理、整理、通风,对电线、电耗、油线、油耗、机械等进行检查、归位并记录在表。最后把钥匙交游艇主管,认真填写《出船行程记录表》并签字,同时请主管经理、游船调度员和用船人(导游)签字确认。

(3)游艇企业安全管理人员　安全管理人员虽然不直接面对生产,但他们的工作也跟安全息息相关。首先管理人员要负责制定安全管理制度。要巩固无形的企业安全价值观,不能单纯停留在口号上,必须寓无形于有形之中,把它渗透到企业的每一项规章制度、政策及工作规范、标准和要求当中,充分阐释传播、系统灌输和认真实践企业的安全文化,树立安全质量管理是一切工作生命线的保障意识、不提升就是倒退的进取意识、不创新就是落后的超前意识、不落实就是欺诈的实干意识、不严格就是失职的责任意识等“五种意识”,使员工从事每一项经营管理活动,都能够感受到企业安全文化在其中的引导和控制作用。同时研究、规划和建立一些有益于增强安全意识、增加安全知识的艺术性较强的宣传标志、艺术作品,开展各种有益的文娱体育活动,逐步形成企业安全文化的浓厚氛围。

制定安全管理制度的目的是为了认真贯彻落实“安全第一、预防为主”的方针,促进各级部门及人员安全管理责任的有效落实,切实加强安全管理,保证游艇营运过程中的人身安全与健康。

对于企业制度的重要性,每一个员工都不会有疑义,能够达成共识。把制度建设与企业安全文化建设联系起来,并有意识地结合于管理工作的具体实践中,让员工把那些约束行为的制度变成了自己的行动指南,从思想上接受企业倡导的安全价值理念,企业安全文化才有恒久的活力。

其次,率先垂范,推行安全管理制度的实施。“安全第一”道理是一看就明,一讲就通,但一做就难,甚至有的人明知故犯。要真正落实“安全第一”,关键在企业老板和企业各级领导者对安全的深刻理解和实践活动中的自律。企业领导者是企业生产经营、制度建设的负责人,也是企业文化的倡导者和示范者,在塑造新型企业安全文化中起着举足轻重的作用。要自觉地贯彻落实《安全生产法》等法律法规,牢固树立“安全责任重于泰山”的意识,深刻认识安全管理是第一决策、第一话题、第一保障、第一要务,形成具有本企业特色的安全理念,不折不扣地履行安全职责,在切实抓好安全技术措施和安全管理的基础上,要积极宣传安全文化,身体力行,让员工看到企业提倡什么,反对什么,以及以什么样的准则和规范从事工作。

塑造企业安全文化是一项长期、艰巨而又细致的心理工作,一种优秀的企业文化的构建不像制定一项具体的制度,提一个宣传口号那样简单,它需要企业有意识、有目的、有组织地进行长期的总结、提炼、倡导和强化。这就要求企业各级领导者积极创造适应新的企业安全文化运行的管理制度和机制,持之以恒的研究探讨,完善机制,推行科学管理,实行民主管理,创造一个民主、和谐、安全的“家庭环境”,建设一个企业与员工的利益共同体。

另外,要做好游艇的安全维护工作。游艇航行前应当具备与航行水域相适应的安全结构、强度、稳性,配备相应的航行、通信、信号、救生、消防、防污染等设施、设备,满足水上交通安全和防治污染环境的要求。这就要求管理部门负责游艇的日常安全管理和维护保养,确保游艇处于良好的安全、技术状态,保证游艇航行、停泊以及游艇上人员的安全。

最后,管理部门应当做好资料管理工作。按照我国游艇安全管理条例,游艇应当随船携带有关船舶证书、文书及必备的航行资料,并做好航行等相关记录。并且游艇操作人员驾驶游艇时应当携带游艇操作人员适任证书。因此管理部门应督促游艇操作人员带齐所有资料应备。并制定相应安全管理表格,供员工填写,并做好资料的归档工作。

3. 游艇财产安全控制与管理

游艇财产安全控制与管理分航行和停泊两个阶段。

(1)游艇航行阶段

①靠离码头,船员驾船靠离码头时,必须做到缓起、慢停、轻靠。严禁急起、急停、撞靠,必须避免游船与游船、游船与码头的碰撞、摩擦、搁浅,造成船体和人员受伤或翻船事故。

②航行中,船员驾船航行中严禁急起、急停,必须避开浅水区、急流区、避免游船与水下湖底或不明物碰撞、摩擦、搁浅。

(2)游艇停泊阶段

船员完成每次出艇任务后必须将艇停到游艇专用码头,必须对游艇进行环卫清理、整理、通风,对电线、电耗、油线、油耗、机械等进行检查、归位并记录在表。最后把钥匙交游艇主管,认真填写《出船行程记录表》并签字,同时请主管经理、游艇调度员和用艇人签字确认。

4. 消防安全计划与管理

游艇消防安全工作必须有专人负责,一般公司指定专任领导主管,并设立消防安全管理部门,这项工作一般由公司安全生产管理部门兼任,并且每艘游艇指定消防员。游艇消防安全工作主要有以下几个方面。

(1)游艇上是否存放存在消防安全隐患物品

如果游艇上存放易燃易爆危险物品、枪支弹药等,有可能给消防安全带来隐患,因此此类舱口严禁携带存放游艇上。为防止此类物品出现,可定期进行检查。

(2)保证消防用品齐全有效

游艇上必须按规范配备足够的消防设施、器材,数量、品种和放置位置必须与游艇证书相符。并且消防设施、器材必须定期检查和更换,以保证其有效。

(3)定期消防演习

一旦出现火险时,为保证船员能及时采用正确的消防措施,首先必须对船员进行消防知识培训,并定期进行消防演习,以让船员掌握在不同的情况下采取合适的方法,以保障安全。

针对以上的消防工作内容,安全管理部门应编制消防安全计划,将检查消除安全隐患纳入工作计划,并编制消防用品定期检查表,消防用品更换计划表,消防演习计划表。坚持预防为主,防患未然。

5. 紧急情况的应对与管理

在游艇营运过程中,可能出现各种紧急情况,比如火灾、人员落水/搜救、设备故障、碰撞、触底/搁浅、人员意外受伤等情况。针对船舶可能发生的紧急情况,应规定船岸人员组织、处置、报告、反应及行动等应急要求,使船岸一体、迅速有效地采取应急行动,使紧急情况得到控制。

首先,游艇营运公司应成立应急领导小组,一般由总经理任公司应急总指挥,负责组织公司应急反应行动;并指定人员任公司应急副总指挥,协助总经理开展应急反应行动;并由安全主管负责发生紧急情况时保持船岸联络、与海事、港口等部门的联系,并负责提供机务技术方面的支持和物质保障。艇长任船舶应急总指挥,负责组织船员全力抢险,努力将事故的损失和危害降至最低程度。

其次,分析可能出现的应急情况。通过调查分析和借鉴其他经验教训,标识和阐述了公司所属游艇可能发生的紧急情况,并编制成册。当游艇航行区域和游艇种类变化出现新的紧急情况时,公司组织相关人员予以分析确认并制定应急操作措施。

最后,确定紧急情况处理程序。一旦,出现紧急情况时,应对照紧急情况类型,进入处理程序。主要程序有:

(1)报告

发生紧急情况时,艇长应及时按照制定的程序规定向安全主管和当地主管机关紧急报告。安全主管负责各海事机构联系办法等信息的及时更新,并及时告知游艇。

公司建立 24 h 值班制度(见附录五),确保船岸之间的有效沟通和联系,船岸之间可采用 HF、VHF、DSC、手机(根据各船现有的通信配备)等其他有效的联系方式。

紧急报告后,船岸双方应统一联络方式,在整个应急过程中保持联系的畅通。

(2)岸基应急部署

安全主管接到游艇的紧急报告后,立即判断事故的性质,向总经理、指定人员报告,根据总经理指令通知相关人员到公司参与应急行动,应急小组即告成立。

相关人员在接到通知后应立即到公司集中,按各类事故应急措施向游艇提供岸基支持。

应急行动由总经理主持(总经理不在时由指定人员临时主持)。并采取以下措施:

①由安全主管与游艇进一步联系,了解事故详细情况。

②研究分析游艇报告的情况,根据紧急情况的严重程度,判定可能的发展趋势。

③研究分析游艇提出的支援请求,尽可能给游艇提供所需要的支持。

④对游艇已经或正在采取的应急行动进行评估,并提出公司的意见和建议。

⑤对发生的持久性紧急情况,公司应急领导小组应做好后续行动安排,以保证船岸联络持续畅通和各种支援不间断。

⑥根据船游艇所面临的危险决定是否请求外援。

(3)紧急情况的解除:

紧急情况已解除并经船长确认,可转入正常时,公司应急小组方可解散。应急行动结束,公司总经理应对应急反应情况进行评定和总结。安全主管负责将应急过程记录整理在"岸基地应急反应记录"上。

二、相关训练

1. 训练任务:分组,某组确定一类型的游艇企业,各组针对该企业特点,制订该游艇公司游客安全管理计划。

2. 训练步骤:

(1) 分析该游艇企业的类型,所在地区游客的特点。

(2) 分析该游艇企业营运过程中可能存在的安全隐患。

(3) 分析海事安全部门对该类游艇企业和游艇的管理要求。

(4) 分析公司的机构设置、管理水平、员工素质、工作流程。

(5) 确定防范安全隐患的措施。

(6) 针对每一安全防范目标,确定达到目标所要求的宣传、管理行为。

(7) 综合所有的必须执行的管理行为,制订工作计划。

【任务小结】

通过本次任务的学习和训练，了解编制安全计划所需掌握的知识和信息，并针对不同的安全隐患，提出预防的措施。并结合自身情况，剖析自身以后顶岗还缺少哪些方面的素质与要求，在以后的学习与工作中不断完善自我，以求达到更高的水平，这样为以后的工作定位指明方向，同时为下一个任务奠定理论基础。

任务二 制定安全管理制度

【任务目标】

1. 了解游艇营运过程中安全管理内容。

2. 掌握编制各项安全管理制度的方法。

【任务解析】

任何一个营运企业，可能会碰到各种各样的安全问题，为遵循“预防为主”的原则，各公司都会分析本公司可能有的安全隐患，及可以采取的预防措施，以防止安全事故的发生。同样游艇营运企业与其他企业相比，有自己的特殊性，所以，应针对自己的特殊情况，编制适合自己情况的安全管理制度。

【任务实施】

一、相关知识

1. 消防安全检查制度

游艇消防安全工作贯彻执行“预防为主、防消结合”的方针。

(1)消防安全实行防火安全责任制：一般总经理为码头区域防火负责人，船长为船舶防火责任人，对船舶防火安全负全面的责任，并设专职或兼职消防员。

公司领导有对船员进行消防安全的宣传教育、消防演习、消防培训、提高船员消防知识、灭火技能和安全防范意识的责任。

(2)监督

游艇应接受公安消防和海事局对消防安全的监督检查以及公司的监督检查。公司的安全检查组及机务监督人员有权对游艇召集进行消防、弃船演习，对违反消防安全管理规定的行为有纠正权。

对检查发现的各类隐患，必须立即整改，整改暂有困难的，要采取安全防范措施，并报公司，由安全部负责协助船舶消除隐患。

(3)消防设备、器材管理

游艇应按《1974 年国际海上人命安全公约》及其修正案、船舶所入船级社的规范要求或船旗国的规定配备消防设备和器材。

消防设备、器材指定船员负责管理，由各主管人员按《游艇检修、养护责任分工》《游艇消防设备维护保养须知》的规定进行维护保养，保持消防设备、器材处于立即可用的良好状态。船长负责检查。

游艇应每月按“游艇防火定期检查表”规定的项目定期进行防火检查,认真填写“游艇防火定期检查表”并签名负责。检查出的问题应尽快纠正,船方无法自行解决,应立即报告公司落实解决。

游艇应每周对通用报警设备进行试验;定期对灭火器、消防设备进行检查,并挂牌。

游艇消防设备、设施的维护保养试验和检查应遵守《游艇消防设施和灭火器具维护保养、试验和检查须知》。

(4)火灾预防

首先,公司和全体员工应贯彻政府和有关主管部门以及港口颁发的消防法令和规章制度。游艇应配备:“消防安全操作手册”、“培训手册”,手册内容应与游艇消防设备、设施的实际相符。船员应严格遵守安全操作规程及有关安全规定。

其次,游艇建立防火巡回检查制度,游艇上不得存私放易燃易爆物品,每班至少按巡视检查一次,检查情况记入《航海日志》。禁止在游艇上吸烟。

同时,提高警惕,加强防范,发现火险隐患,及时报告;发现违章行为,人人有责制止。

(5)应急演习、训练与培训

游艇消防弃艇演习、训练与培训应遵守《游艇消防弃船演习、训练与培训须知》的规定。

(6)记录

“游艇防火定期检查表”检查记录由船长负责保存,保存期为 1 年。

2. 灭火器维护保养制度

为了加强灭火器维护、保养管理工作,确保火灾发生后每一个灭火器都能有效地用于灭火,在第一时间扑灭初期火灾,减少人员伤亡、物资损失,特制定如下制度:

(1)灭火器在运输和存放中,应避免倒放、雨淋、曝晒和接触腐蚀性物质。

(2)灭火器的存放环境温度应在 $-10\sim45$ ℃范围内。

(3)灭火器放置处,应保持干燥通风,防止筒体受潮腐蚀,应避免日光曝晒,以免影响灭火器正常使用。

(4)灭火器应按照制造厂规定的要求和检查周期,进行定期检查。灭火器的检查内容:

① 灭火器压力表的外表面不得有变形、损伤等缺陷,否则应予以更换。

② 压力表的指针是否指在绿区内,否则应充装驱动气体。

③ 灭火器喷嘴是否有变形、开裂、损伤等缺陷,否则应予以更换。

④ 灭火器的压把、阀体等金属件不得有严重损伤、变形、腐蚀等影响使用的缺陷,否则必须更换。

⑤ 筒体严重变形、筒体严重锈蚀或连接部位、筒底严重锈蚀的必须报废。

⑥ 火器的橡胶、塑料件不得变形、变色、老化或断裂,否则必须更换。

(5)灭火器一经开启,即使喷出不多,也必须按规定要求进行再充装,不得随便更改灭火剂的品种,质量和驱动气体压力。

(6)灭火器经检查发现存在问题的,必须即使更换。

(7)灭火器无论是使用过还是未经使用过,从生产日期算起,达到规定的维修年限后必须送维修单位进行维修,达到报废年限的必须报废。

3. 保安员岗位交接班制度

游艇码头区域不同于其他陆上公共区域，它邻近水域，稍有不慎，可能发生游客坠落水中的危险。如果游艇码头与货运码头相连，还有可能发生部分游客误入货运码头，给游客带来更大的伤害。码头上，为防止游客受到伤害，为设置一些安全防护设施，及消防设施，如果游客滞留码头，可能有个别游客因本身素质不高，会破坏公共设施，会给其他游客带来伤害。另外，游艇码头靠有游艇，需有人守护游艇安全。因此，码头一般配有保安，实行24 h值班制。保安一般根据情况，上班时间为8～12 h，为保证保安及时就岗，不出现空岗状态，一般需订立保安员岗位交接班制度。保安员岗位交接班制度如下：

(1) 接班队员提前15 min签到后到达岗位，由上一班保安员交代工作中就注意的事项，做好相关交接。

(2)交接班时就认真填写《值勤记录登记表》。交班时把注意事项，器械物品以及工具的相关情况记录交代给接班人，接班人应仔细检查并签名认可。

(3)接班人无论何种原因未能到岗或未办理交接班手续时，当班人员不得下班离岗。

(4)交班人员应该安排好本班未能处理的事情。

(5)交班人员下班后统一到指定位置集合，由组长讲评本班的工作情况，及交代其他事项。

(6) 注意上下班途中的仪容仪表和行为举止。

4. 水上游客安全管理制度

游客登艇后，为保障游客安全，杜绝意外事故发生，必须遵守相关的安全管理制度，水上游客安全管理制度大体有以下内容：

(1)游客登艇时，应注意脚下，严禁踩空，在游艇未完全靠好码头时，严禁登艇。

(2)游客登艇后，应及时找到自己的位置，就座。

(3)游客严禁将自己的身体探出艇外，以防重心不稳，被甩出艇外。

(4)严禁将易燃易爆及危险物品带上游艇。

(5)严禁在游艇嬉戏打闹，影响安全，更不得打架。

(6)在游艇航行期间或有应急情况发生时，应听从游艇操作人员指挥。

(7)航行结束，在游艇安全靠泊码头时，方可离开游艇上码头。

5. 码头游客安全管理制度

为保证游客在码头的安全，必须制订相关管理制度。码头游客安全管理设立宗旨是以人为本、预防为主。

(1)游客进入码头区域应听从管理人员指挥，行走安全通道，不得进入危险区域。

(2)游客不得破坏码头公共安全设施。

(3)游客不得在码头区域嬉戏打闹，影响安全。

(4)游客禁止将易燃易爆及危险物品带入码头。

(5)离开游艇后，无特殊原因，应迅速按出口指示方向，离开码头区域，不得逗留。

6. 游艇安全管理制度

为了规范游艇安全管理，保障水上人命和财产安全，防治游艇污染水域环境，促进游艇业的健康发展，根据水上交通安全管理和防治船舶污染水域环境的法律、行政法规，制定本规定。

(1)游艇应当经船舶检验机构按照交通运输部批准或者认可的游艇检验规定和规范进

行检验,并取得相应的船舶检验证书后方可使用。

(2)游艇有下列情形之一的,应当向船舶检验机构申请附加检验:

①发生事故,影响游艇适航性能的;

②改变游艇检验证书所限定类别的;

③船舶检验机构签发的证书失效的;

④游艇所有人变更、船名变更或者船籍港变更的;

⑤游艇结构或者重要的安全、防污染设施、设备发生改变的。

(3)游艇操作人员应当经过专门的培训、考试,具备与驾驶的游艇、航行的水域相适应的专业知识和技能,掌握水上消防、救生和应急反应的基本要求,取得海事管理机构颁发的游艇操作人员适任证书。未取得游艇操作人员适任证书的人员不得驾驶游艇。

(3)游艇在开航之前,游艇操作人员应当做好安全检查,确保游艇适航。并应携带以下证书和通信工具。

①游艇应当随船携带有关船舶证书、文书及必备的航行资料,并做好航行等相关记录。

②游艇应当随船携带可与当地海事管理机构、游艇俱乐部进行通信的无线电通信工具,并确保与岸基有效沟通。

③游艇操作人员驾驶游艇时应当携带游艇操作人员适任证书。

(4)游艇应当在其检验证书所确定的适航范围内航行。游艇在第一次出航前,应当将游艇的航行水域向当地海事管理机构备案。游艇每一次航行时,如果航行水域超出备案范围,应当在游艇出航前向海事管理机构报告船名、航行计划、游艇操作人员或者乘员的名单、应急联系方式。

(5)游艇航行时,除应当遵守避碰规则和当地海事管理机构发布的特别航行规定外,还应当遵守下列规定:

①游艇应当避免在恶劣天气以及其他危及航行安全的情况下航行。

②游艇应当避免在船舶定线制水域、主航道、锚地、养殖区、渡口附近水域以及交通密集区及其他交通管制水域航行,确需进入上述水域航行的,应当听从海事管理机构的指挥,并遵守限速规定;游艇不得在禁航区、安全作业区航行。

③不具备号灯及其他夜航条件的游艇不得夜航。

④游艇不得超过核定乘员航行。

(6)游艇操作人员不得酒后驾驶、疲劳驾驶。

(7)游艇的专用停泊水域或者停泊点,应当符合游艇安全靠泊、避风以及便利人员安全登离的要求。游艇在航行中的临时性停泊,应当选择不妨碍其他船舶航行、停泊、作业的水域。不得在主航道、锚地、禁航区、安全作业区、渡口附近以及海事管理机构公布的禁止停泊的水域内停泊。

(8)游艇不得违反有关防治船舶污染的法律、法规和规章的规定向水域排放油类物质、生活污水、垃圾和其他有毒有害物质。游艇应当配备必要的污油水回收装置、垃圾储集容器,并正确使用。游艇产生的废弃蓄电池等废弃物、油类物质、生活垃圾应当送交岸上接收处理,并做好记录。

(9)公司安全部门负责游艇的安全和防污染工作。安全部门负责游艇的日常安全管理和维护保养,确保游艇处于良好的安全、技术状态,保证游艇航行、停泊以及游艇上人员的安全。

①向游艇提供航行所需的气象、水文情况和海事管理机构发布的航行通(警)告等信息服务;遇有恶劣气候条件等不适合出航的情况或者海事管理机构禁止出航的警示时,应当制止游艇出航并通知已经出航的游艇返航。

②掌握游艇的每次出航、返航以及乘员情况,并做好记录备查。

③保持与游艇、海事管理机构之间的通信畅通。

④按照向海事管理机构备案的应急预案,定期组织内部管理的应急演练和游艇成员参加的应急演习。

(10)游艇必须在明显位置标明水上搜救专用电话号码、当地海事管理机构公布的水上安全频道和使用须知等内容。

(11)游艇遇险或者发生水上交通事故、污染事故,游艇操作人员及其他乘员、公司安全部门以及发现险情或者事故的船舶、人员应当立即向海事管理机构报告。公司应当立即启动应急预案。在救援到达之前,游艇上的人员应当尽力自救。

游艇操作人员及其他乘员对在航行、停泊时发现的水上交通事故、污染事故、求救信息或者违法行为应当及时向海事管理机构报告。需要施救的,在不严重危及游艇自身安全的情况下,游艇应当尽力救助水上遇险的人员。

7. 安全防范培训制度

安全防范教育是提高公司员工安全和防范意识的重要途径。为保证安全生产,贯彻预防为主的精神,公司领导必须把安全防范教育列为公司思想政治工作和精神文明建设的重要内容,列入公司工作计划。为提高公司员工的安全防范意识,一般制订以下治安防范教育培训制度。

(1)新聘和转岗人员培训制度

本制度规定了公司新聘用船员和转岗人员熟悉职责的方法及要求,旨在为公司配备合格、健康人员,适合岗位要求。

① 职责

人事主管负责公司新聘和转岗岸基和游艇操作人员职责熟悉的组织工作。安全主管负责实施对新聘和转岗岸基地人员的职责熟悉培训。安全、机务主管负责实施游艇操作人员的职责熟悉培训。

② 实施步骤

新聘和转岗的岸基地人员在上岗前,由人事主管组织熟悉职责培训,其他职能主管参加, 新聘和转岗的人事主管和安全主管由指定人员进行职责熟悉培训。

新聘和转岗游艇操作人员在上艇前由公司组织熟悉职责培训。

责任人员实施培训后,应对培训的效果进行考核评估。考核评估可以口头询问和书面试卷的方式进行。

③ 培训熟悉内容

培训内容主要包括新任岗位的职责、权力与其他岗位的关系;履行职责应掌握的相关程序和须知;相关的船舶,设备性能、操作须知,以及安全管理活动记录;游艇情况及所驾驶游艇的特殊要求及有关特殊安排。

④ 熟悉的方法:

a. 举行讲课培训;

b. 发给有关岗位职责和游艇详细情况的资料让本人自学;

c. 到公司相关部门参观、查阅安全管理记录。

⑤ 记录

由人事主管负责保存职责熟悉记录表 2 年。

(2)船岸人员培训

① 目的

制度规定了船岸人员进行培训的要求，旨在确保员工具有应用和理解安全管理文件和持续履行岗位职责能力。

② 适用范围

本制度适用于公司体系内岸基所有岗位、人员和船舶。

③ 培训形式

a. 脱产培训。脱离岗位，参加公司的集中培训或外部的专业、安全方面的培训。

b. 在岗培训。公司年度培训计划或临时培训计划中要求的业务学习和各主管、船舶自行组织的不脱产培训，包括自学、组织集中学习及实操。

④ 职责

a. 总经理负责批准人事主管制订的各种培训计划。

b. 指定人员负责审核培训计划。

c. 人事主管负责

· 负责接收岸基管理人员和船舶上报的培训需求；

· 负责制订和实施各种培训计划；

· 负责建立船岸人员的培训档案。

(3)游艇操作人员培训

游艇操作人员培训由国家认可的培训机构负责，拟驾驶游艇人员必须持有国家有关部门发放的相关证书。作为游艇俱乐部，可组织拟驾驶游艇人员的培训的工作，联系相关合法的培训单位，提供报名、送考、取证等一条龙服务。对于游艇营业企业，可组织任职人员参加相关的业务培训。

8. 停车场管理制度

(1) 停车场应按照规划、公安交通、安全生产、工商等管理部门的有关规定，办理相关手续，并到停车行业主管部门办理公共停车场经营备案登记手续。

(2)停车场管理人员应遵守服务规范；仪表端庄，佩戴标志；礼貌服务，举止文明；遵纪守法，讲求公德。

(3)停车场管理人员应履行的责任：

①正确引导车辆出入停车场，保证通道的通畅。

②正确引导车辆进入停车位，保障车辆停放有序。

③提醒停车人关好车窗、锁好车门，带好财物。

④维护停车场内停车秩序，闲杂人员不得在停车场内逗留游逛。

⑤检查停放车辆的车况，发现漏水、漏油等现象要及时通知车主。

⑥使用电子计时收费系统的停车场时，应提醒和指导停车人正确使用。

⑦对违章车辆，要及时制止并加以纠正。

⑧车辆预驶离停车场时，管理人员应及时到位引导，提示停车人出场路线。

⑨定期检查消防设施是否完好、有效，如有损坏，要及时通报上级，维修更换，不准使用

消防水源洗车等。

⑩值班人员不准睡觉、下棋、打扑克或进行其他与执勤无关的事，要勤巡逻，多观察，随时注意进入停车场库的车辆情况及车主的行为，对发现的问题，要及时报告上级部门。

⑪停车场内发生治安、安全、消防等事故，应立即向各主管部门报告。

二、相关训练

1. 训练目的

通过训练，了解安全管理制度编制程序，掌握安全管理制度编制方法。

2. 训练内容

要求分组，针对某游艇公司或游艇俱乐部，制定某个方面的安全管理制度。

3. 编制程序方法

(1)分析可能发生安全事故的原因、处理方法。

(2)分析应由谁来负责，这要求正确确定安全事故的责任人。

(3)分析怎么预防，涉及多少人。这里有两层含义：一预防时，需要做什么事，怎么做；二需要多少人做。最后，形成两个结论；①需要设立的组织机构，②各个人所应承担的职责及执行的先后顺序。

2. 训练要求

要求编制的安全事故管理制度，能针对相应的安全管理内容，确定合适的责任人、涉及的相关部门和人员，并能消除所有可能的安全隐患。

【任务小结】

通过本次任务的学习和训练，了解编制安全管理制度的目的和方法，了解编制安全管理制度的范围和内容。并结合自身情况，剖析自身以后顶岗还缺少哪些方面的素质与要求，在以后的学习与工作中不断完善自我，以求达到更高的水平，这样为以后的工作定位指明方向，同时为下一个任务奠定理论基础。

任务三 制定应急事故处理流程

【任务目标】

1. 了解游艇营运过程中可能产生的应急事故及危害。
2. 掌握各种应急事故处理程序。

【任务解析】

在了解游艇营运过程中可能产生的应急事故、危害及发生原因的基础上，分析各种应急事故可能产生的后果，及处理办法，制定最合适的处理程序，以将可能产生的危害降到最低。

【任务实施】

相关知识

游艇作为交通工具，不管是在游艇俱乐部，还是在营运企业，与其他交通工具一样，也会发生各种应急事故。为将事故的危害降到最低,需要针对各种应急事故,采取合适的措施。一般,公司会设立相应机构,负责应急事故处理,并制订应急事故处理流程。一般来说,总经理为应急事故处理负责人,具体应急事故处理由公司安全部门负责,其他部门全力配合。应急事故处理流程作为员工培训内容,要求公司每位员工熟知,以在应急事故发生后,按章办事,以将事故发生的危害降到最低。如果,发生重大事故,必须及时向当地海事部门报告。如发生人身伤害、财产损失,须启动家属安抚和赔偿处理程序。游艇航行过程中大致会碰到以下应急事故。

① 游艇出现故障　在离码头之前,如果游艇出现故障,应立即停止。但这时应考虑到游客的管理,如果有其他游艇,可更换,如果无备用游艇,就要安排人做好游客的安抚工作。如果在离开码头之后,出现故障,处理程序就相对复杂,其中最主要的是保障游客人身和财产安全。

② 游客跌落水中　游客跌落水中,不管是其跳入水中,还是不小心滑入水中的,船员必须及时进行救援,并且船员需要分工,要确保其他游客的安全,并视情况向相关部门报告情况。

③ 碰撞　游艇可能因种种原因与其他船舶或水中的固定物碰撞,对于游艇来说,游艇操作人员必须谨慎驾驶,严禁发生碰撞事故,因为一旦发生碰撞,因艇身小可能带来人身伤害。一旦事故发生,公司必须启动事故应急处理机制,而且,不管有没有人身伤害,都必须立即向海事部门报告。如果有人员落水失踪,海事部门会启动应急程序,安排相应水域船舶进行打捞。

④ 搁浅　搁浅是指因驾驶员操作不慎,将游艇开上了浅滩,而使游艇底部搁在滩上,不能离开。游艇一旦搁浅只有两种方法让其重回水中。一是等涨潮,让水面抬高,艇重新自主浮起。二是由其他船舶将它强行拖离浅滩。因此,不管哪种办法,都需要一定的时间才能解决,所以第一时间应让游客安全撤离。

⑤ 倾覆　倾覆是指游艇改变正浮状态,翻入水中。游艇由于大都采用轻型材料,所以与其他船舶不同之处是,其他船舶如果发生倾覆,因丧失浮力而沉船。而游艇翻了,一般不沉,但由于它的姿态改变,会将其上的乘客甩入水中,对于一些有固定舱室的游艇,则有可能将游客封在倒扣的舱内。

游艇倾覆带来的后果往往比碰撞严重得多,所以驾驶人员应随时了解游艇航行区域的天气情况,谨慎驾驶,并严禁超载。如果一旦发生倾覆事故,应立即向海事等相关部门报告。

⑥ 火灾　火灾在我们生活中由于种种原因,往往不经意就出现在我们身边,为提高防火灾能力,公司必须配备足够的消防设备,在各个区域指定消防责任人,并定时进行消防演习,以提高火警应急处理能力。

火灾的发生区域可分为岸上和游艇上,一旦发生火灾,应立即启动应急程序。首先,由相应区域消防责任人主持工作,a. 安排人员疏散游客,设立警戒线;b. 判断火灾发生的原因和危害程度,初步判断能否自行灭火,如可以,迅速用合适的消防器材灭火,如火势较大,应立即报警,并采取相应灭火措施,以减小火势。但如果火势较大,难于控制,应撤离到安全区域,等待专业消防人员。如果,火灾是出现在水上的游艇,如利用游艇上的消防器材不能灭火,应立即让游客穿上救生衣,带上救生圈等救生设备,迅速撤离游艇至水中。游艇驾驶人员将游艇驾驶相对空旷区域后,迅速跳水离开游艇。

⑦ 游客意外受伤或突发疾病　公司或俱乐部应配备医务人员,在游客意外受伤或突发

疾病时，进行简单处理或进行急救，并视情况决定是否迅速送医院以进行进一步治疗。

⑧ 醉酒闹事、斗殴、赌博、色情、吸毒事件　一旦出现醉酒闹事、斗殴、赌博、色情、吸毒事件时，应由公司安全部门出面进行管理，如果在艇上，应尽量安抚游客情绪，阐明安全的重要性，有问题到码头解决，一旦到码头后，迅速向相关部门报告。公司安全部门应详细了解事情发生的经过，尽量做说服工作，防止事态的严重化，如涉及违法，应立即报警。

二、相关训练

1. 训练目的

通过训练，了解应急事故处理程序，掌握应急事故处理方法。

2. 训练内容

要求分组，选择不同的应急事故，编制该应急事故处理程序。

3. 编制程序方法

(1)分析应急事故发生的原因、危害、处理方法。

(2)分析应由谁来负责，这要求正确确定处理应急事故的责任人。责任人位置过高，事务繁忙，小事等他来处理，小事会变大事。责任人位置过低，没有指挥权，又会扩大事故的危害程度，所以应视具体情况报告相应的责任人。

(3)分析谁应该知道，这要求正确分析应急事故应该知悉的范围。严重的事故必须报告当地海事部门，有的还必须对整个社会公开，比如 2014 年的马航失联事件。但有的事情不宜扩大化，扩大了，本身事情没什么，但可能在公众中造成恐慌。

(4)分析怎么处理，需要多少人处理。这里有两层含义：①处理时，需要做什么事，怎么做；②需要多少人做。最后，形成两个结论；①需要设立的组织机构；②各人所应承担的职责及执行的先后顺序。

2. 训练要求

要求编制的应急事故处理程序 ，能针对相应的应急事故，确定合适的责任人、参与处理的相关部门和人员，并能确定正确的处理程序和方法。

【任务小结】

通过以本次任务的学习和训练，让读者了解游艇营运过程中可能产生的应急事故，分析其产生的原因，并针对不同的应急事故，提出最恰当的处置方案。并结合自身情况，剖析自身以后顶岗还缺少哪些方面的素质与要求，在以后的学习与工作中不断完善自我，以求达到更高的水平，这样为以后的工作定位指明方向，同时为下一个任务奠定理论基础。

项目六　人力资源管理

任务一　优化人力资源管理

【学习目标】

1. 掌握游艇人力资源管理的概念、内容和原则。
2. 了解游艇人力资源规划的步骤和内容。
3. 掌握员工招聘的原则和程序。
4. 掌握绩效与绩效管理的概念、特点及作用。

【任务解析】

在人类所拥有的一切资源中，人力资源是第一宝贵的，自然成了现代管理的核心，不断提高人力资源开发与管理的水平，不仅是当前发展经济、提高市场竞争力的需要，也是一个国家、一个民族、一个地区、一个单位长期兴旺发达的重要保证，更是一个现代人充分开发自身潜能、适应社会、改造社会的重要措施。

【任务实施】

一、相关知识

（一）资源管理的概念、内容和原则

1. 人力资源管理的概念

我们把人力资源管理定义为：运用科学的理论、原则和方法，对人力资源进行有效地开发和利用，以提高员工的素质，使每位员工正确认识自己在组织中应完成的任务和承担的责任，设法最大限度地调动其工作积极性，从而不断提高员工的劳动效率。

2. 人力资源管理的内容

人力资源管理的内容源于传统人事管理，而又超越传统人事管理的现代人力资源管理，人力资源管理主要应包括哪些具体内容呢？

人力资源管理关心的是“人”的问题，其核心是认识人性、尊重人性，强调管理“以人为本”。在一个组织中，围绕人，主要关心人本身、人与人的关系、人与工作的关系、人与环境的关系、人与组织的关系等。

（1）现代人力资源管理系统

目前比较公认的观点是：现代人力资源管理就是一个人力资源的获取、整合、保持激励、控制调整及开发的过程。一般说来，现代人力资源管理主要包括以下10大系统。

①人力资源的战略规划、决策系统。

②人力资源的成本核算与管理系统。

③人力资源的招聘、选拔与录用系统。

④人力资源的教育培训系统。

⑤人力资源的工作绩效考评系统。

⑤人力资源的薪酬福利管理与激励系统。

⑦人力资源的保障系统。

⑧人力资源的职业发展设计系统。

⑨人力资源管理的政策、法规系统。

⑩人力资源管理的诊断系统。

为了科学、有效地实施现代人力资源管理各大系统的职能，对于从事人力资源管理工作的人员有必要掌握三方面的知识：①关于人的心理、行为及其本性的一些认识；②心理、行为测评及其分析技术，即测什么、怎么测、效果如何等；③职务分析技术，即了解工作内容、责任者、工作岗位、工作时间、怎么操作、为什么做等方面的技术。这是从事人力资源管理工作的前提和基础。

(2)人力资源的具体内容

具体说来，现代人力管理主要包括以下一些具体内容和工作任务。

①制订人力资源计划

根据组织的发展战略和经营计划，评估组织的人力资源现状及发展趋势，收集和分析人力资源供给与需求方面的信息和资料，预测人力资源供给和需求的发展趋势，制订人力资源招聘、调配、培训、开发及发展计划等政策和措施。

②人力资源成本会计工作

人力资源管理部门应与财务等部门合作，建立人力资源会计体系，开展人力资源投入成本与产出效益的核算工作。人力资源会计工作不仅可以改进人力资源管理工作本身，而且可以为决策部门提供准确和量化的依据。

③岗位分析和工作设计

对组织中的各个工作和岗位进行分析，确定每一个工作和岗位对员工的具体要求，包括：a. 技术及种类、范围和熟悉程度；b. 学习、工作与生活经验；c. 身体健康状况；d. 工作的责任、权利与义务等方面的情况。这种具体要求必须形成书面材料，这就是工作岗位职责说明书。这种说明书不仅是招聘工作的依据，也是对员工的工作表现进行评价的标准，以及对员工进行培训、调配、晋升等工作的根据。

④人力资源的招聘与选拔

根据组织内的岗位需要及工作岗位职责说明书，利用各种方法和手段，如接受推荐、刊登广告、举办人才交流会、到职业介绍所登记等，从组织内部或外部吸引应聘人员以及委托知名的猎头公司，并且经过资格审查，如接受教育程度、工作经历、年龄、健康状况等方面的审查，从应聘人员中初选出一定数量的候选人，再经过严格的考试，如笔试、面试、评价中心、情景模拟等方法，进行筛选，最后确定录用人选。人力资源的选拔应遵循平等就业、双向选择、择优录用等原则。

⑤雇佣管理与劳资关系

员工一旦被组织聘用，就与组织形成了一种被雇佣与雇佣的、相互依存的劳资关系，为了保护双方的合法权益，有必要就员工的工资、福利、工作条件和环境等事宜达成协议，签订劳动合同。

⑥入厂教育、培训和发展

应聘进入组织(主要指企业)的任何一个新员工,都必须接受入厂教育,这是帮助新员工了解和适应组织、接受组织文化的有效手段。入厂教育的主要内容包括组织的历史发展状况和未来发展规划、职业道德和组织纪律、劳动安全卫生、社会保障和质量管理知识与要求、岗位职责、员工权益及工资福利状况等。

为了提高广大员工的工作能力和技能,有必要开展富有针对性的岗位技能培训。对于管理人员,尤其是对即将晋升者有必要开展提高性的培训和教育,目的是促使他们尽快具有在更高一级职位上工作的全面知识、熟练技能、管理技巧和应变能力。

⑦工作绩效考核

工作绩效考核就是对照工作岗位职责说明书和工作任务,对员工的业务能力、工作表现及工作态度等进行评价,并给予量化处理的过程。这种评价可以是自我总结式的,也可以是他评式的,或者是综合评价。考核结果是员工晋升、接受奖惩、发放工资、接受培训等的有效依据,它有利于调动员工的积极性和创造性,检查和改进人力资源管理工作。

⑧帮助员工的职业生涯发展

人力资源管理部门和管理人员有责任鼓励和关心员工的个人发展,帮助其制订个人发展计划,并及时进行监督和考察。这样做有利于促进组织的发展,使员工有归属感,进而激发其工作积极性和创造性,提高组织效益。人力资源管理部门在帮助员工制订其个人发展计划时,有必要考虑它与组织发展计划的协调性或一致性。也只有这样,人力资源管理部门才能对员工实施有效的帮助和指导,促使个人发展计划的顺利实施并取得成效。

⑨员工工资报酬与福利保障设计

合理、科学的工资报酬福利体系关系到组织中员工队伍的稳定与否。人力资源管理部门要从员工的资历、职级、岗位及实际表现和工作成绩等方面,来为员工制定相应的、具有吸引力的工资报酬福利标准和制度。工资报酬应随着员工的工作职务升降、工作岗位变换、工作表现好坏与工作成绩进行相应的调整,不能只升不降。

员工福利是社会和组织保障的一部分,是工资报酬的补充或延续。它主要包括政府规定的退休金或养老保险、医疗保险、失业保险、工伤保险、节假日,并且为了保障员工的工作安全卫生,提供必要的安全培训教育、良好的劳动工作条件等。

⑩保管员工档案

人力资源管理部门有责任保管员工入厂时的简历以及入厂后关于工作主动性、工作表现、工作成绩、工资报酬、职务升降、奖惩、接受培训和教育等方面的书面记录材料。

(3)游艇人力资源管理的内容

一般而言,游艇人力资源管理包括以下方面的内容,但由于游艇的规模、管理模式不同,各游艇的人力资源管理的内容也不完全一致。

①人力资源规划管理

人力资源规划是对游艇未来需求和供给之间出现的可能差异进行分析,或是对游艇人力需求与供给做出的估计。这个规划管理分为短期、中期、长期,一般来说,短期规划为本年或下一年的计划,既可以是执行中的计划,也可以是对明年的预测;中期规划为三年期以内的计划;长期规划为五年期以上的计划。游艇的人力资源规划一般是指中长期规划,它对游艇发展具有方向指导性。游艇的人力资源规划一般包括职务岗位规划、人员编制规划、工资福利规划、人力分配规划、教育培训规划等。

②员工选聘和录用管理

员工的选聘和录用是在需求预测和供给预测基础上进行的,是以最小的代价获得满足游艇需要的合格的员工和管理者,是游艇人力资源管理的重要环节,是吸收“好人”的一个重要渠道,它将关系到游艇的兴衰和有无竞争力。所以必须强化员工选聘和录用管理,并给予高度重视。员工选聘和录用管理主要包括以下三个方面的工作。

a. 根据游艇的需要,通过工作分析,确定游艇员工需要的数量、类别。

b. 通过多种渠道和媒介进行宣传,吸引合格者前来应聘。

c. 通过各种选聘方法和测试,发现并确定游艇需要的合格人才,从而选聘出合格的员工。

③员工薪酬管理

游艇员工薪酬管理是人力资源管理的重要组成部分。充分发挥工资的职能,使之不仅能保障员工的基本生活,满足员工生存的需要,而且能够激发员工的劳动热情,起到经济杠杆的作用,促进企业经济效益的提高。制订游艇薪酬管理的各项制度必须从游艇的实际出发,保证公平、合理,体现按劳分配、多劳多得的原则。在薪酬管理上,要严格制度,加强管理,必须克服随意性。

④员工的保险和生活福利制度管理

游艇的福利保险制度是社会福利保险制度的一部分,而且随着改革开放的深入,这部分管理越来越大(虽然有一部分已经社会化,但游艇内部在短时期内还不能全部推向社会,而社会上的各种保险、福利制度的改革,势必给游艇带来影响和付出费用)。

3. 游艇人力资源管理的原则

(1)科学化原则

人力资源管理是管理科学的一个分支,它运用各种科学原理,以研究游艇人力资源管理工作的客观规律、游艇各生产要素的最佳理论为基础,是根据社会的发展不断演变进化的。当前重要的是游艇人力资源管理要从传统的管理向现代化的科学管理过渡,运用现代的、科学的管理理论和测量手段,合理用人、按能授职、科学管理。

(2)规范化原则

游艇人力资源管理本身应是严谨和程序化的。它的系统性、完整性决定了游艇人力资源管理的成败,是人力资源管理的关键。随意性、朝令夕改,势必使游艇的人力资源管理无法控制,执行贯彻很困难。管理者和员工就会怨声载道,还会挫伤员工的积极性。

(3)操作化原则

游艇的人力资源管理是通过良好的人力资源管理制度,对游艇人力资源实施有效的管理,因此它的可操作性必须强,否则就失去了制度存在的意义。

(4)公平化原则

游艇的人力资源管理制度必须坚持制度面前人人平等的原则,必须明确游艇任何一项人力资源管理制度一经确认,无论职务大小、等级高低、岗位区别,都具有相同的约束力。

(5)灵活性原则

从现实来看,游艇的人力资源管理处于一个运动的状态,还存在着各种技术人员分布不合理、人员比例失调等不合理现象,需要一个不断发展、完善的过程。灵活性原则指的是在人员调配和流动的动态中,各项人事管理制度、管理方法要最佳结合,使用和管理好人力资源,充分发挥个人的积极性和创造性,以提高劳动生产率和游艇的经济效益。

（二）人力资源战略规划

游艇人力资源规划是游艇人力资源管理中的第一个步骤，是各项具体人力资源管理工作的起点和依据。人力资源管理过程如图6－1所示。

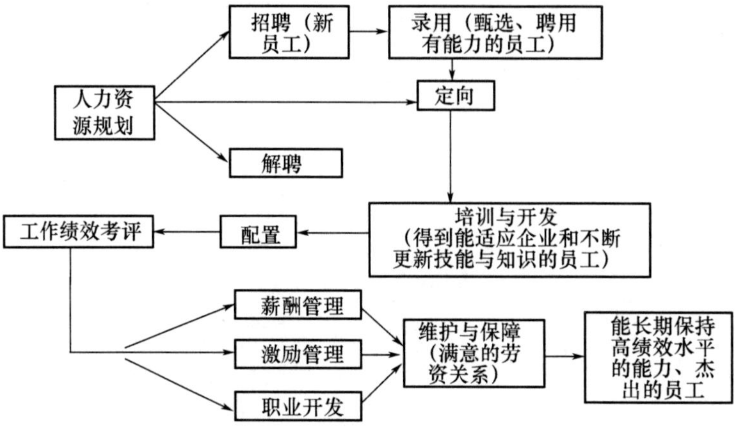

图6－1 人力资源管理过程

游艇人力资源规划与另外其他几个步骤如能得到妥善实施，可以使游艇配备到能干的、高绩效的员工，这些人将在一段较长的时间内保持良好的绩效水平。

1. 游艇人力资源规划的含义与意义

（1）游艇人力资源规划的含义

游艇人力资源规划是指游艇从战略规划和发展目标出发，根据外部环境的变化，预测游艇未来发展对人力资源的需求及满足需求提供人力资源的过程。简单地说，就是运用科学的方法进行游艇人力资源供需预测，制定相应的政策和措施，从而使游艇人力资源供给和需求达到平衡。

（2）游艇人力资源规划的内容

游艇人力资源规划可以分为战略发展规划（决策层）、组织人事规划、制度建设规划和员工发展规划四类，具体包括以下几个方面。

①预测未来的组织结构

外部环境的变化，如全球市场的变化、跨国经营的需要、流程和技术的更新、新服务项目的产生等，将影响整个游艇的组织结构。因此，应对未来游艇的组织结构进行预测评估。

②晋升规划

晋升规划实质上是游艇晋升政策的一种表达方式，是指根据游艇的人员分布状况和层级结构，拟定员工的提升政策和晋升路线，包括晋升比例、平均年薪、晋升时间、晋升人数等指标。对游艇来说，有计划地提升有能力的人员，以满足职务对人的要求，是组织的一项重要职能，对员工个人而言，有计划地提升，能满足员工自我实现的需求。

③补充规划

补充规划是人事政策的具体体现，目的是合理填补组织中、长期内可能产生的职位空缺。补充规划与晋升规划是密切相关的。由于晋升规划的影响，组织内的职位空缺逐级向下移动，最终积累在较低层次的人员需求上。同时这也说明，低层次人员的吸收录用必须考虑若干年后的使用问题。

④培训开发规划

培训开发规划的目的是为游艇中长期所需弥补的职位空缺事先储备人员。在缺乏有目的、有计划的培训开发规划情况下,员工自己也会培养自己,但是效果未必理想,也未必符合组织中职务的要求。当我们把培训开发规划与晋升规划、补充规划联系在一起的时候,培训的目的性就明确了,培训的效果也会明显提高。

⑤调配规划

游艇内的人员在未来职位的分配,是通过有计划的人员内部流动来实现的。这种内部的流动计划就是调配规划,如轮岗、人力使用计划等。在制定调配规划时,应注意解决两个问题。第一,当上层职位较少而待提升人员较多时,应通过调配规划增强流动。这样,不仅可以减少员工对工作单调、枯燥乏味的不满,又可以等待上层职位空缺的出现。第二,在超员的情况下,通过调配规划可改变工作的分配方式,从而减少负担过重的职位数量,解决工作负荷不均的问题。

⑥工资规划

工资规划的目的是确保未来的人工成本不超过合理的支付限度。未来的工资总额取决于游艇的员工是如何分布的,不同分布状况的人工成本有很大的差异。

(3) 游艇人力资源规划的意义

通过人力资源规划,游艇可以将企业的目标转移为需要哪些人员来实现这些目标。人力资源规划不仅为指导现时的人力配备需要提供了指南,同时也能预测未来的人力资源需要和可能。

游艇通过自己的人力资源规划,为实现自身组织目标,在人力资源方面可以全面、系统地做好相应的准备工作。首先,这种工作体现在组织规模设计上,如企业全体员工的数量、管理人员与一线员工之间的比例等;其次,各类员工之间的性别、年龄、受教育状况的比例是否符合企业发展的要求;第三,通过预测方法,不断储备人才,同时解聘那些不符合游艇公司要求的员工。

(3)游艇人力资源规划的具体实施

①游艇人力资源规划的步骤

游艇人力资源规划可划分为四个步骤。

a. 对游艇当前的人力资源状况进行评价。

b. 对游艇未来的人力资源需求进行预估。

c. 引进行游艇人力资源供需分析和比较。

d. 制订满足游艇未来人力资源需要的行动方案。

②游艇人力资源、规划的具体实施

a. 对游艇当前的人力资源状况进行评价

游艇管理者首先要对现有人力资源的状况做考察,这是编制游艇人力资源规划的第一步。考察内容主要包括员工年龄结构的分析与评估、员工性别比例的分析与评估、员工工作经验的分析与评估、员工学历结构的分析与评估、员工知识水平和能力水平的分析与评估等。这些通常以人力资源调查的方式进行。在计算机系统高度发达的年代,对于绝大多数管理者来说,要形成一份人力资源调查报告并不是一项困难的任务。这份报告的数据主要来源于员工填写的调查表。调查表可开列姓名、最高学历、所受培训、以前就业情况、所学外语、能力和专长等栏目，然后发给组织中的每一个员工进行填写。此项调查能帮助管理者评价组织中现有的人才与技能。

b. 对游艇未来的人力资源需求进行预估

未来人力资源的需要是由企业的目标和战略决定的。人力资源需求是游艇的产品或服务需求状况的一种反映，是基于对总营业额的估计，游艇管理者为达到某一营业规模而配备相应数量和结构的人力资源。在某种情况下，这种关系也可能相反，当一些特殊的技能为必不可少而又供应紧张时，现有的符合要求的人力资源状况就会决定营业的规模。不过，在大多数情况下，是以游艇总目标和基于此进行的营业规模作为主要依据，来确定游艇的人力资源需要状况。

c. 进行游艇人力资源供需分析和比较

在对现有能力和未来需要作了全面评估以后，人力资源部的管理者对游艇人力资源的需求量(数量和结构)和供应量(内部供应和外部供应)进行分析和比较，可以测算出游艇人力资源的短缺程度及出现超员配置的领域。

d. 制订满足游艇未来人力资源需要的行动方案

游艇人力资源部门根据上述分析和比较拟订出行动方案，包括游艇人力资源供求协调平衡的总计划和各项业务计划、调整游艇人力资源短缺或过剩的政策措施。

解决人员短缺的常见政策措施有培训现有员工以提升补缺，并相应提高其待遇；对员工进行平行性岗位调动；延长员工工作时间或增加工作负荷量，并给予超时超负荷的奖励；

重新设计工作以提高员工工作效率；改进技术和流程；制订招聘政策，对外招聘员工等。

解决内部人员过剩的常见政策措施有永久性地裁减员工或辞退员工；关闭一些不盈利的部门或机构；将员工重新培训，调往新的岗位；减少工作时间或多人分担一个工作岗位，并相应地减少工资等。

(三)招聘选拔与培训开发

1. 游艇招聘与录用的意义

市场竞争归根到底是人才的竞争。随着经济的发展，各行各业对人才的需求也越来越强烈，游艇行业要发展就必须不断地吸纳人才。招聘就是替企业或机构的职位空缺挑具有符合该职位所需才能的人员的过程，求才的目的在于选择一位最适宜、最优秀的才。游艇行业人员流动性较大，有人员流动就有人员招聘，而且游艇内部存在正常的员调动、人员辞退和人员退休，所以游艇员工的招聘工作是游艇人力资源管理中的经常性工作。

人员招聘与录用是组织寻找、吸引那些有能力又有兴趣到本组织任职，并从中挑出适宜人员予以录用的过程。

游艇招聘与录用的意义主要有如下四个方面。

(1) 游艇补充人力资源的基本途径

游艇的人力资源状况处于变化的过程中，游艇内人力资源向社会流动、游艇内部的事变动(如升迁、降职、辞退、退休等)等诸多因素导致了企业的人员变动。同时，游艇有自身的发展目标和规划，企业的成长也是人力资源拥有量的扩张过程。上述情况意味着游艇的人力资源也是处于稀缺状态的，需要经常补充员工。因此，通过市场获取人力资源成为游艇的一项经常性工作，人员招聘也就成为游艇补充员工的基本途径。

(2)有助于创造游艇的竞争优势

现代的市场竞争归根到底就是人才的竞争。一家企业拥有什么样的员工,就在一定意义上决定了它在市场竞争中处于何种地位——是立于不败地位,还是最后面临被淘汰的噩运。对人才的获取是通过人员招聘来实现的,因此游艇招聘能否有效地完成任务,对于提高游艇的竞争力、绩效以及现实发展目标都有至关重要的影响。从这个角度来说,人员招聘是游艇创造竞争优势的基础环节。对于获取某些实现企业发展目标急需的紧缺人才来说,人员招聘更有着特殊的意义。

(3)有助于游艇形象的传播

许多经验表明,人员招聘既是吸引、招募人才的过程,又是向外界宣传组织形象、扩大组织影响力和知名度的一个窗口。应聘者可以通过招聘过程来了解该企业的组织结构、经营理念、管理特色、企业文化等。尽管游艇人员招聘不是以组织形象传播为目的的,但招聘过程客观上具有这样的功能,这是企业不可忽视的一个方面。

(4)有助于游艇文化的建设

有效的招聘既能使游艇得到合适的人员,同时也能为人员的保持打下基础,有助于减少因人员流动过于频繁而带来的损失,并增进游艇内部的良好气氛,如能增强游艇组织内部的凝聚力,提高士气,增强员工对企业的忠诚度等。同时,有效的招聘工作对游艇人力资源管理的其他职能也有所帮助。

2. 游艇招聘与录用者的素质要求

由于一些人缺乏对服务工作的正确理解和认识,曲解了社会分工中人与人之间的关系,当然也就缺乏应有的敬业乐业精神。如果以这种缺乏敬业乐业精神的状态投入工作,只能是凑合、敷衍了事,而且还容易产生自我疑虑和自我轻视的意识。同时,也存在着另一种思想:或是认为游艇工作人员的服务是单向付出,游客旅居游艇是有求于我;或是认为,同样是人,为什么一方是心情享受而另一方却是尽力服务,心理不平衡,因而对工作抱着一种怨气,总想发泄或态度蛮横。这都会使游艇人员素质下降,游艇服务工作被动,服务意识淡漠。因此,对于游艇从业人员来说,更新服务理念是提高游艇服务质量的保证。

职业道德、价值观念、文化修养等决定着服务意识。游艇员工有什么样的服务意识,就有什么样的服务。有好的服务意识,当然提供的就是优质的服务;而差的服务意识,当然提供的就是劣质的服务。因此,服务意识关系着服务水准、服务质量。游艇若要使自己立于常胜之地,就必须培养良好的服务意识。

因此,游艇招聘与录用的员工必须具有以下素质。

(1)主动热情,坚持宾客至上

主动热情是员工主动愿望的本质表现,是提供优质服务的基础。主动就是要充分发挥主人翁责任感,杜绝消极应付、马马虎虎。

(2)耐心周到,做到体贴入微

耐心周到是游艇优质服务的要求,也是优良服务态度的重要体现。耐心就是要有耐性,不急躁、不厌烦,态度和蔼、办事认真,使每位客人高兴而来、满意而归。

(3)礼貌服务,发扬民族美德

礼节礼貌反映一个国家的精神文明和国民的文化修养,体现游艇服务人员的道德风尚。坚持礼貌服务,是发扬民族美德的需要,也是游艇优质服务的基本要求。

(4)较强的交际能力

游艇员工在与客人的交往中,要把顾客当作“熟悉的陌生人”,即“一见如故”,这样便会摆脱过于机械客套和被动的应付状态,使顾客感觉到一种比较自然的、发自游艇员工内心的、真心诚意的礼遇。

第一印象对人际交往的建立和维持是非常重要的。仪表、仪态的优美,真诚的微笑,无微不至的礼貌是给顾客留下良好印象的关键。顾客对游艇整体印象的判断常常来自游艇服务中最薄弱、最欠周到的地方。所以,每一个游艇员工都应该持之以恒地与顾客建立良好的人际关系,不能因为自己的一时失误和思考不周而怠慢顾客,从而断送自己在其他时候以及其他员工与顾客所建立的良好的人际关系。

(5)较强的语言运用能力

①逻辑:因果关系、假设关系、递进关系等方面的正确使用。

②修辞:言简意赅、清晰易懂。

③语气:自然流畅、和蔼可亲、礼貌有加。

④肢体语言:恰当地运用手势、动作。

⑤表达时机和表达对象:根据不同场合和不同身份进行适当的表达。

⑥掌握至少一门外语,精通普通话或者粤语。

(6)深刻的记忆能力

①客人所需要的服务能够得到及时、准确地提供。

②使顾客能够从员工的细节记忆中(如客人的姓名、职业、籍贯、性格、兴趣、爱 好、忌讳、饮食习惯)感受到自己的重要性和被尊重。

③使顾客能够得到个性化、有针对性的周到服务。

④使游艇员工在提供服务中运用自如、不出差错。(牢记服务规范,才能娴熟自如地运用)

⑤使游艇的服务资源能够得到最大限度地挖掘和利用。

(7)敏锐的观察能力

游艇为顾客提供的服务有以下三种。

①顾客讲得非常明确的服务要求(只要服务技能娴熟,容易办到)。

②例行性的服务(应当为顾客提供的、不需要顾客提醒的服务,如行李员帮忙放行李)。

③顾客没有想到、没法想到或正在考虑的潜在服务要求。

第一种服务是被动性的,第二、三种服务是主动性的。

(8)灵活机智的应变能力

游艇的突发事件屡见不鲜,既有来自顾客单方面的,也有来自顾客与员工之间的。突发事件的处理对于游艇形象的树立非常重要,从中也能衡量员工综合素质的高低。

3. 游艇招聘与录用的原则

由于游艇管理者的教育文化背景不同,其对管理用人的理念差异很大,这就造成了管理者缺少共同的招聘原则。对新招员工,经常是一位经理非常满意、赞不绝口,而另一位经理却认为一无是处。由于招聘原则不一致,经常是人力资源部推荐的候选人被用人经理否决,而用人经理看重的人得不到人力资源部经理的赞同。因此要想提高招聘效率,首先应建立起一个大家公认的招聘和录用的原则。

(1)准确的原则

所谓准确,是指在招聘过程中能准确地预测应聘者的工作表现,因为招聘实际上是一个预测活动，通过面试和各种测试来预测候选人在未来工作中的工作绩效和工作表现。很多人把准确招聘理解成判断应聘者是否在夸大自己的长处使面试官造成错觉。因此，他们把面试中大部分精力都用在观察应聘者是否在说假话，内容是否前后矛盾上，忽略了对应聘者真正能力的观察。根据美国的统计，50%的应聘者在面试时都有意无意地夸大了自己的能力。因此，当你发现一个面试者无意中夸大自己的长处时，应该从正面引导对方，使他回到现实话题中，但不要对应聘者夸张的描述纠结不休。

(2)公平原则

公平就是确保选拔制度给予合格应征者平等的获选机会。要做到公平就应注意以下两点。

①一个公平的制度应该包括统一和有效的标准。无论是对内部候选人还是对外部候选人，无论是对游艇总经理推荐的候选人还是对一些没有后台背景来应聘的候选人，企业都要有统一的标准进行招聘。有效的标准用人条件应该准确地反映岗位的需求，同时能够帮助筛选出合格的应征者。

②同一职位对所有应征者都应该使用同样的、与工作有关的各项能力作为录用考核的标准，而与工作无关的能力不予考虑。很多招聘主管对内招聘的尺度比对外招聘宽对自己熟悉的人的尺度要比不熟悉的人松，对在著名企业工作的候选人面试时盘问得比较松，而对在小公司工作的人面试就非常严格。

(3)因事择人，知事识人

所谓因事择人，就是员工的选聘应以实际工作的需要和岗位的空缺情况为出发点，根据岗位对任职者的资格要求选用人员。人员的配备不能由管理者的个人需要或意志来决定，也不能假借工作需要来达到个人的目的。

知事识人，要求游艇管理者对每一个游艇工作岗位的责任、义务和要求非常明确，应当学会鉴别人才，掌握基本的人才测试、选拔、录取的方法，要使自己成为一个好的管理者、一个"伯乐"，应懂得什么样的岗位上安排什么样的人。

(4)任人唯贤，知人善用

任人唯贤，强调出于"公心"来用人，以事业为重，做到大贤大用、小贤小用、不贤不用。韩国三星集团创始人李秉喆一直坚持"人才第一"的经营理念。为了选优淘劣，李秉喆首先实行了公开招聘员工的制度，从而排除了学缘、血缘、地缘关系，摆脱了论资排辈的弊端。实行能力主义的原则，是三星人事管理的突出特点之一。

(5)用人不疑，疑人不用

用人不疑，疑人不用，这是游艇管理者管理下属的基本方式。先秦时期的荀况就认为，用人不疑是最大的智慧，"莫大于弃疑"，用人不疑，高度信任下属，这也是满足下属精神需求、激励其行为的方式。每一个智力正常的人，都希望别人信任自己，希望自己在别人眼中是可以信赖的人。作为下属，更加渴望获得管理者的信任。如果游艇管理者高度信任下属，让他们放开手脚大胆工作，就会激励下属最大限度地发挥聪明才智，积极肯干，变革创新，表现出极大的工作热情。可以说，游艇的管理者给下属多少信任，下属就还给管理者多少干劲，信任和干劲成正比。从心理学上讲，每个人都渴望自己的价值得到社会和他人的肯定，而在各种价值肯定中，上司的赞许和信任，会使部下感到是对自己价值的最好承认和最大鼓励，往往会用拼死效力来回报上司的信任。而做上司的一定要认识人的这一心理特点，善用信任来赢得部下的心。

（三）游艇员工的招聘与甄选

1. 游艇员工的招聘程序

游艇人员招聘从确定组织职位空缺、制订招聘计划、发布招聘信息开始，然后进行招聘测试和筛选、录用、试用期考察，再到正式录用、签订劳动合同，最后是对招聘工作进行评估，这个过程包括招募、甄选录用和评估三个环节、六大步骤，如图 6－2 所示。

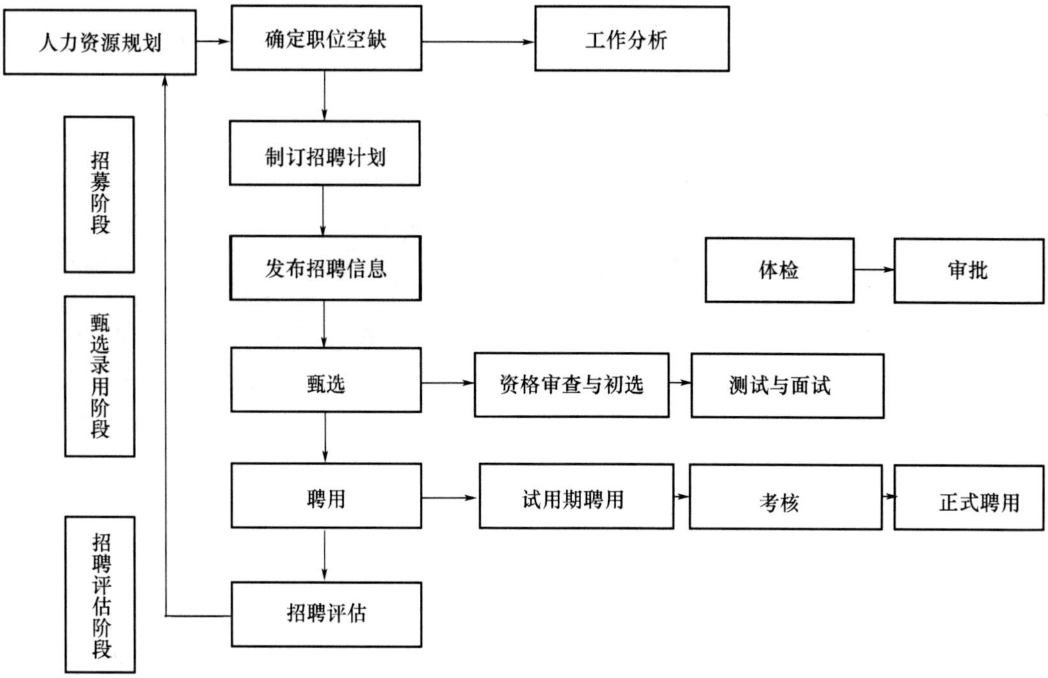

图 6－2　游艇人员招聘程序

（1）确定空缺职位

职位空缺是在游艇人力资源规划和工作分析的基础上确定的，是招聘活动的起点，它包括确定职位空缺的数量和质量两个方面。只有明确获知游艇中各部门的空缺职位及其具体要求后，才能制订招聘计划，实施招聘工作。

需要强调的是，游艇填补职位空缺的方法很多，而招聘只是其中的一种，因此，只有当游艇选择了招聘方法时，整个招聘工作的程序才会开始运作，否则即便存在职位空缺，招聘也不会转化为现实的工作。例如，游艇通过增加其他职位的工作职责，增加其他员工的工作量，或通过培训、技术改造等手段提高员工的工作效率，都可以减少原有的人员编制，解决职位空缺的问题，代替招聘补充人员的途径。

确定职位空缺的操作步骤是根据各部门上报各岗位的空缺人数，对照职务说明书明确岗位任职要求，分析游艇内部人力资源供给情况，确定空缺岗位是否能够在游艇内部员工中补充，最后确定需要从外部招聘的岗位和人数。

（2）制订招聘计划

招聘计划是在游艇人力资源规划的基础上，根据游艇用人部门确定的职位空缺，对招聘的岗位、人员数量、时间限制等因素做出详细的计划和部署。制订招聘计划是为了使招聘工作更具合理性和科学性,保证招聘质量。招聘工作直接影响着游艇人力资源的开发与管理,招聘工作不到位会严重影响游艇以后的发展。招聘计划的具体内容如下。

①招聘岗位、人员的数量和种类。

②招聘岗位的具体要求及任职条件。

③招聘信息发布的时间、方式、渠道和范围。

④招聘对象的来源和范围。

⑤招聘的具体方式。

⑥招聘测试的实施部门。

⑦招聘预算。

⑧招聘结束时间和新员工到位时间。

(3)发布招聘信息

招聘信息发布的时间、方式、渠道和范围是根据招聘计划来确定的。招聘的岗位数量、对任职者的要求、招募对象的来源、加上对新员工到位时间的限制、招聘预算的限制等种种因素,使招聘信息的发布在时间、方式、渠道和范围上也不相同。

①招聘信息发布的种类

发布招聘信息的渠道和方式可以概括为内部招聘与外部招聘两种,但具体途径和方法很多,每种都各有其特点。游艇应认真分析、综合考虑,针对招聘的职位选择合适的渠道和方法,做出正确的决策。

②招聘信息发布的范围和时间

在游艇招聘选择发布渠道和方式时应注意信息发布的范围和时间。信息发布的范围是由招募对象的范围来决定的。发布信息的面越广,接收到信息的人就越多,应聘者也就相对越多,可能选择余地会比较大。相应地,费用也会增加。

游艇招聘工作的时间安排应考虑招聘地区劳动力市场的季节性和时间性。如大量招聘新员工时,信息发布选择在大专院校读者毕业前的就业高峰期效果可能会更好。此外,在条件允许的情况下,游艇应尽早将招聘信息向公众发布,这样有利于缩短招聘周期,而且可以使更多的人获取信息,增加应聘候选人。

(4)甄选

游艇通过对应聘者的申请进行资格审查,再经过人力资源部和用人部门的全面考核测试,在了解应聘者的实际能力和真正潜力的基础上进行筛选,决定录用。这是招聘工作的关键环节,技术性很强,它的每一步工作都决定着招聘质量的好坏。

①资格审查和初选

资格审查是对求职者是否符合该职位的基本要求进行审查。最初的资格审查是游艇人力资源部门通过审阅求职者的个人资料及工作申请表进行的。

应聘者发出求职申请有两种方式:一是通过信函向游艇公司提出申请;二是直接填写游艇求职申请表。无论是个人投递的应聘申请表,还是填写游艇的求职申请表,一般主要包括三方面的内容:应聘的具体职位或职位意向、个人简历和证明材料。个人简历包括求职者的个人基本情况(如年龄、性别、教育程度、个人爱好、特长等)。

②面试和测试

人力资源部门对应聘者的个人资料和职位应聘申请表进行阅读和整理,并对应聘者所提供的信息予以查证核实,在此基础上进行初步甄选或淘汰,决定参加面试考核的人选。

通过面试，游艇公司可以了解求职者的具体条件和要求，获得是否与特定工作要求符合的重要信息。面试的次数取决于游艇招聘策略、录用；人员的重要性和准确评价求职者的难度等因素。

招聘过程中还经常采用知识技能考试或心理测试的方法，科学地、客观地了解求职者与工作有关的各方面情况以及其发展潜力，为录用合适人选提供依据。比较常见的考试与测试有专业知识和技能考试、能力测试、智力测试、工作动机测试、态度测试、人格测试、兴趣测试、情景模拟测试、工作现场测试等。

③体检

在决定录用前，要求应聘者通过体格检查，获得健康证明，是游艇企业招聘与录用工作中不能忽视的环节。游艇企业是与客人直接接触的服务性行业，如餐饮、厨房等大量服务工作都关系到客人的身体健康。因此，游艇首先要防止传染病患者被录用。同时，游艇企业工作的劳动强度大，客观上要求招聘时必须重视挑选身体健康的求职者。此外，录用健康的员工也可以为企业减少医药费的支出。

④审核批准

当人力资源部门确认应聘者是合适的人选后，应将职位申请书、参考资料、面试记录、健康卡等统一汇总和记录，交由游艇企业最高管理者做最后的审核批准。

对于整个招募过程，审核批准前的每一个步骤都有一个关键决策点，应聘者如果达不到该决策点的要求就会被淘汰，只有通过决策点的应聘者才能继续参加下面的选拔。至于每个决策点的标准是什么，游艇要根据自己的实际情况确定，但总的原则是以空缺职位所要求的任职资格条件为依据。

(5)聘用

①发放录用通知书

游艇为决定录用的员工发出录用通知书。为以示正式，录用通知多采用书面形式。

录用通知书的内容包括有关工作和聘用条件的详细说明、有关游艇的人事制度和规定、上班报到的具体时间等。

②试用期聘用

游艇对刚录用的新员工实行试用期考察，这是组织和个人在最初阶段建立相互认知和适应的过程，双方可以通过试用期来确认彼此的选择是否合适。游艇的试用期考察一般在3~6个月。因个人工作成绩突出或组织的特殊需要免除或缩短试用期的，须由相关部门和游艇领导根据员工录用审批权限给予批准。

③正式聘用

试用期满，通过考察、考核和转正评估后，游艇与员工签订劳动合同，以法律形式确定相互间的劳务关系。员工转正后，享有正式员工的权利，同时负有正式员工责任。

(6)招聘评估

招聘评估是招聘工作的回顾、分析和总结。完整的招聘过程应重视招聘的评估环节。招聘评估工作主要包括成本评估和录用人员评估。通过这两项评估，可以从数量、质量、效率方面对招聘工作进行评价。研究表明，不同的招聘渠道和招聘方法的招聘效果是不同的，用不同的方法招聘的员工，可能表现出不同的工作绩效、流失率和缺勤率。因此，通过招聘评估工作，可以发现招聘工作中存在的问题，以便在将来的招聘工作中进行修正，并找出更有效的方法，提高下一轮招聘工作的效率和质量。

①招聘成本的评估

招聘成本的评估是指对招聘中的费用进行调查核实,并对照预算进行评价的过程。招聘成本评估师鉴定招聘效率的一个重要指标是,如果成本低而录用人员质量高,那么就意味着招聘效率高;反之则低。相同的成本,如果录用的人数多且素质高,也意味着招聘效率高。

招聘成本评估工作主要包括招聘预算和招聘核算。招聘预算是全年人力资源开发与管理总预算的一部分。游艇人力资源部要根据年度或专项招聘计划,对照以往实际费用支出情况,拟订合理的招聘费用预算,经游艇上级领导及有关部门批准执行。招聘预算费用主要包括广告费用、中介机构费用、招聘测试费用、体检费用等。招聘核算是指对招聘的经费使用情况进行度量、计算、审计等,再通过与预算经费进行对比,就可以知道是否符合预算,明确主要差异出在哪些地方。

②录用人员评估

录用人员评估是根据招聘计划对录用人员的质量和数量进行评估的过程。录用人员数量评估主要从完成几个指标进行计算分析。

2. 游艇招聘渠道

游艇的人员招聘可分为内部招聘和外部招聘两种渠道。

(1)内部招聘

①工作公告法

工作公告法是通过向员工通报现有职位空缺,从而吸引相关人员来申请这些职位的常用方法。这种招募方法面向游艇所有员工,能为员工晋升和发展提供平等机会,同时,使个人在组织中有自我选择最合适自己的工作的机会,有利于员工将个人目标与组织目标保持一致,有利于创造一个更开放的用人机制和组织环境。工作公告中一般应包括空缺职位的各种信息,如岗位名称、工作内容、资格要求、工作时间等。

②档案记录法

档案记录法是指游艇人力资源部通过员工的个人资料档案,了解员工的技能和工作绩效有关的信息,从中确定出符合空缺职位要求的候选人。这方面的信息主要包括姓名、工作类别、所受教育或培训、以往所从事的工作、经历与经验、工作业绩、奖罚记录、工资水平等,同时也包括正式的评估结果,如培训考核、绩效考核结果,招聘时的有关能力、人格等方面的心理测试结果等。

当然,档案记录法只是人力资源部门以真实而客观的信息作为招聘选拔人才的重要依据,而在决定任用时,与相关部门管理者和个人的充分沟通也是十分重要的。

③员工推荐法

员工推荐法是通过提名、投票等方法由员工推荐他人作为符合空缺职位候选人的方法。它可以是同职级的同事间的推荐,也可以是跨职级的推荐,如下级推荐上级或上级推荐下属候选空缺职位。

(2)外部招聘

外部招聘是指游艇从本单位外部寻找、吸引求职者,以补充本组织空缺职位的过程。当游艇需要大量人员补充时,主要是通过外部招聘来解决。

外部招聘的方法主要有以下几种:

①刊登广告;

②人才招聘会;

③就业机构；
④猎头公司；
⑤院校招聘；
⑥网络招聘。

(四)绩效管理与薪酬管理

1. 绩效管理

(1)绩效管理的概念

绩效是指全体员工在一定时间与条件下完成工作任务所表现出的工作行为和所取得的工作结果。

游艇绩效指的是游艇各级员工的综合表现，是行为与结果的统一体。对游艇而言，绩效是工作任务在数量、质量、效率、结果等方面完成的情况；对员工个人而言，绩效是上级和同事对自己工作状况的考评。

(2)绩效的特点

①多因性

多因性是指绩效的优劣不是取决于单一因素，而是受到主观、客观多种因素的影响，即员工的技能(S)、激励(M)、环境(E)、机会(O)，其中，前两者是员工自身的主观性影响因素，后两者则是客观性影响因素，如图6－3所示。

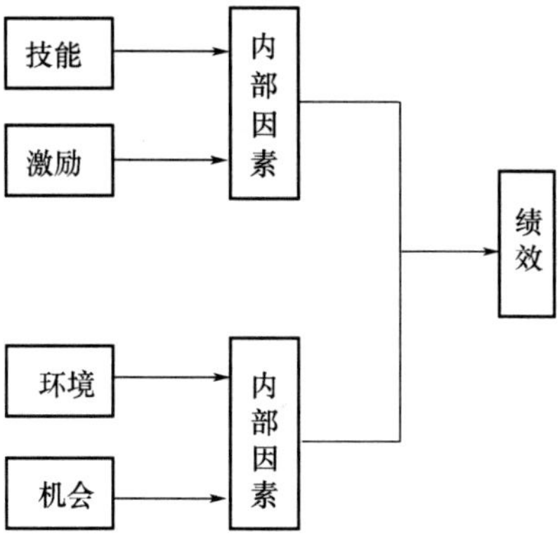

图6－3　绩效的多因性

②多维性

多维性指应从多种维度去分析和考评绩效，如游艇员工的绩效体现在数量指标、质量指标、原材料成本消耗、出勤、纪律性等多个方面。

③动态性

动态性指员工的绩效是会变化的。也就是说，游艇员工的绩效会随着时间的推移而变化，绩效差的可能会改善成好的，好的可能退步变差。这一特征要求考评者不可凭一时印象，以僵化的观点看待被考评者的绩效。

总之，绩效的多因性要求考评者全面地进行考评，绩效的多维性要求考评者从绩效的多个角度进行考评，而绩效的动态性要求考评者用发展的眼光进行考评，只有这样才能保证考评成绩客观准确、公正、公平，力戒主观片面和僵化。

(3)绩效管理的定义

绩效管理是指游艇管理者用来确保员工的工作行为和工作结果与游艇的战略目标保持一致的手段及过程。

游艇绩效管理既是管理者和员工就应当实现的工作目标以及如何实现目标达成共识的一个过程,同时也是通过人员管理、流程管理等来实现游艇成功的一种方法。

游艇绩效管理往往充分开发和利用每个员工的资源来提高游艇整体绩效,即通过提高员工的绩效达到改善游艇整体绩效的目的,从而确保游艇战略目标的成功。

(4)绩突变管理的“三阶段论”

纵观绩效管理理论与方法的发展历史,基本上经历了三个阶段。

①财务导向阶段

在西方经济学“利润最大化”理论的影响下,企业为追逐利润、实现快速发展,把绩效管理关注点放在利润上,基于这种思想设计出的绩效管理模式可以称为“财务型绩效管理”。

②目标导向阶段

以美国管理大师德鲁克提出的“目标管理”(Management by Objectives,MBO)理论为标志,绩效管理进入了目标管理时代,也有人把绩效管理称作目标管理。众多管理学者和企业经营者,竞相推行、实践目标管理,极大地促进了绩效管理的发展。基于目标管理思想设计出的绩效管理模式可称为“目标型绩效管理”。

③战略导向阶段

企业开始更多地关注自身的社会责任和员工的成长,强调企业内外部的和谐发展,从这一点上看,绩效管理完成了一次飞跃。以战略导向为设计思想的绩效管理,可以称为“战略型绩效管理”。

2. 薪酬管理

(1)薪酬概念

随着薪酬理论、经济学理论和管理学理论的不断演变,薪酬的概念也在不断地发展。在现代社会,薪酬理论与管理理论的关系越来越密切,但薪酬理论在发展早期则与经济理论有着更紧密的联系。由于历史发展和学科的分支,薪酬在经济学家和管理学家视野中的界定也出现了明显的不同。从经济学视角下探讨的薪酬具有宏观性和抽象性,更具有一般劳动者的工资概念,同时包括的范围有一定的狭隘性。从管理视角研究的薪酬则具有更丰富的维度和内涵,本书所采用的是管理学视角的薪酬概念,即广义的薪酬概念。

(2)薪酬管理概述

企业的薪酬管理,就是企业管理者对本企业员工薪酬的支付标准、发放水平、要素结构进行确定、分配和调整的过程。在这一过程中,企业必须就薪酬水平、薪酬体系、薪酬结构、薪酬形式以及特殊员工群体的薪酬做出决策。同时,作为一种持续的组织过程,企业还要持续不断地制订薪酬计划、拟定薪酬预算、就薪酬管理问题与员工进行沟通,同时对薪酬系统本身的有效性做出评价,而后不断予以完善。企业薪酬管理主要包括确定薪酬管理目标、选择薪酬政策、制订薪酬计划和调整薪酬结构内容等。

传统的薪酬管理仅具有物质报酬分配的性质,而对被管理者的行为特征考虑较少。现代企业薪酬管理理念发生了完全不同的变化,薪酬管理的着眼点转移到了人。企业经营者首先要树立战略目标,企业战略目标的实现有赖于对员工的有效激励。激励分为外部和内部两种。按照传统的类别划分,工资、奖金、福利等经济性报酬是外部激励因素;而岗位的多样化、从事挑战性的工作、取得成就、得到认可、承担责任、获取技能和事业发展的机会等非经济性报酬则是员工的内部激励要素。

(3)薪酬管理理论

企业薪酬管理的基本思路随企业发展的不同阶段而调整。但是,薪酬管理的技术和方法却是一个不断完善和发展的过程。在薪酬管理领域中,往往实务先于理论,推动理论不断发展。

(4)现代薪酬管理的发展趋势

建立全新的、科学的、系统的薪酬管理系统,对于企业在知识经济时代获得生存和竞争优势具有重要意义;而改革和完善薪酬制度,也是当前企业面临的一项紧迫任务。与传统薪酬管理相比较,现代薪酬管理有以下发展趋势。

①全面薪酬制度

薪酬既不是单一的工资,也不是纯粹的货币形式的报酬,它还包括精神方面的激励,如优越的工作条件、良好的工作氛围、培训机会、晋升机会等,这些方面也应该很好地融入薪酬体系中去。内在薪酬和外在薪酬应该完美结合,偏重任何一方都是跛脚走路。物质和精神并重,这就是目前提倡的全面薪酬制度。

②薪酬与绩效挂钩

单纯的高薪并不能起到激励作用,只有与绩效紧密结合的薪酬才能够充分调动员工的积极性。而从薪酬结构上看,绩效工资的出现丰富了薪酬的内涵,过去的那种单一的、僵死的薪酬制度已经越来越少,取而代之的是与个人绩效和团队绩效紧密挂钩的灵活的薪酬体系。

③宽带型薪酬结构

工资的等级减少,而各种职位等级的工资之间可以交叉。宽带的薪酬结构可以说是为配合组织扁平化而量身定做的,它打破了传统薪酬结构所维护的等级制度,有利于企业引导员工将注意力从职位晋升或薪酬等级的晋升转移到个人发展和能力的提高方面,给予绩效优秀者比较大的薪酬上升空间。

④薪酬制度的透明化

关于薪酬的支付方式到底应该公开还是透明,这个问题一直存在比较大的争议。从最近的资料来看,支持透明化的呼声越来越高,因为毕竟保密的薪酬制度使薪酬应有的激励作用大打折扣。而且,实行保密薪酬制度的企业经常出现这样的现象;强烈的好奇心理使得员工通过各种渠道打听同事的工资额,使得刚制订的保密薪酬很快就变成透明的,即使制定严格的保密制度也很难防止这种现象发生。既然保密薪酬起不到保密作用,不如直接使用透明薪酬。

⑤有弹性、可选择的福利制度

公司在福利方面的投入在总的成本里所占的比例是比较高的,但这部分的支出往往被员工忽视,认为不如货币形式的薪酬实在,有一种吃力不讨好的感觉:而且,员工在福利方面的偏好也是因人而异,个性化很强。解决这一问题,目前最常用的方法是采用选择性福利,即让员工在规定的范围内选择自己喜欢的福利组合。

二、相关训练

1. 制订游艇公司人才招聘计划,并选择至少3种以上途径模拟发布招聘信息。

招聘计划

2. 招聘计划发布方式设计。

【任务小结】

通过学习游艇人力资源管理的概念、内容和原则，掌握了游艇人力资源管理的含义；了解游艇人力资源规划的步骤和内容，为后续制定相关游艇人力资源规划打下基础；对于员工招聘的原则和程序、薪酬与绩效管理的概念，也做出了详细讲解。

【拓展提高】

针对以上相关训练中的招聘计划，模拟写出一份求职自荐信，注意游艇工作人员的素质要求和自荐信要求。

项目七　游艇俱乐部财务管理

任务一　游艇俱乐部财务基础知识认知

【学习目标】

1. 理解游艇俱乐部财务工作特征和部门组成。
2. 熟悉游艇俱乐部财务部工作内容。
3. 了解游艇俱乐部财务管理制度。

【任务解析】

游艇俱乐部的创建需要大量的资金和游艇运营过程中资金流动的不均衡性使得游艇财务部的运作有非常高的要求。财务管理是在一定的整体目标下，关于资产的购置（投资），资本的融通（筹资）和经营中现金流量（营运资金），以及利润分配的管理。财务管理是企业管理的一个组成部分，它是根据财经法规制度，按照财务管理的原则，组织企业财务活动，处理财务关系的一项经济管理工作。简单地说，财务管理是组织企业财务活动，处理财务关系的一项经济管理工作。

本任务主要围绕如何组建游艇俱乐部财务部进行简要阐述。具体围绕游艇俱乐部财务管理工作内容、部门设置和管理制度三方面进行讨论。最后以模拟组建游艇俱乐部财务部为任务加以巩固游艇俱乐部财务部的相关知识。

【任务实施】

一、相关知识

（一）游艇俱乐部财务管理工作内容

1. 游艇俱乐部财务特征

游艇俱乐部是个综合性游艇服务行业，例如游艇俱乐部是个需配备国际标准游艇泊位、游艇岸吊设备、加油设施、游艇展示厅、游艇维修保养仓等多项设施和相应服务性劳动的商业性机构。游艇俱乐部也是资本密集型和劳动密集型行业，在经营中表现出以下特征：

服务与销售的同一性。对于短期购买游艇服务项目或租用游艇而言，游艇俱乐部所提供的游艇服务产品与制造业、金融业、商贸流通业不同，是服务和销售合一的特殊产品。从客户来到游艇俱乐部开始，生产与销售即开始，从迎宾、游艇服务登记、游艇驶离码头、休闲娱乐、观赏海上美景等直到客户离开游艇俱乐部、送机送站等服务。整个过程中，游艇俱乐部的游艇服务产品、码头服务产品等基本上没有储存。由于游艇俱乐部经营的这一特点，要求游艇俱乐部管理者不仅要关注游艇俱乐部收入、成本的高低，同时要注意生产服务时的质量、标准与效益。

高比例的固定成本。投资建造游艇俱乐部尤其是档次高、规模大的游艇俱乐部，其房屋建筑物、游艇码头及相关设施设备，需巨大资本投入。一般来说游艇俱乐部的固定资产约占企业全部资产的80%以上。其中游艇码头固定资产投资比例较高，游艇部门、游艇会所等其他部门等固定资产相对较低。这些固定资产的投入表现为经营期间的固定成本，并对利润产生极大的影响。

销量的不确定性。游艇俱乐部的销量受政治、经济形势、季节的影响。在市场繁荣时期或旺季游艇或码头出租率为满员，甚至出现超卖现象。在市场萧条时期或淡季，游艇或码头的出租率甚至低于20%。由于游艇服务产品具有不可储存性，需要游艇俱乐部能平衡各方面资源，不断开拓市场，优化产品组合，提高经济效益和投资回报率。

营运资金周转快，需要量较大。游艇俱乐部作为综合服务行业，客流多样、交易频繁，需要一定的营运资金保证客人的消费与结算的进行。游艇俱乐部费用支出如人力资源费用、能耗费用、物耗费用等在消费时同时发生的，是必需的支出，这些支出需要有足够多的收入予以弥补，以保证下一阶段游艇俱乐部营运所需资金。所以游艇俱乐部要加速资金周转，必须建立严格的收入审计制度，杜绝漏账、错账、呆账、坏账的发生，保证营业收入及时、准确得以实现。同时要建严密的物品采购、入库、领料、发料、生产销售制度、合理用料、合理生产，减少浪费和损失，保证游艇俱乐部利润的实现。

2. 游艇俱乐部财务管理内容与方法

(1)游艇俱乐部财务管理概念

游艇俱乐部财务管理是指根据客观经济规律和国家政策，通过对游艇俱乐部资金形成、分配使用、回收过程的管理，利用货币价值形式对游艇俱乐部经营业务进行综合性管理。财务管理就是从资金运动的角度来计划和控制游艇俱乐部的生产经营活动并评估和分析其合理性，以尽可能少的资金取得最大的经济效益，提高游艇俱乐部的经营管理水平。

(2)游艇俱乐部资金的循环

游艇俱乐部资金的循环过程其实质是资金从被占用到以货币形态被重新回收的循环过程。首先通过资金筹集，取得货币形态的资金(如现金、银行存款等)。通过资金投放和使用，货币形态的资金转化为实物形态的资金(如固定资产、流动资产等)。通过日常的业务运营，对客服务，一方面消耗实物，另一方面取得货币资金和应收账款。应收账款的资金形态为结算资金。通过账款结算，收回应收账款，结算资金又转换为货币资金。收回的货币资金，又进行重新分配，一部分用于补偿业务运营消耗，保证游艇俱乐部运营资金，一部分用于缴纳税金，支付投资者报酬、分配股利等，以维持游艇俱乐部正常的经营。如此循环往复，使游艇俱乐部资金在经营中不断得到增加。资金运动过程如图7-1所示。

(3)游艇俱乐部财务活动体现的财务关系

游艇俱乐部在实现上述资金的循环运动中，体现了游艇俱乐部与有关利益各方的经济关系。

①游艇俱乐部与投资者和受资者的经济关系

无论游艇俱乐部从何处募集资金，在资金额使用上要向投资者分派一定的利益，这种关系在性质上属于所有权关系，出资者和受资者各为一应承担相应的权利和义务。

②游艇俱乐部与债权人、债务人的经济关系

游艇俱乐部在游艇、能源、原材料和游艇零部件等采购过程中会与有关单位发生款项结算关系，也可能因业务资金需要与其他单位发生资金借贷关系。这种关系属于债权一债务关系需要债务人以债务重组或者其他资产进行偿还。

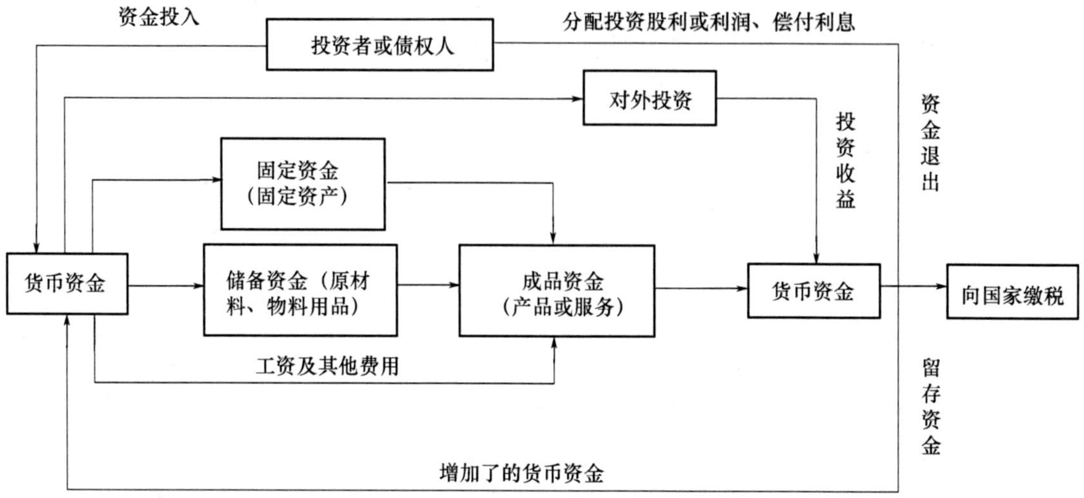

图7－1 游艇俱乐部资金流动图

③游艇俱乐部与税务机关的关系

税务机关是依法对游艇俱乐部的各项所得和收益征税，游艇俱乐部应按税法相关规定足额、及时地清缴各项税款。

④游艇俱乐部与顾客的结算关系

游艇俱乐部提供给客人的是一种信用消费，无论是散客还是公司客，在享有游艇提供的各项产品和服务后即与游艇形成结算关系，相应地形成现金收入和赊销收入，而对于赊销信用额度、收账时间的长短、客户资信评级等是游艇俱乐部管理者应重点考虑的因素，防止坏账的发生。

⑤游艇俱乐部内部的核算和分配关系

游艇俱乐部在取得收入后，要向员工支付工资、津贴和奖金、保险等，这种关系体现了个人和集体在劳动成果上的分配关系，要按有关分配政策协调好这种关系。

（4）游艇俱乐部财务管理的内容

游艇俱乐部财务管理的内容包括筹资、投资、运营和利润分配等方面。

①筹资。企业筹集的资金分为权益资金和债务资金，前者包括实收资本、资本公积盈余公积和未分配利润，后者包括流动负债和长期负债。

②投资。企业投资包括对内投资和对外投资。对内投资是指购置流动资产、固定资产、无形资产等活动，对外投资是指投资购买其他企业的股票、债券或与其他企业联营等活动。

③运营。企业生产、销售过程中发生的成本费用及取得收入、通过生产加工、产品销售，销售资金被回收用于新购材料、只有足额的资金回收才能保证企业持续经营。

④利润分配。企业取得利润按国家规定予以分配。一是留在企业内部形成盈余公积和未分配利润成为企业后备资金，二是分配给投资者而流出企业。

（5）游艇俱乐部财务管理的方法

游艇俱乐部财务管理的方法是用来组织、指挥、监控和控制财务活动，正确处理财务关系,以完成财务管理任务的手段。游艇俱乐部财务管理的方法主要有财务预测、财务决策、财务预算、财务控制、财务分析等。

①财务预测

财务预测是根据财务管理的历史资料,考虑现实的要求和条件,对游艇俱乐部未来的财务活动和财务成果进行科学的预计和测算的过程。进行财务预测的步骤包括确定预测的目的和对象、收集和整理资料、确定计算的方法、确定最佳方案。

②财务决策

财务决策是现代经营管理决策的核心内容,是指游艇俱乐部业务人员按照财务目标的要求,利用专门方法对多个备选方案进行比较和分析,选出最佳方案的过程。财务决策制定的成功与否,直接关系到游艇俱乐部财务活动乃至经济效益的好坏,因此必须给予足够的重视。游艇俱乐部财务决策的中心内容是资金筹集与配置,这些决策的制订主要是依据财务预测时提出的各个方案。

③财务预算

财务预算是游艇俱乐部根据各种预测信息和各项财务决策、确立预算期内各种预算指标的过程。也是财务控制的依据。财务预算一般包括销售预算、成本费用预算、利润预算、现金预算、预计资产负债表等。编制财务预算一般包括四个步骤:一是进行财务预测。二是编制部门预算草案。三是在各部门的预算指标基础上编制游艇俱乐部财务预算。四是年底由总经理召开预算会议,由总会计师(财务总监)宣布财务预算草案的各项指标,经过充分讨论修订后,正式下达给各部门。

④财务控制

财务控制是以财务预算指标和各项定额为依据,对资金的收入、支出、占用、耗费等进行计算和审核,找出差异,采取措施,以保证预算指标的实现。财务控制的主要步骤:首先是制定控制标准,制定出成本费用定额和资金定额,实行定额管理,结合各项定额将财务预算指标分解落实到各部门、班组以至个人。作为控制的依据。其次是制定日常执行标准,对资金的收支、设备的占用等运用各种手段(如采用限额领料单、内部结算货币等)进行记录、计算,将标准与实际发生额进行对比、找出差异,对不符合标准的支出户以限制。最后要将差异形成的原因找出来,对不利的因素采取措施予以消除,以实现财务控制作用,保证预算指标的完成。

⑤财务分析

财务分析是以会计核算资料为主要依据,对游艇俱乐部财务活动的过程和结果进行对比分析,对预算完成情况及财务状况做出评价,并提出改进措施。财务分析包括以下步骤:收集资料,掌握信息。指标对比,做出评析。分析原因,明确责任。提出措施,改进工作。

3. 游艇俱乐部财务管理的特点

(1)财务控制多样性

财务控制是游艇俱乐部财务管理的基本职能,游艇俱乐部销售收入控制是游艇俱乐部内部财务管理的重要部分。由于销售收入控制环节中涉及岗位多,包括游艇俱乐部服务员、收银员、游艇运营中心、厨房、酒吧、前台、稽核员等多个岗位,要想搞好游艇俱乐部收入控制,必须明确各岗位权限且协调统一,才能达到良好控制效果。同时,游艇俱乐部空间广,人员流动性大、顾客类别不一,顾客中有散客、企业法人、长期客户、短期客户之分,而且这些客人层次各异,加大了控制难度。游艇俱乐部服务项目多,价格差异大,计价工作量大。仅游艇俱乐部餐饮服务项目就包括食品、菜肴、酒水饮料、香烟等上百个项目。游艇俱乐部收费打折有不同的标准,包括各种折扣、免费应酬接待、游艇服务消费奖励、最低消费、计时消费以及成人价、儿童价等多种价格形式,结账方式多样化,使游艇俱乐部财务管理呈现多样性。

(2)现金流量季节性

消费者对游艇俱乐部产品的需求终有很强的季节性。季节性特征主要受气候、学校假期、节日和传统旅游方式的影响。游艇服务产品需求的季节性导致了游艇俱乐部现金流入和流出的季节性。在某些时期,游艇俱乐部将会有大量的可用于投资的剩余资金。而在其他时期,游艇俱乐部则为了支付应付款项不得不向银行借款现金的增加和减少有一定的季节性,在年度的某一特定时期,如旅游淡季会有大量的现金余额可用于投资,而到了旺季,如果没有足够的现金来支付应付的款项和其他支出的话游艇俱乐部将会面临严重的现金流量问题。

(3)内部控制严密性

一是游艇俱乐部属于与客人直接接触的服务行业,游艇俱乐部员工的一举一动直接在客人的注视之下,直接影响着游艇俱乐部的声誉和业务。为了在激烈的竞争中始终保持较高的服务质量和服务水准,游艇俱乐部必须提高内部管理水平,实行完善的内部控制。二是随着游艇俱乐部规模不断扩大,营业项目日益繁多,由此带来的收入和支出的环节也越来越多。要保证营业收入的安全、完善,保证营业支出的合理、正确,游艇俱乐部也需要实行完善的内部控制对游艇俱乐部内部的错误行为,如果采取容忍态度,听之任之,将会贻害无穷。游艇俱乐部行业往往比其他任何行业都需要加强自身的内部控制。

(4)更新改造紧迫性

游艇俱乐部的码头、会所等及其附属设施、设备等固定资产与一般的商品不同,游艇俱乐部本身的建筑物既是固定资产又是出租商品。正是由于游艇俱乐部的资产设备具有商品的特性,顾客的消费与体验反映了游艇俱乐部服务质量,游艇俱乐部设施、设备新颖与否、是否能正常运转对游艇俱乐部经营有很大的影响。游艇俱乐部管理者在兼顾日常运用的同时,要对未来的固定资产更新、改造等做战略考虑,并通过资金积累,择时进行游艇俱乐部全部或局部的装修、改造或更新游艇俱乐部财务管理需要研究各种资产设备使用的经济寿命期和管理方法,寻求最佳的更新改造时机和维修保养方法,以取得较好的经济效益。

(二)组建游艇俱乐部财务部

1. 游艇俱乐部财务部部门组成

游艇俱乐部财务部一般由会计部和成本控制部组成,负责游艇俱乐部日常收支管理和成本控制工作。游艇俱乐部财务部依据我国《会计法》《企业会计准则》《企业会计制度》以及国家相关的法律法规和游艇俱乐部实际经营情况,设置会计科目、组织会计核算、实行会计监督并进行财务筹划、组织财务运转和财务分析。

游艇俱乐部财务部在前厅和餐饮部以及其他业务部门设置收银点,收集并统计每天的营业收入。为确保营业收入的准确性,财务部设置专人进行日审和夜审。同时根据收付款业务需要设置总出纳,对游艇俱乐部每天的现金收支进行管理,并定期检查各部门的备用金。设置应付账款处,对游艇俱乐部物资采购的账簿进行登记,对账款支付进行管理。设置总账处对游艇俱乐部费用的发生进行记录与分析,对固定资产的购置、使用及报废全过程进行管理。设置工资处对游艇俱乐部所有员工的工资、福利、津贴、奖金以及扣款、个人所得税等进行核算与管理。设置信贷收款处对游艇俱乐部的债权进行管理,对债务人的信用进行分析,及时催收游艇俱乐部账款。设置成本控制处,对游艇俱乐部餐饮成本及商品成本消耗进行监督控制,及时编制成本报告,进行成本分析。设置收货处,对游艇俱乐部购入仪器设备进行验收、废旧仪器设备回收进行登记,并保障仪器设备储存条件的适宜。

2. 财务部主要岗位的岗位职责

(1)财务部经理岗位职责

①全面负责游艇俱乐部财务部的日常管理工作,实施会计基础上作的规范化管理。做好财务监管工作。

②参与游艇俱乐部的各项经营、基本建设投资、更新改造等重大问题的决策,监督并控制各项资金的使用,确保各投资项目的资金合理使用。参与重大投资、重大经济合同或协议的研究工作,为总经理决策提供依据。

③组织贯彻执行《会计法》等法规和旅游财务制度及财经纪律,建立健全财务管理的各项制度。

④组织和负责游艇俱乐部经营顶算和财务收支预算的编制。检查和监督各项预算的执行。

⑤负责与财政、税务、金融等部门的联系,协助总经理处理好与这些部门的关系,及时掌握财政、税务及外汇发展趋势。

⑥经常检查分析游艇俱乐部财务状况和经济活动,提出改善经营、加强管理的措施和意见,供游艇俱乐部领导决策时参考。

⑦负责做好资金管理,合理调度资金,加速回笼应收账款,控制资金支出,提高资金使用效率。

⑧加强成本核算、费用控制和财产物资的管理。组织定期的固定资产、物资用品,低值易耗品和商品的检查盘点,确保游艇俱乐部财产、物资的合理使用和安全管理。

(9)负责审批游艇俱乐部的采购计划、费用开支等各项付款计划,对重大开支项目报总经理审批。

(10)参与游艇俱乐部信用政策和价格政策的制定。负责信用权限的审批,定期组织价格检查。

(11)负责制定财务部各岗位的职责,负责考核监督员工的工作质量,并定期组织财务部员工进行业务技能培训。

(2)会计部经理岗位职责

①执行财务部经理的工作指令,向其负责并报告工作负责会计的日常管理工作。

②遵守各项财经纪律,协助财务部经理制订游艇俱乐部各项财务会计制度。

③协助财务部经理做好财务管理、预算管理、会计核算等工作,参与游艇俱乐部重大经济活动的预测和经营决策,提供可靠的会计数据供游艇俱乐部领导决策参考。

④负责编制游艇俱乐部财务收支预算和游艇俱乐部总预算,并将各项计划指标分解落实,负责各计划完成情况的控制和检查。

⑤组织编制会计报表,负责向游艇俱乐部总经理、财务部经理报告财务状和经营结果,审查对外提供的会计资料。

⑥负责监督合同和会计档案管理工作。

⑦负责完成各项税金等上缴工作。

⑧加强对资金使用的管理,组织编写资金计划。

⑨负责对本部门员工进行管理教育业务培训、工作评估。

(3)成本控制部经理岗位职责

①执行财务部经理的工作指令,向其负责并报告工作。

②负责成本控制部的日常管理工作,做好成本核算、成本预测、成本控制成本计划及成本分析工作,并负责指导各责任人做好相关工作。

③负责游艇俱乐部在用、在库固定资产及各项财产物资的管理及固定资产增加、转移、报废、调拨、外借的审核。

④组织原材料和各项成本的核算,做好费用的审核、核算和控制工作。

⑤负责组织编制年度、月度的成本计划和费用预算工作,并分解指标到各负责部门。

⑥组织本部门做好成本管理的基础工作,建立各项原始记录,严格计量验收,负责各项消耗定额的修订、检查和分析。

⑦定期组织召开成本费用分析会考核成本费用的计划执行情况及时发现问题,提出改进措施。

⑧及时掌握库存物资状态,控制物资库存储备量,组织编制年度、季度、月度的物资申购计划,在保证供应、合理储备的基础上,加速库存资金的周转,负责呆滞物资的处理。

⑨负责组织采购物资的验收、入库工作,加强与采购部门的工作联系,监控采购成本。

⑩负责对本部门员工进行管理教育、业务培训、工作评估。

(4)采购主管岗位职责

①执行财务部经理的工作指令,向其负责并报告工作。全面负责游艇俱乐部物资食品采购和采购项目日常运转工作。

②根据市场行情和物资使用、消耗情况,制订物资采购程序、采购计划和采购方案,并负责实施,建立各项物资采购管理制度。

③组织游艇俱乐部各部门根据实际经营情况,合理确定库存最高、最低数,控制采购费用和库存数量。

④及时与成本控制部联系,做好物资管理工作,及时处理呆滞物资,加速资金周转。

⑤加强采购合同的管理,严把合同关,遵守《合同法》的规定,确保各合同项目的顺利进行。

⑥负责审核采购申请单、订货单、并将审核意见报财务部经理和总经理审批。

⑦负责对本部门员工进行管理教育、业务培训、工作评估。

(5)电脑房主管岗位职责

①负责游艇俱乐部计算机系统及收银设备的日常维修和保养工作,保证计算机主机、各终端机以及收银机的正常工作。

②负责编制、修改会计计算机程序以及数据输入处理工作。

③协助会计部门各处室编制和打印各种报表和报告。

④培训和辅导计算机使用人员。

⑤起草、制定有关计算机操作规程,及时清除计算机中的病毒。

(6)总出纳岗位职责

①负责游艇俱乐部所有收银点的现金收入和转账票据的收集、整理、点核以及送存银

行或到银行办理托收等事宜。

②支付游艇俱乐部各部门报销账款的现金以及签发各种付款支票。

③负责与银行和外汇管理部门联系办理有关结算事项,处理有关结算问题,并负责账户的收支管理。

④负责准备各项备用金并监督、管理备用金的使用情况。

(7)收入审计主管岗位职责

①负责审核各收银点及各有关部门交来的营业收入原始单据、报表等资料。如发现错误应及时纠正处理,以确保游艇俱乐部每一笔收入都正确无误。

②负责修理、分类、汇总游艇俱乐部全部营业收入账单,编制营业日报、营业月报。

③负责分析和统计各种营业收入并及时向高级管理人员和有关部门提供准确的经营信息。

④负责保管各部门、各部门的营业报告及其附件、原始单据。

3. 游艇俱乐部财务人员素质

财务人员素质是指财务管理工作中财务人员必备的文化、职业素养。

(1)文化素质

①专业知识及相关知识。游艇俱乐部财务人员要有财会基础理论知识和其他相关专业理论知识,包括会计核算及监督知识,财务管理知识,审计、金融、法律知识,计算机及外语能力等。并能随着社会经济的发展,及时接受和掌握新知识,研究新问题,不断学习和运用新知识指导游艇俱乐部财务工作,具备终身学习能力。

②职业判断能力。游艇俱乐部财务人员能依据现行法律、法规及其他有关政策和信息,对游艇俱乐部所发生的经济业务、面临的风险等做出正确的估计,以判断其对财务决策的影响。

③财务信息加工能力。游艇俱乐部财务人员能用现代化技术手段,采用科学的分析方法,对游艇俱乐部财务信息进行加工、整理,提供可供决策的财务信息。

④预测决策能力。游艇俱乐部财务人员能对游艇俱乐部未来财务发展进行合理预算、对财务风险进行有效预测与控制、对游艇俱乐部资金运转过程及筹资方案进行科学地分析,并对游艇俱乐部经营过程进行决策。

⑤表达能力。游艇俱乐部财务人员必须具备良好的口头表达能力和文字表达能力,能清晰准确、简洁、流利地解释会计政策、法规和其他有关问题,思路清楚,逻辑性强。能熟练而准确地起草规范化的工作文件,有一定的理论水平和写作能力。

⑥人际交往能力。游艇俱乐部财务人员必须能把原则的坚定性和方法的灵活性结合起来,努力协调相关部门及人员的利益关系,减少工作阻力。

⑦开拓创新能力。游艇俱乐部财务人员必须有创新意识,使财会工作既能适应社会的发展、国家法律法规的变化,以及游艇俱乐部经营策略的改进,又能有利于促进游艇俱乐部改善管理,提高经济效益。

(2)职业素质

游艇俱乐部财务人员应具备以下职业素质:

①遵纪守法。遵守国家宪法、法律和各项法规,遵守《会计法》和国家统一的会计制度及其他有关财经制度。

②客观公正,诚实可信。实事求是,如实反映情况,敢讲真话,不弄虚作假,办事公道,

诚实不欺。坚持原则,恪守信用,不徇私情。

③廉洁自律。在工作和生活中重情操,讲廉洁,不损公肥私,不损人利己。

④敬业爱岗。对工作认真负责,热爱和精通本职工作。努力钻研业务,勇于承担责任。

⑤团结协作。谦逊、礼貌、宽容,善于与人相处,能与人有效合作,促使财务部内部形成高度的凝聚力。

⑥保守商业秘密未经授权或根据法律、法规规定、不得泄露工作中的秘密。

(三)游艇俱乐部财务管理制度

游艇俱乐部财务管理制度,是规范游艇俱乐部财务行为协调游艇俱乐部同各方面财务关系的法定文件。游艇俱乐部在经营管理中首先要严格遵守国家规定的各种财经法规。这些法规从制定者、制定内容的不同分为三个层次。

1. 游艇俱乐部财务管理相关制度

(1)企业财务通则

企业财务通则是我国整个企业财务制度中基本的法规,是企业从事财务活动必须遵守的从本原则和规范。在财务制度体系中起着主导作用。是制订行业财务制度和企业内部财务管理制度的根据。我国1992年11月颁布了第一部《企业财务通则》,随着我国加入世界贸易组织以及国内经济形势变化的需要,财政部对《企业财务通则》进行了修订并于2007年1月1日正式实施,修订后的《企业财务通则》有利于企业明晰产权、建立和完善治理结构,通过强化企业财务管理中财务战略、资金筹集、资产运营、成本控制、收益分配、重组清算和信息管理的作用来适应现代企业财务制度发展的需要。

(2)旅游饮食服务企业财务制度

行业财务制度是在《企业财务通则》的基础上,根据各个行业的不同特点制定的适合行业内各企业的一般财务制度。在中国境内的各类旅游游艇俱乐部,均应遵守《旅游饮食服务企业财务制度》。2000年国家财政部颁布了新的《企业会计制度》,取消了原有的行业企业财务制度。

(3)游艇俱乐部内部财务管理制度

游艇俱乐部可按照《企业财务通则》和《企业会计制度》的规定,结合游艇俱乐部自身经营管理的实际情况与具体特点制定内部财务管理办法,以规范游艇俱乐部内部财务行为、处理游艇内部财务关系。

2. 游艇俱乐部内部财务管理制度要求

游艇俱乐部内部财务管理制度,主要是规定游艇俱乐部内部各项财务活动的运行方式、运行程序、运行要求,确定游艇俱乐部内部各部门、各岗位之间的财务关系。

游艇俱乐部在制定内部财务管理制度时要注意把握以下几点要求:

(1)明确财务主体的具体范围,明确游艇俱乐部内部财务管理的级次。即明确游艇俱乐部内部各经营部门之间及其与游艇俱乐部财务部门的关系,明确游艇俱乐部与联营单位、投资与被投资单位、内部承包单位的财务管理关系。

(2)明确游艇俱乐部内部财务管理各岗位的职责。具体包括财务管理体制的确定、财务机构的设置,财务管理岗位的设立、内部分工、各岗位责权利及其相互衔接关系。

(3)明确财务管理的内容与方法。具体包括货币资金、存货、物料用品、固定资产、收入、成本费用、资金使用等管理制度和内部控制程序,以及固定资产折旧方法、存货计价方法、费用提取标准等的选择。

(4)明确财务管理与内部责任单位的相互衔接关系。包括责任单位的划分责任核算、责任控制、责任考核、责任奖惩等。

(5)明确财务预算与财务分析的方法与程序。包括游艇俱乐部进行财务预算和财务分析的程序为一法,各经营部门在规划和评价中的职责。

3. 游艇俱乐部内部财务管理一般内容

(1)资金管理制度。包括收银管理制度、外币兑换管理制度、夜审管理制度、货币资金管理制度、零星费用报销管理制度、资金管理制度、资金支付审批管理制度等方面。

(2)资产管理制度。包括固定资产管理制度、应收账款管理制度、物料消耗定额管理制度、低值易耗品管理制度等方面。

(3)预算管理制度。包括预算编制制度、预算控制制度、预算调整制度等方面。

(4)会计核算制度。包括会计核算制度、物价管理制度、收入核算制度、成本核算制度等方面。

(5)信息化管理制度。包括会计电算化系统管理制度、电脑操作管理制度、电脑房安全管理制度等方面。

(6)票证合同档案管理制度。包括发票、支票管理制度、有价证券管理制度、经济合同管理制度、会计档案保管制度等方面。

(7)经济分析、报告制度。包括信息披露制度、财务报告,分析制度等方面。

(8)日常管理制度。包括纳税申报制度、对外担保管理制度、经营风险防范控制制度、会计人员业务培训及晋升制度、财务部例会工作制度等方面。

二、相关训练

(一)任务布置

任务:模拟组建游艇财务部。

(二)任务实施

第一步:选择班级所熟悉的游艇俱乐部作为背景,例如苏州太湖水星游艇俱乐部。

第二步:竞选财务部经理、成本控制部经理、采购主管岗位、电脑房主管、总出纳、收入审计主管。每个岗位三个人进行竞选,竞选内容包括岗位职责、自身素质满足情况、管理方法等。

第三步:组织游艇财务部,确定财务部下属部门种类,设置相应岗位。各个岗位之间的关系。并将班级里剩下的读者安排到财务部基层岗位上。

第四步:组织讨论,分析财务部各部门所面临的财务活动和财务关系,以及如何履行本工作岗位的职责。

第五步:对自己的岗位进行分析,包括岗位在财务部的位置、上下级关系、岗位职责和岗位素质要求等内容,并将其填入下表里。

岗位	
1. 前言	

【任务小结】

通过模拟组织游艇俱乐部财务部为任务进行引导，使得读者掌握游艇财务部组织结构、岗位职责、岗位素质要求等方面知识。通过班级整体参与，让每位读者都有表现的机会，强化了读者学习主动性和积极性，同时也为学习后续任务打下了较好的基础。

【拓展提高】

分析某游艇俱乐部投资规模和财务预算，并将括号内的数据填完整。

一、游艇俱乐部规模

该俱乐部建设规模为 400 个游艇泊位，初步建设 70 个泊位，购买 9 艘游艇，预留 100 个可建设泊位，随着项目的发展可分批分期建设。

初步计划购买的游艇数量及具体尺寸：15 m 以上艇 1 艘（长 12 m 至 18 m，宽 4 ~ 5 m，吃水量 0.8 ~ 1 m）。8 m 艇 2 艘（长 8 ~ 10 m，宽 3 ~ 4 m，吃水量 0.6 m）。娱乐艇 5 m 以上 4 艘（长 5 ~ 8 m，宽 2 ~ 3 m，吃水量 0.3 ~ 0.4 m）。摩托艇 2 艘、拖车 3 辆，共计 9 艘。

二、游艇俱乐部成本估算

项目	数量	单位	单价(万元)	合计(万元)
一、码头建设				
1. 防波堤	766	m	9	(　　)
2. 固定桩费用	80	根	2	(　　)
3. 浮码头面积	1000	m^2	0.4	(　　)
合　计				(　　)
二、码头岸上设施				
1. 燃料库及燃料泊位	1	项	40.5	(　　)
2. 维修中心用	950	平	0.08	(　　)
3. 游艇吊车	1	项	200	(　　)
4. 室内干仓费用	3200	平	0.08	(　　)
5. 维修设备费用	1	套	75.00	(　　)
6. 下水斜坡道	1	项	30	(　　)
7. 20 条船的陆上泊位	1	项	30	(　　)
8. 拖车	3	台	27	(　　)
合　计				(　　)
三、船只预算				
1. 大型游艇费用	1	艘	327	(　　)
2. 中型游艇费用	2	艘	167	(　　)
3. 娱乐游艇费用	4	艘	60	(　　)
4. 摩托游艇费用	2	艘	15	(　　)
合　计				(　　)
四、游艇会所				
1. 游艇会所费用	11000	m^2	0.60	(　　)
2. 辅助设施	2000	m^2	0.45	(　　)
3. 其他费用				(　　)
合　计				(　　)
总　计				(　　)

三、经营收入预测(价位类均为估价)

序号	项目	营运方式	价位	计算方法	第一年(万元)	第五年(万元)
1	会员	加入俱乐部会费(暂定时限30年)	15万元/人	预计平均每年递增90人	(　)	(　)
		加入俱乐部年费	3 500元/(人·年)		(　)	(　)
2	泊位	泊位销售(暂定时限30年)	40万元/个	预计平均每年递增50个	(　)	(　)
		泊位出租	3 000元/月/个	每个泊位平均每年出租6个月,20个泊位可出租	(　)	(　)
3	娱乐	大型游艇	1 000元/小时	平均每年出租8个月、每个月出租10天、每天出租2小时	(　)	(　)
		中型游艇	600元/小时	平均每年出租8个月、每个月出租15天、每天出租2小时	(　)	(　)
		娱乐游艇	200元/小时	平均每年出租8个月、每个月出租15天、每天出租4小时	(　)	(　)
		摩托游艇	200元/小时	平均每年出租8个月、每个月出租20天、每天出租4小时	(　)	(　)
总　计					(　)	(　)

四、营运成本预算

序号	项　目	计算方法	年合计(万元)
1	人员工资及福利	项目定员22人,月均工资3 200元	(　)
2	维修费	每年约13.5万元	(　)
3	燃油、水、电费	每年约50万元	(　)
4	材料和低值易耗品费	每年按45万元	(　)
5	其他费用	按每年37万元	(　)
总　计			(　)

五、投资效益及风险估算分析

游艇俱乐部总投资:(　　)万元,俱乐部年投资利税(　　)万元,投资利税率按6%计算,俱乐部年营运收入(　　)万元,预计五年内营运收入(　　)万元,年投资回报约(　　)%,投资成本回报期约(　　)年。

风险分析:

假设年营运达到预期收入一半即(　　)万元。

年投资回报约(　　),投资成本回报期(　　)年。

任务二　游艇俱乐部筹资管理

【学习目标】

1. 理解市场营销概念和组织架构。
2. 熟悉市场营销部门工作内容和主要岗位人员相关职责。
3. 熟悉游艇市场调研工作内容和相关岗位人员职责。
4. 掌握市场调研方法和调研流程。

【任务解析】

游艇市场营销是介于游艇俱乐部与市场之间,属于企业多种职能活动中间的一种。游艇市场营销主要是通过对游艇市场的分析和研究,发现对游艇俱乐部经营发展有影响的各种变数,然后引导企业以市场为导向来开展其经营活动。以市场为导向,以满足顾客需要为中心来开展企业的经营活动,是在一定的市场环境条件下对企业经营活动的一般规律和普通要求。

本任务主要围绕如何创建游艇市场营销组织机构和组织游艇市场调研两个方面进行阐述。创建游艇市场营销组织机构主要围什么是游艇市场营销和构建游艇市场营销组织架构两方面进行讨论。游艇市场调研主要围绕调研内容、调研岗位、调研管理、调研方法、调研步骤等方面进行讨论。最后以设计游艇市场调查问卷作为任务加以巩固游艇市场营销知识。

【任务实施】

一、相关知识

(一)货币的时间价值

货币的时间价值是指一定量的资金在不同时间节点上的价值量的变化。在市场经济条件下,即使不存在通货膨胀,资金所有者由于让渡资金的使用权,必然会要求在未来时间参与社会财富的分配,从而使得货币的时间价值量也会发生相应的变化。

1. 货币时间价值的几个基本概念

货币时间价值又称为资金时间价值。是指资金在周转使用中由于时间因素而形成的增值现象。货币具有时间价值,是利息和时间共同作用的结果。

(1)单利和复利

单利和复利是计算利息的两种不同方法。单利是指计算利息时，只按本金及规定的利息率计算利息，每期的利息不再计入本金内重复计算利息。复利是指计算利息时，每经过一个计算期，将利息计入本金中一并计算利息的方法，即通常所说的“利滚利”。

(2)终值和现值

货币时间价值有两种表示方法：现值和终值。终值是指资金的未来价值，即一定量的资金在将来某一时点的价值。又称为本利和、将来值。现值是指资金的现在价值，即将来某一时点的一定资金折合成现在的价值。

(3)年金

年金是在一定时期内每隔相等时间，发生相等数额的收付款项。在经济生活中，年金的现象十分普遍，如游艇俱乐部等额分期付款、直线法折旧、每月相等的薪金、等额收支的现金流量等。

2. 货币时间价值的计算方法

货币按资金收付在不同时点上的特点，在计算上有单利的现值和终值、复利的现值和终值、年金的现值和终值不同的计算方法。

(1)单利的终值和现值

①单利的利息计算

$$利息 = 本金 \times 利率 \times 持有时间$$

用公式表示为

$$I = P \times i \times n$$

式中：I 为利息，P 为本金，又称为现值，i 为年利率，要与持有时间相匹配，n 为持有时间，一般以年为单位，在计算时应与利率相匹配。

②单利的终值

单利终值是本金和利息之和。其计算式为

$$单利终值 = 本金 + 利息$$

用公式表示为

$$F = P + I = P + P \cdot i \cdot n = P \cdot (1 + i \cdot n)$$

式中：F 为终值，又称为本利和。

③单利的现值

单利的现值是未来某一时点上的价值折合到现在的价值，其计算式为

$$单利现值 = 单利终值 - 利息$$

用公式表示为

$$P = F - I = \frac{F}{1 + i \cdot n}$$

(2)复利的终值和现值

①复利终值的计算

复利终值是本金和利息之和，其中利息还需计算利息，因此按复利计息方式计算的终值要大于按单利计算的终值。其计算公式为

$$F = P \cdot (1 + i)^n$$

式中：$(1 + i)$ 被称为复利终值系数或利率为 i，期限为 n 的 1 元复利终值，用符号(F/P,

i,n)表示。例如,(F/P,6%,2)表示利率为6%,2年期的复利终值系数。

②复利现值的计算

复利现值是未来某个时间点的资金价值折合到现在的价值,其计算公式为

$$P = F \cdot (1+i)^{-n}$$

式中:$(1+i)^{-n}$是把终值折算为现值的系数。称为复利现值系数,或利率为i,期限为n的1元复利现值,用符号($P/F,i,n$)表示。例如,(P/F,6%,5)表示利率为6%,5年期的复利现值系数。

(3)年金的终值和现值

年金是在一定时期内每隔相等时间、发生相等数额的收付款项。用字母表示为A(英文单词为 annuity)。在经济生活中,年金的现象十分普遍,如游艇俱乐部等额分期付款、直线法折旧、每月相等的薪金、等额收支的现金流量等。年金的发生按时间的不同分为普通年金和预付年金。

①普通年金的终值和现值

普通年金也叫期末年金或后付年金,是指每期期末支出或收入的年金。

普通年金终值的计算。普通年金终值是指其最后一次支付时的本利和,它是每次支付的复利终值的求和。

计算公式如下:

$$F = A \cdot \left[\frac{(1+i)^n - 1}{i}\right]$$

式中:$\left[\frac{(1+i)^n - 1}{i}\right]$为年金终值系数,如利率$i$为期限为$n$的1元的年余终值,用符号($F/P,i,,n$)来表示。

②先付年金的终值与现值

先付年金是指在一定时期内,各期期初等额的系列收付款项。先付年金与普通年金的区别仅仅是付款时间的不同,前者是在每期期初,后者则在每期期末。

由于n期先付年金与n期普通年金的付款次数相同,但付款时间不同,所以,n期先付年金终值比n期普通年金终值要多计算一期利息。其计算公式为

$$F = A \cdot \left[\frac{(1+i)^{n+1} - 1}{i} - 1\right]$$

③递延年金

递延年金又称延期年金、是指在若干期以后收到或支付在每期期末的年金,它是普通年金的一种特殊形式。

递延年金的计算方法有两种:

第一种方法是先将($n-m$)期的年金按普通年金求现值方法折算到递延期末m的现值。再按复利现值的计算方法将其再折算到最初这一时间点。即

$$P = A \times (P/A,i,n-m) \times (P/F,i,m)$$

第二种方法是将递延期的m年视为一个年金,使其成为一个普通年金,再减去实际并未支付的递延期年的m年金。即

$$P = A \times [(P/A,i,n) - (P/A,i,m)]$$

④永续年金

永续年金是无限期连续收款付款的年金,如英国和加拿大有一种国债就是没有到期日的债券,这种债券的利息可以视同为永续年金。绝大多数企业优先股因为有固定的股利而又无到期日,其定期发放的股利也可视为永续年金。另外,期限长、利率高的年金现值,可以按照永续年金现值的计算公式计算其近似值。永续年金没有终值,只计算现值。

(二)投资风险价值

与其他行业相比,游艇俱乐部投资的风险较大,因为游艇俱乐部的产品是依赖各种设施设备提供客人多样化的服务,这种服务产品是难以储存的,一旦旅游市场需求发生变化,或者出现重大事件,如金融危机、通货膨胀、战争、自然灾害、疾病流行等都会影响游艇俱乐部的经营。游艇俱乐部经营中风险时刻存在,因此要加强风险管理,降低风险可能带来的损失。

1. 风险的含义

风险是指在一定条件下和一定时期内可能发生的各种结果的变动程度,是事件本身的不确定性。例如,一名投资人准备投资 1 000 万元,有两个方案供其选择。他可以购买国库券,年利率为 5%,到年末,投资可收回 1 050 万元。这一投资的唯一风险是政府可能无力偿还本息。但这个事件发生的概率不大。因此这一投资方案基本上没有风险(只有一个结果)。第二个方案是投资兴建一家游艇俱乐部。如果游艇经营成功,5 年之内就会达到 1 000 万元的总体规模。如果经营不成功,5 年之内可能拍卖游艇俱乐部获得 200 万元。假设经营成功的概率为 75%,经营不成功的概率为 25%,那如何进行决策,这种选择就是风险决策问题,可能的结果变动范围较大(200 万元 ~ 1 000 万元)。由此可见,结果的波动范围越大,风险也就越大。

2. 风险的分类

(1)从企业理财角度分析

从企业角度看,风险可分为市场风险和企业特别风险两类。

市场风险又称为不可分散风险,是指那些影响所有游艇俱乐部的风险,如战争、自然灾害、经济衰退、通货膨胀等。

企业特别风险又称为可分散风险,是发生于个别游艇俱乐部的特有事项造成的风险,如某投资项目决策失误、工人罢工、诉讼失败、游艇服务项目开发失败、失去市场份额等。

(2)从企业经营角度分析

从企业经营角度分析,按风险形成的原因,可以将企业特有风险划分为经营风险和财务风险。

①经营风险。经营风险是指因生产经营不确定性带来的风险,是任何商业活动都有的,也叫商业风险。比如,服务人员的工资和奖金、新的游艇俱乐部的出现、市场需求、市场价格等,所有这些经营方面的不确定性,都会引起企业的利润或利润率的高低变化。财务管理中主要用经营杠杆这一指标来计量经营风险的大小。

②财务风险。财务风险可以分为广义的财务风险和狭义的财务风险。广义的财务风险指游艇俱乐部所有理财活动(资本预算、筹资活动、投资活动、收益分配活动等)所引起的风险,包括资本预算风险、筹资风险、资金运用风险和收益分配风险等。狭义的财务风险指由于举债而增加的风险,也即筹资风险。游艇俱乐部如果不借钱,全部使用股东的资本,那么该游艇俱乐部只有经营风险,没有财务风险。

对财务风险的管理,关键是要保证一个合理的资金结构,维持适当的负债水平,既要充分利用负债经营这一手段获取财务杠杆收益,同时又要注意防止过度负债而引起的财务风险的加大,避免陷入财务困境。

3. 风险的报酬

投资者由于冒风险进行投资而获得的超过资金时间价值的额外收益,称为风险报酬或投资的风险报酬。

一般而言,各项投资的风险大小是不同的,在投资报酬率相同的情况下,人们都会选择风险小的投资,结果竞争使其风险增加,报酬率下降。最终,高风险的项目必须要有高报酬率:二是风险价值,即风险报酬率,用公式表示为

$$期望投资报酬率 = 无风险报酬斜率 \times 风险报酬率$$

其中,无风险报酬率一般用不存在通货膨胀情况下的同期国债利率反映。风险报酬率与风险大小有关,风险越大则要求的报酬率就越高,它是风险的函数。由此可知

$$风险报酬率 = 风险报酬斜率 \times 风险价值系数$$

可推出 $$期望报资报酬率 = 无风险报酬率 + 风险报酬斜率 \times 风险价值系数$$

公式中,风险报酬斜率取决于所有投资者对风险的态度,一般用标准离差或标准离差率表示。风险价值系数是一个经验值。

4. 风险的控制

财务管理研究风险的意义,主要在于进行经营决策时树立风险价值观念,认真权衡风险与报酬的关系,选择有可能避免风险、分散风险并获得较多收益的方案。随着市场经济体制的建立,如何防范风险,最大限度地实现资本的保值增值,已逐渐成为企业财务管理的核心问题。

(1)风险的预防

风险的预防要求充分考虑市场经营中可能出现的各种情况,对各种方案进行权衡,尽可能选择风险较小并能获得较多收益的方案。例如,预防筹资风险可以从控制借款规模和负债比率、选择更有利的借款对象、提高资金使用效益等方面采取措施。预防投资风险则需要进行周密的市场调查,加强投资方案的可行性研究,尽量减少决策失误。

(2)风险的分散

风险的分散要求通过方案组合,抵消或分散风险,从而达到控制风险的目的。比如,现在很多游艇俱乐部也会涉足其他的经营方向,如房地产、旅游交通、旅游景区等,不同的经营品种,景气程度不同,盈利和亏损可以相互补充。减少风险。

分散筹资风险应注意分散借款的归还期;游艇俱乐部业务开展过程中会涉及外汇的业务,应通过选择多种外币来分散外汇风险;针对投资环境的不同,游艇俱乐部也可以通过多元化投资组合来分散投资风险。

(3)风险的转移

转移风险是指采取特定的方式将游艇俱乐部自身的风险转嫁到游艇俱乐部以外的经济实体或个人。游艇俱乐部转移风险的能力取决于良好的信誉,同时在很大程度上还受社会金融市场发展水平的制约。完善的金融市场能广泛吸收社会资金,并将其投放到需要资金的企业中,进而为游艇俱乐部转移了风险。

(三)游艇俱乐部筹资管理

游艇俱乐部筹资管理是游艇俱乐部根据自身的经营状况、资金运用情况,以及调整资

本结构的需要，预测一定期间内游艇俱乐部的财务变动状况，确定资金需要量及其特性，正确选择资金筹集渠道和筹集方式，通过金融机构和非金融机构或个人。经济、有效地向游艇俱乐部的投资者及债权人合理筹集资金的财务活动，以使企业的最优资本结构获得最大企业价值。

1. 游艇俱乐部资金筹集的渠道

资金筹集是游艇俱乐部根据经营需要，通过金融市场，采用合理的融资方式。获得游艇俱乐部经营所需资金的一种财务活动。经济而有效地筹集适当的资金是游艇俱乐部生存和发展的基础。对于新建游艇俱乐部来说，需要筹集一定量的资金用于购建码头、港口设施、会所等建筑设施，需要购买机器设备以及原材料、商品、物料用品等物资维持生产经营，需要支付员工薪酬、缴纳税金等，所以，保证游艇俱乐部正常的经营与管理需要筹集一定量的资金。

筹资渠道是指所筹集资金的来源与渠道，目前游艇俱乐部的筹资渠道主要有以下几种：

①国家财政资金

国家对企业的直接投资是国有企业最主要的资金来源，特别是国有独资企业，其资本全部由国家投资形成。从产权关系上分析，国家投向企业的资金，产权归国家所有，企业负有资金保值、增值的责任。目前国家产业结构大调整，国家财政资金的投向将由原来的无偿划拨转向有偿贷款。游艇俱乐部从国家财政资金渠道取得资金将越来越少。游艇俱乐部应了解国家的投资政策，再结合游艇俱乐部的实际情况申请资金来源。

②银行信贷资金

银行信贷资金是指通过银行信用形式筹集投资资金，是各类游艇俱乐部筹集资金的重要渠道。通过银行信用形式筹集资金，是要还本付息的，因此，游艇俱乐部应追求经济效益，充分发挥银行的功能，拓展筹资渠道。

③非银行金融机构资金

非银行金融机构资金，是游艇俱乐部从保险公司、信托投资公司、证券公司、租赁公司、游艇俱乐部集团的财务公司等非银行金融机构筹集的资金。非银行机构的资金力量比银行信贷资金要小，但非银行金融机构资金供应比较灵活方便，而且可提供其他方面的服务，如信贷资金投放、物资的融通、为企业承销证券等。

④其他企业资金

其他企业资金是指游艇俱乐部法人和社会法人单位以其可以支配的资产或其闲置资金与游艇俱乐部进行资金融通等形成的资金。如企业间的相互投资和商业信用的存在可以为其他企业提供资金来源。

⑤居民个人资金

居民个人资金是指游艇俱乐部职工和城乡居民手中暂时闲置的资金。这些资金游离于银行及非银行金融机构之外，游艇俱乐部可以通过发行股票或发行债券等方式筹集。

⑥外商资金

外商资金是指外国投资者以及我国香港、澳门、台湾地区投资者以其合法可以支配的资产投入游艇俱乐部的资金。吸收外国资金可以是货币资金投资，也可以是原材料设备设施等固定资产投资，商标、专有技术、专利等无形资产投资。随着我国经济的快速发展，与世界经济的融合越来越紧密。世界500强中的大部分企业都来我国投资，游艇行业的企业可以通过合资、合作的形式吸引外商资金。

⑦企业自有资金

企业自有资金是指企业内部形成的资金,主要包括计提折旧、资本公积金、提取盈余公积金、未分配利润而形成的资金。这些资金的特征是,它们无须通过一定的方式去筹集,而是直接由企业内部自动生成或转移。

2. 游艇俱乐部筹资方式

(1)筹资方式的分类

游艇俱乐部筹集资金可以通过权益筹资和负债筹资两种方式进行。

①权益筹资

权益筹资方式主要包括留存收益、吸收直接投资、发行股票等几种。权益筹资所筹集的资金一般属于游艇俱乐部的内部积累形成的资金,这些资金无须支付资金使用成本或资金成本较低,从而可以提高游艇俱乐部的偿债能力且支付的方式较为灵活,尤其是在游艇俱乐部经营业绩良好的情况下,可用于支配的自有资金较多。

权益筹资的缺点:权益筹资的资金成本较负债筹资高,而且发行股票筹资容易造成股权分散,使得原股东丧失对游艇俱乐部的控制权。

②负债筹资

负债筹资方式主要包括商业信用、发行债券、借款、融资租赁等几种。负债筹资的利息是在税前支付的,资金成本相对较低,当游艇俱乐部的投资收益率大于负债筹资利息率时,通过扩大负债筹资的比例,能提高游艇俱乐部自有资金利润率,同时负债筹资不易分散原股东对游艇俱乐部的控制权。

负债筹资的缺点:负债筹资需要定期偿还本金和利息,财务风险较高,而且筹资时限制的条款较多,筹资额有限。

(2)各种筹资方式的比较及评价

①吸收直接投资

吸收直接投资企业以协议等形式吸收国家、其他企业、个人和外商等直接投入的资金而形成企业资本的一种筹资方式。吸收直接投资不以股票为媒介,是非股份制企业筹措自由资本的一种基本形式。

②发行股票

发行股票分为发行普通股和发行优先股筹资两种。

a. 发行普通股。普通股筹资是股份公司获取其他类型资金的基础,股票作为一种所有权凭证,代表着一定经济利益的分配权和支配权,公司股东作为出资人按投入公司的资本数量享有所有者的权利,并以其所持股份为限对公司承担责任。

b. 发行优先股。优先股是介于普通股和债券之间的资金来源,是一种混合型证券、通过发行优先股可以防止股权分散化、调剂现金余额、改善资金结构、维持企业举债能力。

③留存收益

留存收益是企业在经营中创造的收益,用于企业的后续发展,是指企业将留存收益转化为投资的过程,将企业生产经营所实现的净收益留在企业,而不作为股利分配给股东,实际上是原股东对企业的追加投资。

④借款

银行借款是指企业根据借款合同,从有关银行或非银行金融机构借入的需要还本付息的款项。

⑤发行债券

债券是债权人为募集债务资金而发行的，承诺定期付息、到期还本的有价证券。发行债券是企业负债筹资的一种重要方式。

债券的发行有时高于面值，有时低于面值，其发行规律为：

当市场利率 = 票面利率时，债券发行价格 = 面值，债券应采用平价发行方式。

当市场利率 > 票面利率时，债券发行价格 < 面值，债券应采用折价发行方式。

当市场利率 < 票面利率时，债券发行价格 > 面值，债券应采用溢价发行方式。

⑥融资租赁

融资租赁又称财务租赁，通常是一种长期租赁，可以解决企业对长期资产的需要，在这种租赁方式下，出租人根据承租人对供货人和租赁标的物的选择，由出租人向供货人购买租赁标的物，然后租给承租人使用。如果是承租人对租赁资产不承担租赁资产日常维护的义务，仅仅支付较短期限内的租金，这种租赁方式为经营租赁。

⑦商业信用

商业信用指商品交易中的延期付款或延期交货所形成的借贷关系。它主要是因品交易中货款在时间上的分离而产生的。

3. 游艇俱乐部筹资渠道与筹资方式的综合运用

筹资渠道解决的是"哪里有资金"的问题，筹资方式解决的是"如何获取资金"的问题，它们之间存在着一定的关系：一种筹资方式可能获得某一特定渠道或不同渠道的资金，也可能是同一渠道的资金可以用不同的筹资方式获得，这种关系如表 7－1 所示。

表 7－1　各类筹资方式

筹资方式／筹资渠道	吸收直接投资	发行股票	利用留存资金	借款	发行债券	融资租赁	利用商业信用
国家财政资金	可以	可以					
银行信贷资金				可以			
非银行金融机构资金				可以	可以	可以	
其他企业资金	可以	可以			可以	可以	可以
居民个人资金	可以	可以				可以	
外商资金	可以	可以			可以		可以
企业自有资金			可以				

在表 7－1 中可见，吸收直接投资的筹资来源于国家财政资金、其他企业资金、个人资金、外国资金。

游艇俱乐部在选择不同的筹资方式时需要考虑以下因素：资金成本、筹资风险、筹资期限、资金灵活性、筹资方便程度、资金使用限制等因素。各种筹资方式按上述因素进行比较。结果如表 7－2 所示。

表 7－2　各种筹资方式比较

考虑因素	顺序	各种筹资方式
资金成本	底高	商业信用、留存收益、银行借款、发行债券、融资租赁、优先股、普通股
筹资风险	小大	普通股、优先股、商业信用、融资租赁、发行债券、银行借款、留存收益
筹资期限	长短	留存收益、普通股、优先股、融资租赁、发行债券、银行借欲、商业信用
资金灵活性	大小	留存收益、商业信用、银行借款、融资租赁、发行债券、普通股、优先股
筹资方便程度	易难	商业信用、留存收益、融资租赁、银行借款、发行债券、优先股、普通股
资金使用限制	小大	普通股、优先股、发行债券、银行借款、商业信用、融资租赁、留存收益

(四)游艇俱乐部资金成本管理

游艇俱乐部可以通过权益筹资和负债筹资获得所需资金,进行扩大生产、新建游艇俱乐部、更新设备。但是游艇俱乐部在取得这些资金时是要付出代价的如发行股票,需要向股东支付股息。银行借款,要定期还本付息。融资租赁则要支付固定租金和承担设备设施的日常维护保养费,这些都是游艇俱乐部在使用资金时所付出的代价。游艇俱乐部要综合考虑做好资金成本的管理,以使企业以最小的成本来使用资金。

1. 资金成本的含义及分类

(1)资金成本

资金成本又称资本成本,是指游艇俱乐部为了筹措和使用资金所必须支付的各种费用。资金成本包括筹资费用和用资费用。

筹资费用是指游艇俱乐部为了筹措和使用资金所必须支付的费用。如某游艇俱乐部第一期短期融资方案中需要向发行机构支付的发行费用、律师费、资信评估费、公证费和广告费担保费等,如采用借款方式则要向银行等金融机构支付手续费。筹资费用一般是在筹集资金时一次性支付下在使用过程中不再发生,具有种类多、金额小,一次发生、与资金占用时间无关等特点。

用资费用,是指游艇俱乐部在使用资金的过程中所支付的费用。例如,某游艇俱乐部在融资方案中需要向投资者支付的债券利息。向银行借款而支付给银行的利息;发行股票向股东支付的股利等。用资费用一般是在资金使用过程中发生的,具有种类少、金额小、多次发生、与资金占用时间相关的特点(资金使用时间越长,用资费用就越多)。

(2)资金成本的分类

资金成本有多种形式,按资金成本的用途不同分为个别资金成本、综合资金成本和边际资金成本。

①个别资金成本是指单个筹资方式的资金成本,包括债券成本、银行借款成本、普通股成本等。

②综合资金成本是指分别以各种资金成本占全部成本比重为权数计算的资金成本。

③边际资金成本是指每增加一个单位而增加的成本。

游艇俱乐部在比较各种筹资方式时,使用个别资金成本,例如长期借款成本、债券成本、股票成本等。游艇俱乐部在进行全部资本结构决策时,使用综合资金成本;游艇俱乐部在追加筹资决策时,使用边际资金成本。

(3)资金成本在决策中的作用

①资金成本在游艇俱乐部筹资决策中的作用。运用资金成本可以计算并确定游艇俱乐部筹资来源、游艇俱乐部筹资规模的大小、游艇俱乐部筹资方式及确定最优资本结构。进行比较时,资金成本低者为首选方案。

②资金成本在游艇俱乐部投资决策中的作用。运用资金成本可以计算投资项目的净现值,净现值越大,方案可行度越高。利用内含报酬率对投资项目做评价时,如果投资项目的内涵报酬率不低于资金成本时,投资项目才可行。

③资金成本在游艇俱乐部经营业绩评价中的作用。运用资金成本可以作为衡量游艇俱乐部经营业绩的标准,如投资利润率低于资金成本,说明游艇俱乐部经营不力,需要改善经营。

2. 个别资金成本的计算

资金成本可以用绝对数表示,也可以用相对数来表示。在财务管理中,一般用相对数表示为多。即资金成本为用资费用与筹得的资金净额(筹资总额扣除筹资费用后的差额)之间的比率。其计算公式如下

$$\text{资金成本} = \frac{\text{用资费用}}{\text{筹资总额}(1-\text{筹资费率})} \times 100\%$$

或

$$K = \frac{D}{P-f} \times 100\% = \frac{D}{P(1-F)} \times 100\%$$

式中 K 为资本成本,用百分率表示,D 为用资费用,P 为筹资总额,f 为筹资费用,F 为筹资费用率,即筹资费用与筹资总额的比率。

(1)长期借款成本

长期借款的成本可用下列公式计算

$$K_i = \frac{I_i(1-T)}{L(1-F_i)} \times 100\%$$

式中:K_i 为长期借款成本,I_i 为长期借款年利息,T 为游艇俱乐部所得税税率,L 为长期借款筹资额,即借款金额,F_i 为长期借款筹资费用率。

因为长期借款的利息可以在所得税税前支付,所以,游艇俱乐部实际负担的利息(用资费用)为 $I_i(1-T)$。同时利息的 $I_i = L \times i$(利息率)由此,长期借款资金成本公式还可以写为

$$K_i = \frac{i(1-T)}{1-F_i} \times 100\%$$

(2)债券成本

债券成本(Gost of Bond)中的利息也在所得税前列支,但发行债券的筹资费用一般较高,所以在计算时不得忽略。

债券的筹资费用即债券发行费用,包括申请发行债券的手续费、债券注册费、印刷费、上市费以及推销费用等。其中有些费用按一定的标准(定额或定率)支付,有的并无固定的标准。债券成本的计算公式为

$$K_b = \frac{I_b(1-T)}{B(1-F_b)}$$

式中 K_b 为债券成本,I_b 为债券年利息,B 为债券筹资额,按发行价格和发行数量确定,

F_b 为债券筹资费用率。

(3)普通股成本

普通股成本是股东所要求的最低投资报酬率，正常情况下，这种最低报酬率应表现为逐渐递增的趋势。如果股利每年以固定比率增长，第一年股利为 D_c，则第二年为 $D_c(1+G)$，第三年为 $D_c(1+G)^2$，…，第 n 年为 $D_c(1+G)^n$。

因此，普通股成本的计算公式经推导可简化为

$$K_c = \frac{D_c}{P_c(1-F_c)} + G$$

式中 K_c 为普通股成本，D_c 为普通股年股利，P_c 为普通股筹资额(应按实际发行价格确定)，F_c 为普通股筹资费用率。

(4)优先股成本

优先股成本(Cost of Preferred Slock)，游艇俱乐部发行优先股筹资需支付发行费用如注册费、代销费，还要定期支付股利。它与负债的区别：股利是在税后支付，不减少应上缴的所得税，且没有固定到期日。一般优先股股利通常是固定的，其于计算公式为

$$K_p = \frac{D_p}{P_p(1-F_p)}$$

式中 K_P 为优先股成本，D_P 为优先股年股利，P_P 为优先股筹资额(应按实际发行价格确定)，F_P 为优先股筹资费用率。

(5)留存收益成本

留存收益(Cost of Regained Earning)是游艇俱乐部内部积累形成的资金来源，相当于股东对企业的追加投资。从表面上分析，留存收益好像没有资金成本，但是股东愿意放弃股利而将资金留存企业并再予以投资，是期望获得与普通股相同的报酬，至少是应该与股东自行从事风险相近投资项目所能获得的报酬相等。因此，留存收益也有资金成本，不过是机会成本。

留存收益的确定方法与普通股成本基本相同，只是不考虑筹资费用。其计算公式为

$$K_t = \frac{D}{P} + G$$

3. 综合资金成本的计算

游艇俱乐部可以从多种渠道，采用多种方式来筹集资金，而不同方式和渠道下的筹资成本是不一样的。为了正确进行筹资和投资决策，就必须计算游艇俱乐部综合资金成本。

综合资金成本(Overall Cost of Capital)是分别以各种资金成本为基础，以各种资金占全部资金的比重为权数，对个别资金成本进行加权平均确定的，故也称加权平均资金成本(Weighted Average Cost of Capital, WACC)。其计算公式为

$$K_W = \sum_{j=1}^{n} K_j W_j \text{(其中,} \sum_{j=1}^{n} W_j = 1\text{)}$$

式中 K_W 为综合资本成本，即加权平均资金成本，K_j 为第 j 种个别资金成本，W_j 为第 j 种个别资金占全部资金的比重，即权数。用以计算加权平均资金成本。目标价值权数是指债券、股票等以未来预计的目标市场价值确定权数，用以估计加权平均资金成本。

4. 边际资金成本

前述游艇俱乐部的个别资金成本和综合资金成本，是游艇俱乐部过去筹集的或目前使用的资本的成本。然而，随着时间的推移或筹资条件的变化，个别资本成本会随之变化，综合资本成本也会发生变动。因此，游艇俱乐部在未来追加筹资时，不能仅仅考虑目前所使用资本的成本，还要考虑新筹资本的成本，即边际资金成本。

(1)边际资金成本

边际资金成本是游艇俱乐部追加筹措资本的成本。游艇俱乐部在追加筹资的决策中必须考虑边际成本的高低。

(2)计算方法

游艇俱乐部追加筹资，有时可能只采用某一种筹资方式。在筹资数额较大，或在目标资本结构既定的情况下，往往通过多种筹资方式的组合来实现。这时，边际资本成本需要按加权平均法来计算，其权数必须为市场价值权数，不应采用账面价值权数。

(3)筹资总额分界点的计算

筹资总额指在现有目标资本结构条件下，保持某一资本成本不变时可以筹集到的资金总限额，即特定筹资方式下的资本成本变化的分界点。

其计算思路：花费一定的资金成本只能筹集到一定限度的资金，超过这一限度多筹集资金就要多花费资金成本，从而引起原资金成本的变化，于是就把保持某资金成本的条件下可以筹集到的资金总限度称为筹资总额分界点或筹资突破点。

(五)游艇俱乐部筹资决策与分析作为任务内容

游艇俱乐部在各种筹资方案选择中需要考虑风险因素，并在杠杆利益与风险之间做出平衡，从而确定游艇俱乐部最优资本结构。

1. 游艇俱乐部杠杆效应和风险

在游艇俱乐部的财务管理中，杠杆是利用有固定成本的资产(如固定资产的折旧、保险费、租金等)，或资金来源(如发行债券筹资支付的利息、发行优先股集资支付的优先股利)进行经营，当某一财务变量以较小幅度变动时，另一相关变量会以较大幅度变动。这就是杠杆现象。财务管理中的杠杆，包括经营杠杆、财务杠杆和复合杠杆。

为了便于了解杠杆效应的原理，先介绍一些相关知识，如成本习性、边际贡献、息税前利润。

(1)成本习性、边际贡献和息税前利润

①成本习性及分类

成本习性是指成本总额与销售量之间在数量上存在的依存关系。成本按习性可以划分为固定成本、变动成本和混合成本三类。在实际工作中需要将混合成本分解为固定成本和变动成本，以便准确计算企业的总成本。

②边际贡献

边际贡献是指销售收入减去变动成本后的差额，它表明每增加一个销售量将给企业带来的额外收益。在固定成本一定的情况下，边际贡献越大，企业获得的利润就越高。

③息税前利润

息税前利润是指游艇俱乐部支付债务利息和缴纳所得税之前的利润。其计算公式为

息税前利润 = 销售收入 - 变动成本 - 固定成本 = 边际贡献 - 固定成本

= (销售单价 - 变动成本) × 销售量 - 固定成本

(2)经营杠杆与经营风险

经营杠杆又称营业杠杆或营运杠杆,反映销售和息税前利润的杠杆关系。计算销售的变动水平对利润变动的影响。它是游艇俱乐部在经营决策时对经营成本中固定成本的利用,也就是说,当游艇俱乐部固定成本占很大比重时,只要销售量略有变化,就会导致其利润的大幅度变化。

①经营杠杆系数

为了反映经营杠杆的作用程度、估计经营杠杆利益的大小、评价经营风险的高低,需要测算经营杠杆系数。经营杠杆系数是指息税前利润变动率相对于销售量变动率的倍数,其计算公式为

$$财务杠杆系数=\frac{息税前利润变动率}{销售量变动率}=\frac{基期边际贡献}{基期息税前利润}$$

②经营杠杆与经营风险

企业的经营风险大小与经营杠杆系数有关。一般而言,企业的经营杠杆系数越大,经营杠杆风险就越高。在其他因素不变的条件下,固定成本越高,经营杠杆系数就越大,经营风险就越高,企业收益反而越低。

(3)财务杠杆与财务风险

财务杠杆又称融资杠杆,是指游艇俱乐部在制订资本结构决策时对债务资本(资本成本事先固定,不随游艇俱乐部收益情况变化的资本,包括长期负债资本和优先股股本)的利用从而对游艇俱乐部收益及股利产生影响。它反映销售利润和税后净利按普通股股数摊配计算的每股盈利的杠杆关系,计量销售利润的变动水平对每股盈利(指普通股,下同)变动的影响。

①财务杠杆系数

财务杠杆系数又称财务杠杆程度,是普通股每股税后利润变动率相当于息税前利润变动率的倍数。它可以用来反映财务杠杆的作用程度,评价财务杠杆利益大小和筹资风险的高低。计算公式为

$$财务杠杆系数=\frac{每股收益变动率}{息税前利润变动率}=\frac{基期总税前利润}{基期总税前利润-基期利息}$$

②财务杠杆与财务风险

财务风险主要是指与游艇俱乐部筹资相关的风险,尤其是指财务杠杆导致游艇俱乐部所有者收益变动的风险,甚至可能导致游艇俱乐部破产的风险。由于财务杠杆的作用,当息税前利润下降时,税后利润下降得更快,从而给游艇俱乐部带来筹资风险。一般而言,财务杠杆系数越大,企业的财务风险就越高。财务杠杆系数越小,企业的财务风险就越小。

(4)复合杠杆与企业风险

经营杠杆是通过扩大营业收入影响息税前利润,而财务杠杆则是通过扩大销售利润影响每股收益,或影响净利润。两者最终都影响到游艇俱乐部所有者及普通股股东的收益。下面介绍如何来评价企业的整体风险。

①复合杠杆

所谓复合杠杆,是经营杠杆和财务杠杆的结合,也称为总杠杆。由于固定成本。由于固定成本的存在,产生经营杠杆效应,导致息税前利润的变动幅度大于销量的变动幅度;由于固定债务利息费用的存在,产生财务杠杆效应,导致每股收益的变动幅度大于息税前利

润的变动幅度。两种杠杆共同作用,从而导致了销售量的变动所引起的每股收益更大的变动,即复合杠杆效应。

②复合杠杆系数

复合杠杆系数为经营杠杆系数和财务杠杆系数的乘积,反映销售额和每股盈利之间的杠杆关系其计算公式为:

$$复合杠杆系数 = 经营杠杆系数 \times 财务杠杆系数 = \frac{每股收益变动率}{销售量变动率}$$

③复合杠杆与企业风险

企业风险包含经营风险和财务风险,复合杠杆是评价企业的整体风险,复合杠杆系数越大,说明企业风险越大。在复合杠杆系数一定的情况下,评价企业风险的实质是揭示了经营风险和财务风险此消彼长的关系。

2. 游艇俱乐部资本结构

资本结构是游艇俱乐部筹资决策的核心问题。游艇俱乐部应综合考虑有关影响因素,运用适当的方法确定最佳的资本结构,并在以后追加筹资中继续保持。游艇俱乐部现有资本结构不合理的,应通过筹资活动进行调整,使其趋于合理,以致达到最优化。

(1)资本结构的定义

资本结构是指企业各种资本的构成及其比例关系,实质上就是游艇俱乐部负债和所有者权益之间的比例关系。

游艇俱乐部的资本结构是由游艇俱乐部采用各种筹资方式筹资而形成的。各种筹资方式的不同组合决定着游艇俱乐部的资本结构及其变化。通常情况下,游艇俱乐部都采用债务筹资和权益筹资的组合,由此形成的资本结构又称"杠杆资本结构",其杠杆比率(债务资本比率)表示资本结构中债务资本和权益资本的比例关系。在资本结构决策中,合理地利用债务筹资,安排债务资本的比率,对游艇俱乐部具有重要的影响。

(2)影响资本结构的因素

在实际工作中制约资本结构决策的因素,除了前述资本成本、财务风险以外。还有包括游艇俱乐部社会责任、游艇俱乐部所有者和管理人员的态度、贷款银行和咨信机构的态度。游艇俱乐部的获利能力、游艇俱乐部的现金流量状况、游艇俱乐部发展速度、税收因素、行业差别等重要因素。游艇俱乐部在资本结构决策中应予以综合考虑。

(3)最佳资本结构

最佳资本结构是指游艇俱乐部在一定时期、在最适宜的有关条件下,使其加权平均资本成本最低、游艇俱乐部价值最大的资本结构。它应作为游艇俱乐部的目标资本结构,企业应通过降低平均资本成本率或提高普通股每股收益来实现资本结构优化。

(4)确定最佳资本结构的方法

在资本结构决策中,确定最佳资本结构可以运用比较资本成本法、每股利润分析法和企业价值分析法。

①比较资本成本法

比较资本成本法是计算不同资本结构(或筹资方案)的加权平均资本成本,并以此为标准相互比较进行资本结构决策。其决策步骤如下:

第一步:计算各备选方案的个别资本成本和加权平均资本成本。

第二步:比较各价选方案的加权平均资本成本,选择最优资本结构。

②每股利润分析法

每股利润分析法是利用每股利润无差别点来进行资本结构决策的方法。每股利润无差别点是指两种筹资方式下普通股每股利润等同息税前利润点,也称息税前利润平衡点,也可称之为筹资无差别点。根据每股利润无差别点,可以分析判断在什么情况下运用债务筹资来安排和调整资本结构。其计算步骤如下:

第一步:列出不同筹资方式下每股收益的计算公式。

$$EPS = \frac{(\overline{EBIT} - I) \times (1 - T) - D}{N}$$

式中,$EBIT$ 为息税前利润,I 为年利息,T 所得税税率,D 为优先股股利,N 为普通股股数。

第二步:设息税前利润为未知数,罗列使每股收益相等的等式。

$$\frac{(\overline{EBIT} - I_2) \times (1 - T) - D_2}{N_2} = \frac{(\overline{EBIT} - I_1) \times (1 - T) - D_1}{N_1}$$

式中:$\overline{EBIT}$为每股收益无差别点息税前利润,其他字母所表示内容同前。

第三步:计算上式中的息税前利润,即每股收益无差别点。

第四步:做出决策一般选择方案的基本要求是。

a. 当实际或预计息税前利润大于每股收益无差别点的息税前利润时,适用负债筹资方式可获得较高的每股收益。

b. 当实际或预计息税前利润小于每股收益无差别点的息税前利润时,运用权益筹资方式可获得较高的每股收益。

c. 当实际或预计息税前利润等于每股收益无差别点的息税前利润时,运用负债筹资和权益筹资两种方式可获得相同的每股收益,两种方式均可采用。

③企业价值分析法

企业价值分析法是在充分考虑企业财务风险,以企业市场价值为标准,经过测算确定企业最佳资本结构的方法二采用企业价值分析法进行资本结构决策,更符合企业价值最大化的财务目标。但是其计算过程较为复杂,通常适用于资本规模较大的上市公司。其计算步骤如下。

第一步:确定企业市场价值模型。企业价值等于其债务资本和权益资本的折现价值之和。

第二步:计算债务资本价值和权益资本价值。

第三步:计算不同资本结构下的加权平均资本成本。

第四步:确定决策方案。企业价值最高,且加权平均资本成本最低的资本结构为合理的资本结构。

二、相关训练

(一)任务布置

任务:财务管理目标及利益冲突协调

分组:建议将整个班级分为三个小组,一组模拟游艇俱乐部所有者、一组模拟游艇俱乐部经营者,一组模拟游艇俱乐部债权人

（二）任务实施

第一步：选择班级所熟悉的游艇俱乐部作为背景，例如苏州太湖水星游艇俱乐部。

第二步：每个小组讨论本小组自身的组成和与其他小组可能存在的利益关系。

第三步：每个小组分析自身的利益预期，以及与其他利益相关者的冲突，并从自身利益出发，确定合理的财务管理目标。

第四步：每个小组推荐一位代表汇报本组讨论情况，并说明解决利益冲突的思路和方法。班级全体同学对其汇报情况进行评分。

第五步：每个小组将本组相关材料进行总结，填入下表。

【任务小结】

通过分组模拟游艇俱乐部主要相关利益方，分析其可能存在的利益冲突，然后小组讨论、班级讨论得出每个利益方的财务管理目标，这个目标必须要尽可能合理。通过这样的训练，每个参与者更加容易理解游艇财务管理相关知识。

【拓展提高】

了解某国际游艇俱乐部成本估算与资金筹措。

一、投资估算依据

《全国统一建筑工程预算工程量计算规则》。

2008 年《辽宁省建筑工程预算实物量定额》。

2008 年《辽宁省建筑工程预算实物量定额单位估价表》。

辽宁省及大连市正在执行的有关建经文件。

《大连工程造价信息网》近期材料价格。

国家发改委、建设部《建设项目经济评价方法与参数》第三版。

其他相关资料。

二、成本估算

1. 固定成本估算

(1)土建工程费

项目建设内容主要包括超五星级酒店工程、高档写字楼工程、游艇俱乐部工程、游艇码头工程以及其他配套工程。

超五星级酒店工程:按照国际超豪华五星级酒店标准建设,总建筑面积 104 344 m^2。

高档写字楼工程:将建设新一代 5A 甲级写字楼,总建筑面积 100 000 m^2。

游艇俱乐部工程,本工程总建筑面积 295 000 m^2,主要包括以下四项建设内容:俱乐部会所一座,建筑面积 5 000 m^2。VIP 豪华泊园别墅 500 栋,均为独立建筑,每栋建筑面积约 500 m^2,总建筑面积约 250 000 m^2。游艇维修及服务中心一座,建筑面积 20 000 m^2。游艇展销及培训中心一座,建筑面积 20 000 m^2。

游艇码头工程,本工程主要包括:航道工程、水工工程、游艇泊位工程等。主要建设内容包括建设主航道一处。防波堤两处,总长 2 410 m。游艇总泊位 1 200 个,其中:VIP 游艇泊位 500 个,普通游艇泊位 700 个。

其他配套工程:外水电工程 200 000 m^2 道路及绿化工程 650 000 m^2。

(2)设备购置及安装工程费估算

项目将购置安装主要设备 288 台(套),设备购置费为 9 760 万元。项目设备主要包括酒店、写字楼所需设备以及自备游艇、游艇维护及展销设备等。

设备安装费按设备购置费的 10% 计算,为 976 万元。

项目设备购置及安装工程费估算额总计为 10 736 万元。

(3)工程建设其他费用

包括项目的土地使用权费、勘察设计费、建设单位管理费、工程监理费、设备调试费、职工培训和其他开办费等经估算工程建设其他费用为 80 816 万元。其中土地使用权形成无形资产,合计为 78 046 万元。

(4)预备费

工程预备费估算按土建工程费、设备购置及安装费和工程建设其他费用之和的 1.5% 进行估算,需 5 768 万元。

(5)建设期利息

项目申请银行五年期长期贷款 200 000 万元(其中本金 182 083 万元),贷款年利率为 5.76%,则建设期利息合计 17 917 万元。

固定成本估算 = 建筑工程费 + 设备购置费 + 设备安装费 + 工程建设其他费用 + 工程预备费 + 建设期利息 =408 218 万元。

2. 流动成本估算

流动资金用于生产启动时原材料、燃料动力等支出，以及人员工资和其他经营费用等。该项目流动资金估算采用分项详细估算法，对构成流动资金的各项流动资产和流动负债分别估算，为简化计算，仅对现金、存货、应收账款、应付账款四项内容进行估算。

经各项估算，项目共需流动资金 5 002 万元，铺底流动资金按 30% 估算，约为 1 507 万元。

3. 项目建设总投资与资金来源

（1）项目建设总投资

按全部流动资金口径：

项目总投资 = 建设投资 + 建设期利息 + 全部流动资金 = 413 240 万元

按铺底流动资金口径：

项目总投资 = 建设投资 + 建设期利息 + 铺底流动资金 = 409 725 万元

（2）年度投资计划表。

（3）建设投资在建设期内视工程进度分期投入，项目共分二期建设，总建设期 3 年。第一年投入建设投资的 30%，第二年投入 40%，第三年投入 30%。铺底流动资金在启动生产时投入。

项目一期工程建设工期规划为两年　主要建设内容包括：

①超五星级酒店工程，总建筑面积 104 344 m^2。

②游艇俱乐部工程，总建筑面积 170 000 m^2（其中：游艇俱乐部会所一栋，建筑面积 5 000 m^2，VIP 豪华泊园，计划建设 250 栋，建筑面积 125 000 m^2，游艇维修及服务中心，建筑面积 20 000 m^2，游艇展销及培训中心建筑面积 20 000 m^2。）

③游艇码头工程，包括航道工程，水工工程，建设 600 个游艇泊位。

④其他工程，外水电工程 200 000 m^2，道路及绿化工程 650 000 m^2。

项目二期工程建设工期规划为一年，建设内容主要包括：

①VIP 豪华泊园，计划建设 250 栋，建筑面积 125 000 m^2。

②高档写字楼工程，建筑面积 100 000 m^2。

三、资金来源

项目开发投资的资金来源为三个方面，一是自有资金，二是各阶段的豪华泊园及泊位预售收入，三是当自有资金已全部投入开发而未获得租售收入或租售收入不足以满足开发投资时，采用贷款或其他融资渠道的形式解决资金问题。

项目总投资为 409 725 万元（按铺底流动资金口径）。资金来源为企业自筹资金和申请银行贷款，其中企业自筹资金 209 725 万元。约占项目总投资的 51.19%，申请银行贷款 200 000 万元，占项目总投资的 48.81%。

附　　录

附录一

中华人民共和国交通运输部令

2008 年　第 7 号

《游艇安全管理规定》已于 2008 年 7 月 8 日经第 8 次部务会议通过，现予公布，自 2009 年 1 月 1 日起施行。

部长　李盛霖
二〇〇八年七月二十二日

游艇安全管理规定

第一章　总　　则

第一条　为了规范游艇安全管理，保障水上人命和财产安全，防治游艇污染水域环境，促进游艇业的健康发展，根据水上交通安全管理和防治船舶污染水域环境的法律、行政法规，制定本规定。

第二条　在中华人民共和国管辖水域内游艇航行、停泊等活动的安全和防治污染管理适用本规定。

本规定所称游艇，是指仅限于游艇所有人自身用于游览观光、休闲娱乐等活动的具备机械推进动力装置的船舶。

本规定所称游艇俱乐部，是指为加入游艇俱乐部的会员提供游艇保管及使用服务的依法成立的组织。

第三条　中华人民共和国海事局统一实施全国游艇水上交通安全和防治污染水域环境的监督管理。

各级海事管理机构依照职责，具体负责辖区内游艇水上交通安全和防治污染水域环境的监督管理。

第二章　检验、登记

第四条　游艇应当经船舶检验机构按照交通运输部批准或者认可的游艇检验规定和

规范进行检验,并取得相应的船舶检验证书后方可使用。

第五条 游艇有下列情形之一的,应当向船舶检验机构申请附加检验:

(一)发生事故,影响游艇适航性能的。

(二)改变游艇检验证书所限定类别的。

(三)船舶检验机构签发的证书失效的。

(四)游艇所有人变更、船名变更或者船籍港变更的。

(五)游艇结构或者重要的安全、防污染设施、设备发生改变的。

第六条 在中华人民共和国管辖水域航行、停泊的游艇,应当取得船舶国籍证书。未持有船舶国籍证书的游艇,不得在中华人民共和国管辖水域航行、停泊。

申请办理船舶国籍登记,游艇所有人应当持有船舶检验证书和所有权证书,由海事管理机构审核后颁发《中华人民共和国船舶国籍证书》。

长度小于5米的游艇的国籍登记,参照前款的规定办理。

第三章 游艇操作人员培训、考试和发证

第七条 游艇操作人员应当经过专门的培训、考试,具备与驾驶的游艇、航行的水域相适应的专业知识和技能,掌握水上消防、救生和应急反应的基本要求,取得海事管理机构颁发的游艇操作人员适任证书。

未取得游艇操作人员适任证书的人员不得驾驶游艇。

第八条 申请游艇操作人员适任证书,应当符合下列条件:

(一)年满18周岁未满60周岁。

(二)视力、色觉、听力、口头表达、肢体健康等符合航行安全的要求。

(三)通过规定的游艇操作人员培训,并经考试合格。

第九条 申请游艇操作人员适任证书的,应当通过中华人民共和国海事局授权的海事管理机构组织的考试。

申请游艇操作人员适任证书的,应到培训或者考试所在地的海事管理机构办理,并提交申请书以及证明其符合发证条件的有关材料。

经过海事管理机构审核符合发证条件的,发给有效期为5年的相应类别的游艇操作人员适任证书。

第十条 游艇操作人员适任证书的类别分为海上游艇操作人员适任证书和内河游艇操作人员适任证书。

第十一条 持有海船、内河船舶的船长、驾驶员适任证书或者引航员适任证书的人员,按照游艇操作人员考试大纲的规定,通过相应的实际操作培训,可以分别取得海上游艇操作人员适任证书和内河游艇操作人员适任证书。

第十二条 游艇操作人员适任证书的有效期不足6个月时,持证人应当向原发证海事管理机构申请办理换证手续。符合换证条件中有关要求的,海事管理机构应当给予换发同类别的游艇操作人员适任证书。

游艇操作人员适任证书丢失或者损坏的,可以按照规定程序向海事管理机构申请补发。

第十三条 依法设立的从事游艇操作人员培训的机构,应当具备相应的条件,并按照

国家有关船员培训管理规定的要求，经过中华人民共和国海事局批准。

第四章 航行、停泊

第十四条 游艇在开航之前，游艇操作人员应当做好安全检查，确保游艇适航。

第十五条 游艇应当随船携带有关船舶证书、文书及必备的航行资料，并做好航行等相关记录。

游艇应当随船携带可与当地海事管理机构、游艇俱乐部进行通信的无线电通信工具，并确保与岸基有效沟通。

游艇操作人员驾驶游艇时应当携带游艇操作人员适任证书。

第十六条 游艇应当按照《船舶签证管理规则》的规定，办理为期 12 个月的定期签证。

第十七条 游艇应当在其检验证书所确定的适航范围内航行。

游艇所有人或者游艇俱乐部在第一次出航前，应当将游艇的航行水域向当地海事管理机构备案。游艇每一次航行时，如果航行水域超出备案范围，游艇所有人或者游艇俱乐部应当在游艇出航前向海事管理机构报告船名、航行计划、游艇操作人员或者乘员的名单、应急联系方式。

第十八条 游艇航行时，除应当遵守避碰规则和当地海事管理机构发布的特别航行规定外，还应当遵守下列规定：

（一）游艇应当避免在恶劣天气以及其他危及航行安全的情况下航行。

（二）游艇应当避免在船舶定线制水域、主航道、锚地、养殖区、渡口附近水域以及交通密集区及其他交通管制水域航行，确需进入上述水域航行的，应当听从海事管理机构的指挥，并遵守限速规定。游艇不得在禁航区、安全作业区航行。

（三）不具备号灯及其他夜航条件的游艇不得夜航。

（四）游艇不得超过核定乘员航行。

第十九条 游艇操作人员不得酒后驾驶、疲劳驾驶。

第二十条 游艇应当在海事管理机构公布的专用停泊水域或者停泊点停泊。

游艇的专用停泊水域或者停泊点，应当符合游艇安全靠泊、避风以及便利人员安全登离的要求。

游艇停泊的专用水域属于港口水域的，应当符合有关港口规划。

第二十一条 游艇在航行中的临时性停泊，应当选择不妨碍其他船舶航行、停泊、作业的水域。不得在主航道、锚地、禁航区、安全作业区、渡口附近以及海事管理机构公布的禁止停泊的水域内停泊。

第二十二条 在港口水域内建设游艇停泊码头、防波堤、系泊设施的，应当按照《港口法》的规定申请办理相应许可手续。

第二十三条 航行国际航线的游艇进出中华人民共和国口岸，应当按照国家有关船舶进出口岸的规定办理进出口岸手续。

第二十四条 游艇不得违反有关防治船舶污染的法律、法规和规章的规定向水域排放油类物质、生活污水、垃圾和其他有毒有害物质。

游艇应当配备必要的污油水回收装置、垃圾储集容器，并正确使用。

游艇产生的废弃蓄电池等废弃物、油类物质、生活垃圾应当送交岸上接收处理，并做好记录。

第五章　安全保障

第二十五条　游艇的安全和防污染由游艇所有人负责。游艇所有人应当负责游艇的日常安全管理和维护保养,确保游艇处于良好的安全、技术状态,保证游艇航行、停泊以及游艇上人员的安全。

委托游艇俱乐部保管的游艇,游艇所有人应当与游艇俱乐部签订协议,明确双方在游艇航行、停泊安全以及游艇的日常维护、保养及安全与防污染管理方面的责任。

游艇俱乐部应当按照海事管理机构的规定及其与游艇所有人的约定,承担游艇的安全和防污染责任。

第二十六条　游艇俱乐部应当具备法人资格,并具备下列安全和防污染能力:

(一)建立游艇安全和防污染管理制度,配备相应的专职管理人员。

(二)具有相应的游艇安全停泊水域,配备保障游艇安全和防治污染的设施,配备水上安全通信设施、设备。

(三)具有为游艇进行日常检修、维护、保养的设施和能力。

(四)具有回收游艇废弃物、残油和垃圾的能力。

(五)具有安全和防污染的措施和应急预案,并具备相应的应急救助能力。

第二十七条　游艇俱乐部依法注册后,应当报所在地直属海事局或者省级地方海事局备案。

交通运输部直属海事局或者省级地方海事局对备案的游艇俱乐部的安全和防污染能力应当进行核查。具备第二十六条规定能力的,予以备案公布。

第二十八条　游艇俱乐部应当对其会员和管理的游艇承担下列安全义务:

(一)对游艇操作人员和乘员开展游艇安全、防治污染环境知识和应急反应的宣传、培训和教育。

(二)督促游艇操作人员和乘员遵守水上交通安全和防治污染管理规定,落实相应的措施。

(三)保障停泊水域或者停泊点的游艇的安全。

(四)核查游艇、游艇操作人员的持证情况,保证出航游艇、游艇操作人员持有相应有效证书。

(五)向游艇提供航行所需的气象、水文情况和海事管理机构发布的航行通(警)告等信息服务。遇有恶劣气候条件等不适合出航的情况或者海事管理机构禁止出航的警示时,应当制止游艇出航并通知已经出航的游艇返航。

(六)掌握游艇的每次出航、返航以及乘员情况,并做好记录备查。

(七)保持与游艇、海事管理机构之间的通信畅通。

(八)按照向海事管理机构备案的应急预案,定期组织内部管理的应急演练和游艇成员参加的应急演习。

第二十九条　游艇必须在明显位置标明水上搜救专用电话号码、当地海事管理机构公布的水上安全频道和使用须知等内容。

第三十条　游艇遇险或者发生水上交通事故、污染事故,游艇操作人员及其他乘员、游艇俱乐部以及发现险情或者事故的船舶、人员应当立即向海事管理机构报告。游艇俱乐部应当立即启动应急预案。在救援到达之前,游艇上的人员应当尽力自救。

游艇操作人员及其他乘员对在航行、停泊时发现的水上交通事故、污染事故、求救信息或者违法行为应当及时向海事管理机构报告。需要施救的,在不严重危及游艇自身安全的情况下,游艇应当尽力救助水上遇险的人员。

第六章 监督检查

第三十一条 海事管理机构应当依法对游艇、游艇俱乐部和游艇操作人员培训机构实施监督检查。游艇俱乐部和游艇所有人应当配合,对发现的安全缺陷和隐患,应当及时进行整改、消除。

第三十二条 海事管理机构发现游艇违反水上交通安全管理和防治船舶污染环境管理秩序的行为,应当责令游艇立即纠正。未按照要求纠正或者情节严重的,海事管理机构可以责令游艇临时停航、改航、驶向指定地点、强制拖离、禁止进出港。

第三十三条 海事管理机构发现游艇俱乐部不再具备安全和防治污染能力的,应当责令其限期整改。对未按照要求整改或者情节严重的,可以将其从备案公布的游艇俱乐部名录中删除。

第三十四条 海事管理机构的工作人员依法实施监督检查,应当出示执法证件,表明身份。

第七章 法律责任

第三十五条 违反本规定,未取得游艇操作人员培训许可擅自从事游艇操作人员培训的,由海事管理机构责令改正,处 5 万元以上 25 万元以下罚款。有违法所得的,还应当没收违法所得。

第三十六条 游艇操作人员培训机构有下列行为之一的,由海事管理机构责令改正,可以处 2 万元以上 10 万元以下罚款。情节严重的,给予暂扣培训许可证 6 个月以上 2 年以下直至吊销的处罚:

(一)不按照本规定要求和游艇操作人员培训纲要进行培训,或者擅自降低培训标准。

(二)培训质量低下,达不到规定要求。

第三十七条 违反本规定,在海上航行的游艇未持有合格的检验证书、登记证书和必备的航行资料的,海事管理机构责令改正,并可处以 1000 元以下罚款,情节严重的,海事管理机构有权责令其停止航行。对游艇操作人员,可以处以 1000 元以下罚款,并扣留游艇操作人员适任证书 3 至 12 个月。

违反本规定,在内河航行的游艇未持有合格的检验证书、登记证书的,由海事管理机构责令其停止航行,拒不停止的,暂扣游艇。情节严重的,予以没收。

第三十八条 违反本规定,游艇操作人员操作游艇时未携带合格的适任证书的,由海事管理机构责令改正,并可处以 2000 元以下罚款。

第三十九条 游艇操作人员持有的适任证书是以欺骗、贿赂等不正当手段取得的,海事管理机构应当吊销该适任证书,并处 2000 元以上 2 万元以下的罚款。

第四十条 违反本规定，游艇有下列行为之一的，由海事管理机构责令改正，并可处以1000元以下罚款：

（一）未在海事管理机构公布的专用停泊水域或者停泊点停泊，或者临时停泊的水域不符合本规定的要求。

（二）游艇的航行水域超出备案范围，而游艇所有人或者游艇俱乐部未在游艇出航前将船名、航行计划、游艇操作人员或者乘员的名单、应急联系方式等向海事管理机构备案。

第四十一条 其他违反本规定的行为，按照有关法律、行政法规、规章进行处罚。

第四十二条 海事管理机构工作人员玩忽职守、徇私舞弊、滥用职权的，应当依法给予行政处分。

第八章 附 则

第四十三条 游艇从事营业性运输，应当按照国家有关营运船舶的管理规定，办理船舶检验、登记和船舶营运许可等手续。

第四十四条 游艇应当按照国家的规定，缴纳相应的船舶税费和规费。

第四十五条 乘员定额12人以上的游艇，按照客船进行安全监督管理。

第四十六条 本规定自2009年1月1日起施行。

附录二

中国游艇管理相关法规汇编

一、国家相关法律法规文件

（一）法律

1. 港口法

（2003 年 6 月 28 日中华人民共和国主席令第 5 号公布）

2. 海上交通安全法

（1983 年 9 月 2 日中华人民共和国主席令第 7 号公布）

3. 水污染防治法

（1984 年 5 月 11 日中华人民共和国主席令第 12 号公布。1996 年 5 月 15 日中华人民共和国主席令第 66 号修正。2008 年 2 月 28 日中华人民共和国主席令第 87 号修订）

4. 海洋环境保护法

（1999 年 12 月 25 日中华人民共和国主席令第 26 号公布）

5. 海关法

（1987 年 1 月 22 日中华人民共和国主席令第 51 号公布。2000 年 7 月 8 日中华人民共和国主席令第 35 号修正）

6. 国境卫生检疫法

（1986 年 12 月 2 日中华人民共和国主席令第 46 号公布。2007 年 12 月 29 日中华人民共和国主席令第 83 号修正）

7. 进出口商品检验法

（1989 年 2 月 21 日中华人民共和国主席令第 14 号公布。2002 年 4 月 28 日中华人民共和国主席令第 67 号修正）

8. 公民出境入境管理法

（1985 年 11 月 22 日中华人民共和国主席令第 32 号公布）

9. 外国人入境出境管理法

（1985 年 11 月 22 日中华人民共和国主席令第 31 号公布）

（二）法规

10. 防治海岸工程建设项目污染损害海洋环境管理条例

（1990 年 6 月 25 日国务院令第 62 号公布。2007 年 9 月 25 日国务院令第 507 号修正）

11. 防治船舶污染海洋环境管理条例

（2009 年 9 月 9 日国务院令第 561 号公布）

12. 海洋倾废管理条例

（1985 年 3 月 6 日国务院国发〔1985〕34 号文公布）

13. 水污染防治法实施细则

（2000 年 3 月 20 日国务院令第 284 号公布）

14. 内河交通安全管理条例

(1986 年 12 月 16 日国务院国发〔1986〕109 号文公布。2002 年 6 月 28 日国务院令第 355 号修订)

15. 船舶和海上设施检验条例

(1993 年 2 月 14 日国务院令第 109 号公布)

16. 船舶登记条例

(1994 年 6 月 2 日国务院令第 155 号公布)

17. 船员条例

(2007 年 4 月 14 日国务院令第 494 号公布)

18. 水路运输管理条例

(1987 年 5 月 12 日国务院令第 46 号公布。1997 年 12 月 3 日国务院令第 237 号第一次修正。2008 年 12 月 27 日国务院令第 544 号第二次修正)

19. 国际海运条例

(2001 年 12 月 11 日国务院令第 335 号公布)

20. 国际航行船舶进出中华人民共和国口岸检查办法

(1995 年 3 月 21 日国务院令第 175 号公布)

21. 中华人民共和国对外国籍船舶管理规则

(1979 年 8 月 25 日国务院批准,1979 年 9 月 18 日交通部公布)

22. 外国籍船舶航行长江水域管理规定

(1983 年 4 月 9 日国务院批准,1983 年 4 月 20 日交通部公布。1986 年 2 月 6 日国务院批准修订,1986 年 3 月 1 日交通部公布。1992 年 6 月 6 日国务院批准第二次修订,1992 年 7 月 25 日交通部公布。1997 年 5 月 26 日国务院批准第三次修订,1997 年 8 月 1 日交通部令第 7 号公布)

23. 国境卫生检疫法实施细则

(1989 年 2 月 10 日国务院批准,1989 年 3 月 6 日卫生部令第 2 号公布。2010 年 4 月 24 日国务院令第 574 号修正)

24. 出境入境边防检查条例

(1995 年 7 月 20 日国务院令第 182 号公布)

25. 公民出境入境管理法实施细则

(1986 年 12 月 3 日国务院批准,1986 年 12 月 26 日公安部、外交部、交通部公布。1994 年 7 月 13 日国务院批准修订,1994 年 7 月 15 日公安部、外交部、交通部公布)

26. 外国人入境出境管理法实施细则

(1986 年 12 月 3 日国务院批准,1986 年 12 月 27 日公安部、外交部公布。1994 年 7 月 13 日国务院批准修订,1994 年 7 月 15 日公安部、外交部公布。2010 年 4 月 24 日国务院令第 575 号修订)

(三)国务院文件

27. 关于口岸开放的若干规定

(1985 年 9 月 18 日国务院国发〔1985〕113 号文印发)

28. 关于推进海南国际旅游岛建设发展的若干意见

(2009 年 12 月 31 日国务院国发〔2009〕44 号文印发)

二、游艇码头规划、建设及经营管理

1. 港口规划管理规定
(2007 年 12 月 17 日交通部令第 11 号公布)
2. 港口建设管理规定
(2007 年 4 月 24 日交通部令第 5 号公布)
3. 关于发布港口深水岸线标准的公告
(2004 年 3 月 10 日交通部公告第 5 号公布)
4. 关于加强水运工程初步设计审查管理的通知
(2006 年 7 月 4 日交通部交水发〔2006〕330 号文印发)
5. 关于印发水运工程设计委托审查咨询工作座谈会会议纪要的通知
(2008 年 4 月 17 日交通部水运司水运基建函〔2008〕187 号文印发)
6. 水运工程质量监督规定
(2000 年 6 月 7 日交通部令第 3 号公布)
7. 海洋倾废管理条例实施办法
(1990 年 9 月 25 日国家海洋局令第 2 号公布)
8. 港口工程竣工验收办法
(2005 年 3 月 21 日交通部令第 2 号公布)
9. 关于实施《港口工程竣工验收办法》有关事项的通知
(2005 年 10 月 14 日交通部交水发〔2005〕470 号文印发)
10. 港口经营管理规定
(2004 年 4 月 15 日交通部令第 4 号公布。2009 年 10 月 29 日交通运输部令第 13 号修订)
11. 关于做好《港口经营管理规定》实施工作的通知
(2010 年 1 月 18 日交通运输部交水发〔2010〕46 号文印发)
12. 港口危险货物管理规定
(2003 年 8 月 29 日交通部令第 9 号公布)
13. 关于贯彻实施《港口危险货物管理规定》有关事项的通知
(2003 年 12 月 5 日交通部交水发〔2003〕541 号文印发)

三、游艇安全管理

1. 游艇安全管理规定
(2008 年 7 月 8 日交通运输部令第 7 号公布)
2. 关于公布实施《游艇法定检验暂行规定》的通知
(2008 年 9 月 19 日中华人民共和国海事局海法规〔2008〕423 号文印发)
3. 关于印发游艇安全管理工作实施意见的通知
(2010 年 8 月 18 日中华人民共和国海事局海事〔2010〕352 号文印发)
4. 关于颁布《中华人民共和国游艇驾驶员培训、考试和发证办法》的通知
(2011 年 5 月 18 日中华人民共和国海事局海船员〔2011〕247 号文印发)
5. 海上航行警告和航行通告管理规定

（1992 年 12 月 22 日国务院批准，1993 年 1 月 11 日交通部令第 44 号公布）

6. 关于颁布《中华人民共和国高速船船员特殊培训、考试和发证办法》的通知

（1997 年 5 月 21 日中华人民共和国港务监督局港监字〔1997〕147 号文印发）

7. 防止船舶垃圾和沿岸固体废物污染长江水域管理规定

（1997 年 12 月 24 日交通部、建设部、国家环境保护局令第 17 号公布）

8. 关于发布《中华人民共和国船舶安全营运和防止污染管理规则（试行）》的通知

（2001 年 7 月 12 日交通部交海发〔2001〕383 号文印发）

9. 关于重新发布《航运公司安全管理体系审核发证规则》和《程序》的通知

（2001 年 10 月 8 日中华人民共和国海事局海安全〔2001〕588 号文印发）

10. 内河避碰规则

（1979 年 2 月 1 日交通部公布。1991 年 4 月 28 日交通部令第 30 号修订。2003 年 9 月 2 日交通部交海发〔2003〕357 号文修正）

11. 关于发布《船舶港内安全作业监督管理办法》通知

（2004 年 7 月 20 日中华人民共和国海事局海船舶〔2004〕362 号文印发）

12. 关于发布《<中华人民共和国船舶登记条例>实施若干问题说明》的通知

（2004 年 10 月 28 日中华人民共和国海事局海船舶〔2004〕522 号文印发）

13. 防治船舶污染内河水域环境管理规定

（2005 年 8 月 20 日交通部令第 11 号公布）

14. 海事行政许可条件规定

（2006 年 1 月 9 日交通部令第 1 号公布）

15. 高速客船安全管理规则

（1996 年 12 月 24 日交通部令第 13 号公布。2006 年 2 月 24 日交通部令第 4 号修订）

16. 国际船舶保安规则

（2007 年 3 月 26 日交通部令第 2 号公布）

17. 关于印发《沿海海域船舶排污设备铅封管理规定》的通知

（2007 年 4 月 10 日交通部交海发〔2007〕165 号文印发）

18. 航运公司安全与防污染管理规定

（2007 年 5 月 9 日交通部令第 6 号公布）

19. 关于印发《海（水）上搜救奖励专项资金管理暂行办法》的通知

（2007 年 9 月 29 日月财政部、交通部财建〔2007〕465 号文印发）

20. 关于发布《中华人民共和国国内船舶保安规则（试行）》的通知

（2008 年 8 月 14 日交通运输部交海发〔2008〕249 号文印发）

21. 船舶识别号管理规定

（2010 年 9 月 1 日交通运输部令 2010 年第 4 号公布）

22. 船舶及其有关作业活动污染海洋环境防治管理规定

（2010 年 11 月 16 日交通运输部令第 7 号公布）

23. 关于印发《船舶名称管理办法》的通知

（2000 年 8 月 1 日中华人民共和国海事局海船舶字〔2000〕425 号文印发。2004 年 10 月 28 日中华人民共和国海事局海船舶〔2004〕520 号文第一次修订。2010 年 12 月 10 日中华人民共和国海事局海船舶〔2010〕619 号文第二次修订）

24. 船舶污染海洋环境应急防备和应急处置管理规定

（2011 年 1 月 27 日交通运输部令第 4 号公布）

25. 水上水下活动通航安全管理规定

（2011 年 1 月 27 日交通运输部令第 5 号公布）

26. 关于印发《中华人民共和国海事局水上水下活动通航安全影响论证与评估管理办法》等文件的通知

（2011 年 5 月 23 日中华人民共和国海事局海通航〔2011〕262 号文印发）

27. 船舶升挂国旗管理办法

（1991 年 10 月 10 日交通部令第 32 号公布）

四、游艇经营管理

1. 水路运输管理条例实施细则

（1987 年 9 月 22 日交通部(87)交河字 680 号文公布。1998 年 3 月 6 日交通部交水发〔1998〕107 号文第一次修正。2009 年 6 月 4 日交通运输部令第 6 号第二次修正）

2. 国内水路运输经营资质管理规定

（2008 年 5 月 5 日交通运输部令第 2 号公布）

3. 关于贯彻实施《国内水路运输经营资质管理规定》有关工作的通知

（2008 年 6 月 23 日交通运输部交水发〔2008〕141 号文印发）

4. 国内船舶管理业规定

（2001 年 7 月 4 日交通部令第 3 号公布。2009 年 1 月 5 日交通运输部令第 1 号修订）

5. 关于贯彻实施经修正的《国内船舶管理业规定》的通知

（2009 年 3 月 12 日交通运输部交水发〔2009〕102 号文印发）

6. 水路运输服务业管理规定

（1996 年 6 月 18 日交通部令第 3 号公布。1998 年 7 月 30 日交通部令第 6 号第一次修正。2009 年 4 月 20 日交通运输部令第 5 号第二次修正）

7. 关于实施《中华人民共和国水路运输服务业管理规定》有关问题的通知

（1996 年 9 月 3 日交通部交水发〔1996〕763 号文印发）

8. 国际海运条例实施细则

（2003 年 1 月 20 日交通部令第 1 号公布）

9. 船舶交易管理规定

（2010 年 3 月 5 日交通运输部交水发〔2010〕120 号文印发）

10. 关于加强进口游艇管理的公告

（2011 年 9 月 15 日交通运输部公告第 55 号公布）

五、游艇进出境管理

1. 船舶引航管理规定

（2001 年 11 月 30 日交通部令第 10 号公布）

2. 海关暂时进出境货物管理办法

（2007 年 3 月 1 日海关总署令第 157 号公布）

3. 国际航行船舶出入境检验检疫管理办法

(2002 年 12 月 31 日国家质量监督检验检疫总局令第 38 号公布)

4. 出入境特殊物品卫生检疫管理规定

(2005 年 10 月 17 日国家质量监督检验检疫总局令第 83 号公布)

5. 关于对《出入境特殊物品卫生检疫管理规定》(83 号令)的补充通知

(2006 年 4 月 5 日国家质量监督检验检疫总局国质检卫函〔2006〕187 号文印发)

6. 沿海船舶边防治安管理规定

(2000 年 2 月 15 日公安部令第 47 号公布)

附录三

中华人民共和国游艇操作人员培训、考试和发证办法

第一条 为规范游艇操作人员的管理,提高游艇操作人员的技术水平,保障水上人命和财产安全,根据《游艇安全管理规定》和《中华人民共和国船员培训管理规则》等有关规定,制定本办法。

第二条 本办法适用于游艇操作人员的培训、考试和发证。

第三条 中华人民共和国海事局是实施本办法的主管机关(以下简称"主管机关")。

经主管机关授权的各级海事管理机构具体实施游艇操作人员培训、考试和发证的管理工作。

第四条 游艇操作人员在中华人民共和国管辖水域内驾驶游艇,应持有海事管理机构签发的《中华人民共和国游艇操作人员适任证书》(以下简称《游艇驾驶证》);游艇操作人员应在《游艇驾驶证》签注的适用范围内操作游艇。

第五条 游艇操作人员的类别、等级和所操作游艇的推进装置类型

游艇操作人员的类别分为海上游艇操作人员和内河游艇操作人员。

海上游艇操作人员按照游艇的长度分为两个等级,其中一等游艇操作人员可以驾驶所有长度的海上游艇;二等游艇操作人员仅限于驾驶 20 米及以下长度的海上游艇。

内河游艇操作人员按照是否封闭水域分为两个等级,其中一等游艇操作人员可以驾驶内河任何适航水域游艇;二等游艇操作人员仅限于驾驶内河封闭水域的游艇。

游艇的推进动力装置类型分为机械推进动力装置、机械和风帆推进混合动力装置。

第六条 《游艇驾驶证》包括以下基本内容:

(一)持证人信息:姓名、性别、出生日期、国籍,证书编号、照片。

(二)发证机关签注内容:签发日期、截止日期、适用范围、签发机关及其印章。

《游艇驾驶证》证书编号规则见附件 1。

《游艇驾驶证》有效期最长不超过 5 年。

第七条 申请《游艇驾驶证》应满足以下条件:

(一)身体条件。

1. 两眼矫正视力达到对数视力表 4.9 以上;
2. 无色盲、色弱;
3. 两耳分别距音叉 50 厘米能辨别声源方向;
4. 口头表达无障碍;
5. 四肢无运动功能性障碍。

(二)年龄。

持证人年龄不小于 18 周岁。65 周岁以上持证人,其《游艇驾驶证》截止日期不超过 70 周岁生日。持证人超过 70 周岁,如仍需操作游艇,应在《游艇驾驶证》截止日期前 1 个月内,向原发证机构提交合格的《身体条件证明》,换发有效期为 1 年的《游艇驾驶证》。

（三）完成规定的培训并通过海事管理机构举行的考试。

第八条 游艇操作人员的培训

从事海上游艇操作人员培训的机构应按照《中华人民共和国船员培训管理规则》规定，取得相应的《中华人民共和国船员培训许可证》。

游艇操作人员的培训应按《游艇操作人员理论培训与考试大纲》和《游艇操作人员实际操作培训与评估大纲》的要求进行。

第九条 游艇操作人员的考试

游艇操作人员的考试分理论考试和实际操作评估两部分，理论考试总分为 100 分，60 分及以上为合格，实际操作评估分合格和不合格。

理论考试和实际操作评估均合格后视为考试合格。理论考试和（或）实际操作评估不合格者，海事管理机构允许其在 3 个月内补考一次，仍然不合格者，必须重新参加培训和考试。考试成绩有效期为 3 年。

理论考试和实际操作评估应按照《游艇操作人员理论培训与考试大纲》和《游艇操作人员实际操作培训与评估大纲》的要求进行。

第十条 申请《游艇驾驶证》者应提交以下材料：

（一）《游艇驾驶证申请表》；

（二）身份证明；

（三）身体条件证明；

（四）两张近期 5 厘米白底彩色光面证件照片或电子照片；

（五）培训证明；

（六）有效的海船或内河船舶船长、操作人员或引航员适任证书（如适用）；

（七）境外海事主管当局颁发的有效《游艇驾驶证》（如适用）。

第十一条 对符合条件者，海事管理机关签发相应的《游艇驾驶证》。

第十二条 《游艇驾驶证》适用范围的变更

申请变更《游艇驾驶证》适用范围，应完成《游艇操作人员理论培训与考试大纲》和《游艇操作人员实际操作培训与评估大纲》对应的补差培训并通过相应的考试与评估。

第十三条 持有其他船员适任证书人员申请《游艇驾驶证》

持有有效海船或内河船舶船长、驾驶员或引航员适任证书的人员，通过《游艇操作人员实际操作培训与评估大纲》规定的实际操作培训和评估后，可申请相应适用范围的《游艇驾驶证》。

持有境外海事主管当局或其授权机构颁发的《游艇驾驶证》的人员，申请换发《游艇驾驶证》，除须提交第十条（一）至（四）项规定的材料及境外海事主管当局或其授权机构颁发的《游艇驾驶证》外，还应通过《游艇操作人员实际操作培训与评估大纲》规定的与申请适用范围相应的实际操作培训和评估后，方可向直属或省级地方海事局申请换发与原适用范围相应的《游艇驾驶证》。

第十四条 《游艇驾驶证》的到期换证

《游艇驾驶证》有效期届满之日前 6 个月内，持证人可向其《游艇驾驶证》档案所在地的海事管理机构申请办理《游艇驾驶证》的到期换证，并提交第十条（一）至（四）项规定的材料。

《游艇驾驶证》失效，需通过《游艇操作人员实际操作培训与评估大纲》规定的实际操作评估，方可申请《游艇驾驶证》再有效。

第十五条　《游艇驾驶证》的污损或遗失补办

《游艇驾驶证》如有污损或遗失的，持证人可向其适任证书档案所在地的海事管理机构递交《游艇驾驶证申请表》和身份证明，申请污损或遗失补办。

第十六条　《游艇驾驶证》的初次申领由游艇操作人员培训机构或游艇俱乐部统一办理；到期换证、再有效、变更适用范围、污损和遗失补办及境外《游艇驾驶证》换发等，由本人申请办理。

第十七条　游艇俱乐部依法注册后，应当报所在地直属海事局或者省级地方海事局备案。

海事管理机构应当按照《船员培训管理规则》的规定，对游艇操作人员培训机构实施监督检查。

第十八条　游艇操作人员操作游艇，应携带有效的《游艇驾驶证》，并接受海事管理机构的监督检查。

第十九条　除海事管理机构依法实施外，任何单位和个人不得以任何理由扣留或吊销《游艇驾驶证》。

游艇操作人员培训机构、游艇操作人员、游艇俱乐部有违反本办法规定行为的，按照相关法律、法规、规章进行处罚。

第二十条　相关定义

本办法所指的封闭水域是指封闭的与外界无通航联系的湖泊、水库等。

本办法所指身份证明包括：有效的居民身份证、暂住证明、居留证明、护照、台湾同胞往来大陆通行证等。

第二十一条　《游艇驾驶证》由主管机关统一印制。

第二十二条　本办法由中华人民共和国海事局负责解释。

第二十三条　本办法自印发之日起实施。

附录四

游艇操作人员理论培训与考试大纲

考试大纲	适用范围					
	类别		等级		推进装置类型	
	海上	内河	一等	二等	混合动力	机械动力
1　航行规则及相关安全管理法规(2 学时)						
1.1　中国沿海、内河水域航行规则概述	√	√				
1.2　船舶交通管理系统有关规定及水上安全管理法规概述	√	√				
1.3　游艇安全管理等相关规定		√				
1.3.1　游艇安全规章制度	√	√				
1.3.2　游艇安全管理	√	√				
1.3.3　游艇操作人员管理	√	√				
1.3.4　游艇检验	√	√				
1.4　中华人民共和国内河交通安全管理条例		√				
1.5　防止船舶污染水域有关规定	√	√				
1.6　中华人民共和国内河海事行政处罚规定		√				
1.7　中华人民共和国海上海事行政处罚规定	√					
2　游艇航行基本知识(6 学时)						
2.1　内河航行基本知识		√				
2.1.1　内河航道概述		√				
2.1.1.1　航道尺度和水流条件		√				
2.1.1.2　内河航道的分类及其特点		√				
2.2　中国沿海海区航路概况						
2.2.1　中国沿海海区港口概况及通航安全管理规章	√					
2.3　潮汐基本知识						
2.3.1　潮汐基本成因和潮汐术语	√	√				
2.3.2　我国沿海水域潮汐特点概述	√					

（续）

考试大纲	适用范围					
	类别		等级		推进装置类型	
	海上	内河	一等	二等	混合动力	机械动力
2.3.3　河口潮汐特点与潮汐利用，《潮汐表》简介		√				
2.4　助航标志						
2.4.1　内河助航标志						
2.4.1.1　内河助航标志概述（包括功能和分类）		√				
2.4.1.2　内河助航标志的外型、标志颜色和灯质规定		√				
2.4.2　中国海区水上助航标志						
2.4.2.1　海区航道走向及左右侧规定	√					
2.4.2.2　标志类型	√					
2.4.2.3　各种标志特征及相应的航行方法	√					
2.5　航用海图及航行图						
2.5.1　墨卡托海图的基本概念、比例尺与图例识别	√					
2.5.2　高斯内河航行图的基本概念、比例尺与图例识别		√				
2.5.3　航行图的使用、保管和改正及保存，航行通告种类及内容	√	√				
2.6　气象常识						
2.6.1　气象要素						
2.6.1.1　气温概念及其与天气关系	√	√				
2.6.1.2　气压概念及其与天气关系	√	√				
2.6.1.3　湿度概念及其与天气关系	√	√				
2.6.1.4　能见度概念及等级	√	√				
2.6.1.5　雾的成因、分类，各种雾的概念及特点	√	√				
2.6.2　气团与风的基本概念	√	√				
2.6.3　气旋与反气旋						
2.6.3.1　气旋的概念	√	√				
2.6.3.2　龙卷风概念及特征	√	√				
2.6.3.3　热带气旋的等级和名称	√	√				
2.6.3.4　台风结构及其天气特征，游艇防台措施	√	√				

（续）

考试大纲	适用范围					
	类别		等级		推进装置类型	
	海上	内河	一等	二等	混合动力	机械动力
2.6.4　天气预报内容、灾害性天气预报	√	√				
2.6.5　常见天气谚语	√	√				
2.7　航行基本要领及定位技术						
2.7.1　航线的拟定和选择			√	√		
2.7.2　转向点定义及选用原则、转向时机掌握			√	√		
2.7.3　船位定义及定位方法			√	√		
2.7.4　航向、船位及避让的关系			√	√		
2.7.5　不同类型河段的航行方法		√				
2.7.6　特殊情况下的航行						
2.7.6.1　雷雨大风天的航行			√	√		
2.7.6.2　夜航特点及注意事项			√	√		
2.7.6.3　雾天航行及注意事项，突遇浓雾时的应急措施			√	√		
2.7.6.4　流冰期和洪水期的航行及注意事项		√				
2.8　游艇助航设备的使用						
2.8.1　游艇罗经的使用及注意事项			√	√		
2.8.2　VHF 设备的使用及注意事项			√	√		
2.8.3　雷达及 GPS 等导航设备的使用及注意事项						
2.8.3.1　雷达图像识别及定位原理			√	√		
2.8.3.2　雷达定位方法，雷达的使用及注意事项			√	√		
2.8.3.3　GPS 定位方法，GPS 的使用及注意事项			√	√		
2.8.3.4　AIS 设备的使用及注意事项			√	√		
2.8.3.5　使用雷达进行避让的方法			√	√		
3　游艇操纵基本知识(6 学时，1 等增加 4 学时)						
3.1　游艇操纵性能基本知识						
3.1.1　游艇操纵性能的概念，启动停止性能，旋回性和航向稳定性			√	√		
3.1.2　影响游艇操纵性能的因素，风、流、浅水及浮态对游艇操纵性能的影响			√	√		

（续）

考试大纲	适用范围					
	类别		等级		推进装置类型	
	海上	内河	一等	二等	混合动力	机械动力
3.1.3　舵效的概念，及影响舵效的因素			√	√		
3.1.4　停车和倒车冲程，影响游艇冲程的因素			√	√		
3.2　游艇操纵设备的使用						
3.2.1　车在游艇操纵中作用			√	√		
3.2.2　舵在游艇操纵中作用			√	√		
3.2.3　侧推器在游艇操纵中作用			√	√		
3.2.4　双车游艇的操纵特性及注意事项			√	√		
3.2.5　无舵叶游艇的操纵特性及注意事项			√	√		
3.3　外界因素对游艇操纵的影响			√	√		
3.3.1　风对游艇操纵的影响			√	√		
3.3.2　流对游艇操纵的影响			√	√		
3.3.3　风流对游艇操纵的综合影响			√	√		
3.3.4　浅水对游艇操纵的影响			√	√		
3.3.5　狭窄水道效应、船吸效应和岸壁效应			√	√		
3.4　游艇在船舶拥挤水域（绕标）操纵要领			√	√		
3.5　游艇靠离泊操纵要领						
3.5.1　常用靠泊操纵方法与要领及注意事项			√	√		
3.5.2　常用离泊操纵方法与要领及注意事项			√	√		
3.6　游艇锚泊要领及帆缆索具的使用						
3.6.1　游艇锚泊要领					√	√
3.6.2　帆缆索具的使用					√	
3.7　大风浪中的游艇操纵方法及注意事项			√	√		
3.7　应急操纵方法						
3.7.1　人员落水时的操纵方法			√	√		
3.7.2　游艇进水时的应急措施			√	√		
3.7.3　游艇碰撞时的应急措施			√	√		

（续）

考试大纲	适用范围					
	类别		等级		推进装置类型	
	海上	内河	一等	二等	混合动力	机械动力
3.7.4　游艇火灾时的应急措施			√	√		
4　游艇避碰技术(4 学时)						
4.1　内河避碰技术						
4.1.1　《内河避碰规则》的目的、宗旨和适用范围、责任及特别规定		√				
4.1.2　航行与避让						
4.1.2.1　行动原则						
4.1.2.1.1　瞭望的目的,正规瞭望的方法及注意事项		√				
4.1.2.1.2　安全航速的概念,决定安全航速应考虑的因素		√				
4.1.2.2　航行原则						
4.1.2.2.1　机动船的行动原则		√				
4.1.2.2.2　任何船舶的行动原则		√				
4.1.2.2.3　船舶在分道通航制,定线制水域的航行原则		√				
4.1.2.2.4　机动船的避让原则		√				
4.1.3　机动船相遇,存在碰撞危险时的避让行动						
4.1.3.1　机动船对驶相遇,行动要求和应遵守的规定		√				
4.1.3.2　机动船追越,行动要求和应遵守的规定		√				
4.1.3.3　机动船横越和交叉相遇,行动要求和应遵守的规定		√				
4.1.4　机动船、人力船、帆船、排筏相遇,存在碰撞危险时的避让行动		√				
4.1.5　船舶在能见度不良时的行动原则及注意事项		√				
4.1.6　号灯和号型						
4.1.6.1　号灯和号型的定义,适用范围,显示时机和要求		√				
4.1.6.2　各类船舶的号灯和号型的识别和运用		√				
4.1.7　声响信号						
4.1.8　甚高频无线电话 VHF 在避让中通话规定		√				
4.1.9　遇险信号及其使用		√				
4.2　国际海上避碰规则						

（续）

考试大纲	适用范围					
	类别		等级		推进装置类型	
	海上	内河	一等	二等	混合动力	机械动力
4.2.1　船舶在任何能见度情况下的行动规则						
4.2.1.1　瞭望的目的，正规瞭望的方法及注意事项	√					
4.2.1.2　安全航速的概念，决定安全航速应考虑的因素	√					
4.2.1.3　碰撞危险的判断方法	√					
4.2.1.4　避免碰撞的行动原则	√					
4.2.2　船舶的号灯、号型和声响信号						
4.2.2.1　号灯、号型的定义，显示时间及各类船舶的号灯和号型	√					
4.2.2.2　声响和灯光信号	√					
4.2.3　船舶在互见中的避碰行动						
4.2.3.1　追越的概念及其避让行动	√					
4.2.3.2　对遇局面的概念及其避让行动	√					
4.2.3.3　交叉相遇局面的概念及其避让行动	√					
4.2.3.4　让路船、直航船的行动原则	√					
4.2.4　各类船舶之间的避让责任	√					
4.2.5　能见不良时的避让行动原则	√					
4.2.6　遇险信号及其使用	√					
5　游艇机械推进动力装置基本知识（2学时）						
5.1　游艇动力装置的种类及特点						
5.1.2　四冲程柴油机的基本概念及特性					√	√
5.1.3　二冲程汽油机的基本概念及特性					√	√
5.1.4　艇内机与艇外机的基本概念及特性					√	√
5.1.5　喷射推进原理及特点					√	√
5.2　游艇动力装置的运行管理						
5.2.1　开航前的准备工作要点及注意事项					√	√
5.2.2　运行中的工作要点及注意事项					√	√
5.2.3　到港后的工作要点及注意事项					√	√

（续）

考试大纲	适用范围					
	类别		等级		推进装置类型	
	海上	内河	一等	二等	混合动力	机械动力
5.2.4　游艇动力装置的安全操作及航行中的应急处置					√	√
5.2.5　游艇动力装置的日常检查与保养					√	√
5.2.6　游艇动力装置的常见故障的排除方法					√	√
5.3　游艇的存放与保养					√	√
6　游艇基本安全知识和水上生存技能(2 学时)						
6.1　游艇安全设备的种类和正确使用方法						
6.1.1　遇险报警设备的正确使用	√	√				
6.1.2　遇险报警的程序与方法	√	√				
6.1.3　救生设备的正确使用	√	√				
6.1.3.1　救生衣的正确使用	√	√				
6.1.3.2　救生圈的正确使用	√	√				
6.1.4　游艇防火与灭火						
6.1.4.1　游艇消防基础知识						
6.1.4.1.1　燃烧的实质,燃烧三要素与燃烧类型	√	√				
6.1.4.1.2　火的分类及灭火方法	√	√				
6.1.4.1.3　常见灭火剂的种类、灭火性能及其扑救火灾时的适用范围,常用灭火器的正确使用	√	√				
6.2　艇上人员急救常识						
考试大纲适用范围						
类别等级推进装置类型						
海上内河一等二等混合动力机械动力						
6.2.1　人员急救常识	√	√				
6.2.2　心肺复苏技术						
6.2.2.1　人工呼吸法种类及正确的操纵方法及注意事项	√	√				
6.2.2.2　心脏按压术的方法及注意事项	√	√				
6.2.3　水上生存技能						

（续）

考试大纲	适用范围					
	类别		等级		推进装置类型	
	海上	内河	一等	二等	混合动力	机械动力
6.2.3.1 水中保温方法	√	√				
6.2.3.2 延长水中生存时间的方法	√	√				
6.2.3.3 游艇减少漂流速度的方法(海锚的使用)	√	√				
7 驶帆技术(4 学时)						
7.1 帆船基本知识					√	
7.2 帆船动力的工作原理					√	
7.3 帆船驾驶技术						
7.3.1 顺风行驶技术					√	
7.3.2 迎风行驶技术					√	
7.3.3 航行中的换樯技术					√	
7.3.4 帆船的靠泊技术					√	
7.3.5 恢复倾覆的帆船					√	
7.4 帆船航行规则要求					√	
7.5 帆缆索具的使用					√	
7.6 常用绳结的打法及使用					√	√

附录五

游艇操作人员实际操作培训与评估大纲

内容		实操学时	
		1 等	2 等
1	机械推进动力装置的启动与关闭	1.0	1.0
2	靠、离码头	6.0	4.0
3	驶近和系、离浮筒	2.0	1.0
4	锚泊作业	1.0	1.0
5	航行(加速、变向、高速定向航行)	2.0	1.0
6	蛇航绕标(5 个标)	2.0	2.0
7	救助落水人员	2.0	2.0
8	基本急救	2.0	2.0
9	救生与消防设备的使用	2.0	2.0
10	常用绳结打法	3.0	3.0
11	驶帆,帆缆索具的使用	7.0	7.0
合计:		**30.0**	**26.0**

注:1. 上述实操学时仅限于 20 人/班的办班规模。

2. 机械推进动力装置可免除第 11 项的培训及评估。